民航运输专业系列教材

民航运输航线网络规划

主编　汪　瑜　贺镜帆　王　雪

西南交通大学出版社
·成　都·

图书在版编目（ＣＩＰ）数据

民航运输航线网络规划／汪瑜，贺镜帆，王雪主编
. —成都：西南交通大学出版社，2020.6（2024.7 重印）
民航运输专业系列教材
ISBN 978-7-5643-7463-1

Ⅰ. ①民… Ⅱ. ①汪… ②贺… ③王… Ⅲ. ①民航运
输–航空航线–规划–教材 Ⅳ. ①F560.6

中国版本图书馆 CIP 数据核字（2020）第 100373 号

民航运输专业系列教材

Minhang Yunshu Hangxian Wangluo Guihua

民航运输航线网络规划

主编　汪　瑜　贺镜帆　王　雪

责 任 编 辑	周　杨	
封 面 设 计	何东琳设计工作室	
出 版 发 行	西南交通大学出版社 （四川省成都市金牛区二环路北一段 111 号 西南交通大学创新大厦 21 楼）	
发 行 部 电 话	028-87600564　028-87600533	
邮 政 编 码	610031	
网　　　　址	http://www.xnjdcbs.com	
印　　　　刷	四川森林印务有限责任公司	
成 品 尺 寸	185 mm × 260 mm	
印　　　　张	10.75	
字　　　　数	270 千	
版　　　　次	2020 年 6 月第 1 版	
印　　　　次	2024 年 7 月第 2 次	
书　　　　号	ISBN 978-7-5643-7463-1	
定　　　　价	35.00 元	

课件咨询电话：028-81435775
图书如有印装质量问题　本社负责退换
版权所有　盗版必究　举报电话：028-87600562

前　言

正确设计航线网络是落实航空企业经营战略的首要步骤,是航空公司编制航班计划、飞机排班、机组排班和收益管理等的前提,航线网络质量的好坏从根本上决定了航空公司的市场竞争力和经营效益。市场覆盖范围越广,航线数量越多,网络结构越复杂,规划与设计的重要性就越突出。

在航空业界,随着市场覆盖范围越来越广,欧美大型航空公司普遍采用枢纽航线网络运营模式,以降低运营成本来应对低成本航空公司的竞争和冲击;而中小型航空公司则随着航空运输市场的进一步拓展,逐渐演变为线性或蛛网式航线网络结构,以应对不断增加的运营成本压力。改革开放以来,我国航空运输业蓬勃发展,截止到 2018 年年底,我国航空公司数量已经突破 60 家,民用运输机场数量达到 230 个,全球范围内通航的城市超过 395 个,航线数量已经突破 4 940条。在这种快速发展的形势下,构建好中国民航局提出的"三张网络"中的航线网,实现大型航空公司向枢纽航线网络结构的战略转型,并持续完善中小型航空公司航线网络的任务迫在眉睫。

本书在编写时吸收了本项目组长期从事航线网络规划与设计的科学研究成果,以及和航空公司、机场等企事业单位长期合作过程中的工程实践经验。另外,针对机场市场开发过程中面临的航线开发问题,本书专门对机场航线发展的概念、技术、流程等进行了介绍。全书共分为 7 章:第 1 章主要对航线网络的基本概念、规划原则、思路与流程,以及影响因素进行了系统阐述;第 2 章系统分析了航线网络中所体现的经济现象和经济规律;第 3 章介绍了航空运输市场的基本要素,并对需求预测过程中的数据采集、需求溢出及预测方法等进行了梳理;第4 章就航线运营效益的分析指标、分析方法等进行了讨论;第 5 章介绍了航线网络的战略规划和战术计划;第 6 章讨论了航线网络规划中的数学模型及其求解算法;第 7 章对机场开辟航线问题进行了探讨。汪瑜负责本书的第 1、4、5、6 章以及第 3 章 3.2 ~ 3.6 小节的编写,贺镜帆负责本书第 2 章的编写,彭君负责本书第 3 章 3.1 小节的编写,王雪负责本书第 7 章的编写,全书由汪瑜统稿。

本书的一个重要特点是将航线网络规划的理论、技术和应用融为一体,紧紧围绕航空运输业的行业需求,采用了定性和定量相结合的方式,重点突出了航线网络规划中的基本概念和量化技术,以讨论、解决航线网络规划过程中的一系列实际问题。

本书可作为民航高等院校经济管理类和交通运输类等专业本科生、研究生的教材，也可作为航空公司网络运力规划人员、航班计划编制人员，以及机场市场开拓和发展人员的参考书籍。

　　本书在编写过程中参考了大量国内外资料，由于篇幅限制，本书最后只列出了主要参考文献，谨向所有参考文献的作者致以诚挚的谢意。由于作者水平有限，加之时间仓促，书中难免有不妥之处，恳请各位专家及广大读者批评指正。

作　者

2019 年 10 月于中国民用航空飞行学院

目　录

第1章 概　述

随着竞争的加剧，目前各航空公司比以往任何时候都更精心地考虑自己的产品设计。机队、航班时刻、航班频率、地面服务、空中服务、奖励制度、品牌、安全记录等，都是非常重要的产品特征。如果将这些要素比喻为血肉的话，那么航空公司的航线网络就是骨架。本章首先介绍航线及航线网络的基本概念，并阐述航线网络类型及其不同结构的特点；然后说明航空公司航线网络规划的含义及其问题边界；最后分析航线网络规划工作的影响因素、规划的整体思路和工作流程，并说明航线网络规划对于航空公司的重要性。

1.1　基本概念

1.1.1　航　路

航空公司通过开展飞行活动实现客货运输的位移。为了保证飞行安全，航空公司飞机的飞行活动并非杂乱无章，而是有规律可循的。在航空运输业中，在机场之间的空中为这种飞行提供了相对固定的飞行线路，使之具有一定的方向、高度和宽度，并且在沿线的地面设有无线电导航设施。这种经政府有关当局批准的、飞机能够在地面通信导航设施指挥下沿具有一定高度、宽度和方向在空中做航载飞行的空域，我们称之为航路（Air Way）。

1.1.2　航　线

由若干条航路有序组成的飞行路线，加上用于飞机飞行起降的机场，我们一般称之为航空交通线，简称航线（Route/Air Route）。航线由飞行的起点、经停点、终点、航路等要素组成。航线是航空运输承运人授权经营航空运输业务的地理范围，是航空公司的客货运输市场，也是其赖以生存的必要条件。航线不仅确定了飞机飞行的具体方向、起讫与经停地点，还根据空中交通管制的需要规定了航线的宽度和飞行高度，以维护空中交通秩序，保证飞行安全。进一步提供给航线上保证航空运输和专业飞行作业用的飞机机场及其有关建筑物、构筑物和其他设施，我们称之为航空港（Airport/Airdrome）。狭义的航空港仅指地面起降系统，即机场；广义的航空港可以泛指其所依托的城市。本文中的航空港和机场具有相同的含义，且为广义上的航空港。

根据起讫地点的归属不同，航线可以分为国内航线、地区航线和国际航线；根据连接城市的类型不同，航线又可分为干线航线（干线）和支线航线（支线）。干线（Trunk Route）泛指大城市之间的航线。对枢纽航线网络而言，枢纽之间的航线称为干线，某枢纽航线网络中所有的干线组合在一起构成干线网络。然而，关于支线（Regional Route）的定义尚未统一，目前有如下两种表述。

（1）根据执行航线飞行的飞机机型定义。我国民航局将 70 座以下涡桨飞机和 50 座以下涡扇飞机执行的航线界定为支线。

（2）根据航线距离定义。1997 年美国《航空运输商务》认为 800 km 以下的航线为支线；我国认为省内及邻省城市间航距 500 km（部分学者认为 600 km）以内的航线为支线。

这里，我们淡化支线的确切定义，将支线理解为大城市与小城市之间的航线。在枢纽航线网络中，支线是指枢纽城市与辐射城市之间的航线。某枢纽航线网络中的所有支线组合在一起构成支线网络。

按照航线的构成要素不同，航线还可以分为直达航线（Non-stop Route）和经停航线（Transit Route）。直达航线是指构成航线的要素中没有经停点，反之则称为经停航线。因此，一条航线经过的城市至少有两个，即始发城市和终点城市。在始发城市和终点城市间可以有一个或多个经停城市。在某条航线上能够构成旅客航程的航段称为旅客航段，通常简称航段（Segment）。在某条航线上航班飞机实际飞经的航段称为飞行航段，简称航节（Leg）。例如，北京—上海—广州航线，航段有 3 种可能：北京—上海、上海—广州、北京—广州。航节有两个：北京—上海和上海—广州。

1.1.3　航线网络

航空公司所有航线的连接方式并非杂乱无章，我们将某一地域内的航线按一定方式连接而成的构造系统，称为航线网络（Airline Network/Route Network）。航线网络由机场、航线和飞机等要素构成，其中机场和航线构成了航空运输的空间分布，决定了航空运输地面和空中保障能力，而飞机则通过航线由一个机场飞到另一个机场以实现旅客、货物、行李和邮件的空中位移。航线网络是航空公司航班计划和机组安排等运行计划的先决条件，对航空公司的运行效率和客户的服务质量有着重要的影响作用，是航空公司生存和发展的基础。

根据航线连接方式的不同，航线网络可以分为城市对航线网络（City-to-City Network/Point-to-Point Network）和枢纽航线网络（Hub-and-Spoke Network）。城市对航线网络又被称为点对点式航线网络。这种航线网络中的航线是指从各个城市自身的需求出发，建立的城市与城市间的直飞航线，旅客不需要经过第三个机场（或城市）进行中转，且航线间安排航班时也无须考虑衔接问题，如图 1-1 所示。

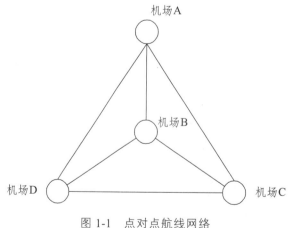

图 1-1　点对点航线网络

　　枢纽航线网络又可称为中枢辐射式航线网络，或枢纽辐射式航线网络（轮辐式航线网络），是指含有枢纽机场（或城市）和轮辐机场（或城市）的航线网络结构。在枢纽航线网络结构中，航线的安排以枢纽城市为中心，以干线形式满足枢纽城市间旅客与货物运输的需要，同时以支线形式由枢纽城市辐射至附近各中小城市（轮辐机场所依托城市），以汇集和疏散旅客与货物，干支线间有严密的航班时刻衔接计划，如图 1-2 所示。

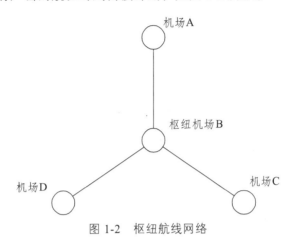

图 1-2　枢纽航线网络

　　在枢纽航线网络中，这种严密的航班时刻衔接计划是实现客货流中转运输的关键之一。在民航业界，这种严密的航班时刻衔接计划被称为"航班波（Flight Banking）"。所谓的航班波，是指在一段连续的时间内，几十个甚至上百个航班相继到达，形成到达航班波，随后经过短暂的过站作业后，又在一段连续的时间内，几十个甚至上百个航班相继出发，形成出发航班波。正是由于这种转机航班波的出现，枢纽航线网络运行模式才能得以实现。

　　从严格意义上讲，由于航线之间没有相互作用、相互影响的关系，因此城市对航线网络并不能够称之为"网络"。但是，由于城市对航线网络中也会存在一部分经停航线，因此，我们淡化"网络"的确切概念，将城市对和枢纽轮辐式航线结构所形成的构造系统统称为"航线网络"。

　　不论在点对点航线网络上，还是在枢纽航线网络上，我们将在一定时期内流动的、从运输起点通过飞机运送至目的地的客货流，称为 O-D（或 OD）流（Origin-Destination Flow）。一般地，O-D 流具有严格的方向性，一个 O-D 流代表了一个航空运输市场。例如，上海—北京与北京—上海是两个不同的 O-D 流，且为不同的市场。

1.2　航线网络的类型

　　在航空运输业的早期，由于航空产业政策以及航空公司运营规模等多种因素的影响，航空运输企业普遍采用城市对航线网络结构。20 世纪后期，随着欧美发达国家航空管制政策的放松，出现了枢纽航线网络。伴随着枢纽航线网络的出现，关于城市对航线网络和枢纽航线网络优劣的探讨便成为民航界的热点问题，两种航线网络之间的竞争也成了民航界关注的焦点。

1.2.1　城市对航线网络

城市对航线网络是指各组成航线都是从各城市自身的需求出发而建立的城市与城市两点间的直达航线，如图 1-1 所示。城市对航线是在起讫点城市之间空运市场需求的客观基础上自然形成的，即有需求就开通的航线。虽然城市对航线也在空间上互相衔接形成网络结构，但城市对航线网络并没有从网络总体的层次上对网络内航线资源进行系统的有机配置。

城市对航线网络易衍生出"甩辫子航线"，甩辫子航线成熟后就形成线型航线结构（如 1999 年深圳航空公司的"北京—黄岩—深圳"航线，南方航空公司的"北京—贵阳—深圳—昆明—贵阳"航线）。线型航线网络一般适用于较小的市场规模，特别是支线市场。

城市对航线网络成功的典型是美国西南航空公司。这家 1971 年用三架波音 737 飞机起家的航空公司，以达拉斯的 LOVE 机场为大本营，机队由 300 多架清一色的波音 737 飞机组成，连续保持多年盈利的记录至今无人打破。专家们总结其特点包括低成本、低票价、短航程、市场密度高、城市对航线网络、简单的机舱内服务、机型单一、座舱级别单一、不预先分配座位、搞笑表演、独特的企业文化等。

单就航线管理来说，美国西南航的平均航程为 597 英里[①]（960 千米），因为美国西南航坚信它的目标顾客旅行飞行时间在 1 小时左右，并且不希望航班中转。虽然随着该公司市场覆盖范围的扩大，以及所面临行业竞争的加剧，它早就已经在飞远程航线，并被其他美国大型航空公司看作"魔鬼从瓶子里出来了"，但它仍坚持把更多的运力放在短程航线上。

美国西南航连续盈利的记录并未使该企业的领导们自我膨胀，他们从来不放弃自己的两个基本原则：

（1）从不在自己能力之外扩张；

（2）从不忘记盈利。

美国西南航空公司的成功不仅是航线结构的成功，它有很多地方值得我国航空公司认真研究。

1.2.2　枢纽航线网络

枢纽航线网络是当今世界大型航空公司的主要竞争武器，这一竞争利器的先驱者是 1978 年美国"放松管制"后的美国大型航空公司。它们的最初目的是建立枢纽来提高产品的定期性品质（包括正点、好的时刻、航班频率和机型四个方面）。

在严格意义上，枢纽航线网络只有枢纽机场间开通直达航线，任两个非枢纽机场间不开通直达航线，而是通过枢纽机场进行中转运输，这种枢纽航线网络被称为"严格枢纽航线网络"，反之则被称为"非严格枢纽航线网络"，如图 1-3 所示。

---

① 英里，miles（mi），英制长度单位，1 mile＝1.609 3 km。

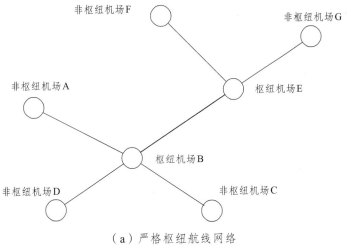

（a）严格枢纽航线网络

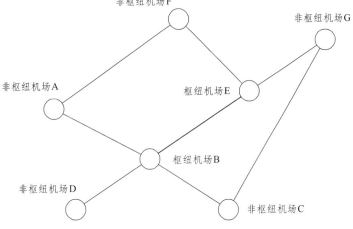

（b）非严格枢纽航线网络

图 1-3　严格和非严格枢纽航线网络

根据枢纽数目是一个还是多个，这种航线网络又可分为单枢纽航线网络和多枢纽航线网络，如图 1-4 所示。

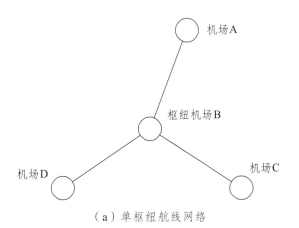

（a）单枢纽航线网络

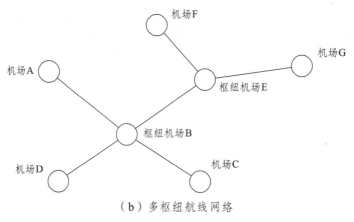

（b）多枢纽航线网络

图 1-4　单枢纽和多枢纽航线网络

按照非枢纽城市和枢纽城市连接方式的不同，可以分为单分配枢纽航线网络和多分配枢纽航线网络，如图 1-5 所示。

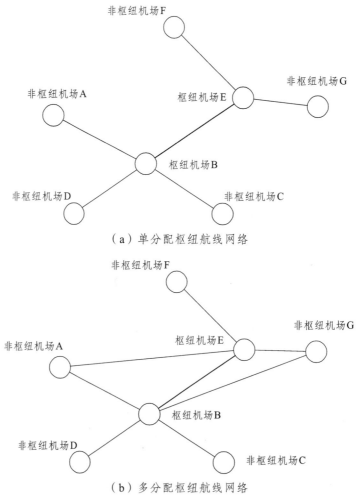

（a）单分配枢纽航线网络

（b）多分配枢纽航线网络

图 1-5　单分配和多分配枢纽航线网络

　　所谓单分配是指非枢纽城市只能和唯一的一个枢纽城市相连接，流进、流出该非枢纽城市的客流都必须经过与其连接的唯一的枢纽城市进行中转运输，如图 1-5（a）所示。所谓多分配即取消了上述限制，非枢纽城市可以和多个枢纽城市相连接，流进、流出该非枢纽城市的客流可以经过不同的枢纽城市进行中转运输，如图 1-5（b）所示。在航空运输的实际应用中，多分配航线网络更贴近于航空客流运输的实际情况，因此航空客流运输的枢纽航线网络规划多集中于多分配网络。

　　按照客流流向的集中和分散特征的角度，我们可以将枢纽航线网络分为沙漏型枢纽航线网络与腹地型枢纽航线网络两类。沙漏型枢纽航线网络是一种定向式的枢纽航线网络，通过枢纽机场的飞机的运行方向大致相同，并于相近的时间到达枢纽机场，"漏"下需要转机的旅客和货物，在经过必要的过站作业后，又被中转至枢纽机场的其他飞机上继续飞行，如图 1-6（a）所示。通常情况下，经过"沙漏"式结构的枢纽机场的两个航班采用的是同一架飞机。

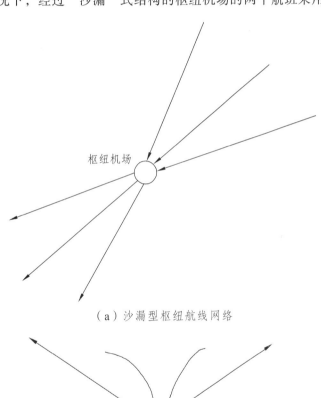

（a）沙漏型枢纽航线网络

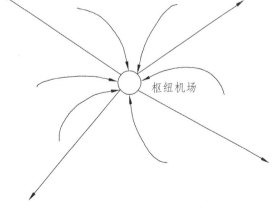

（a）腹地型枢纽航线网络

图 1-6　沙漏型和腹地型枢纽航线网络

腹地型（又称"内地馈运式"）枢纽航线网络是在适当的地点建立枢纽机场，枢纽机场周围客流量较小的城市间不直接通航，都与枢纽机场建立多次往返的直达航线，短程支线航班和远程干线航班在大致相同的时间点上到达和离开枢纽机场，通过旅客中转的方式，实现支线与支线、干线与干线，以及干线与支线之间的衔接[如图 1-6（b）所示]。任意一对机场与枢纽之间的夹角是枢纽设计的重要因素。一般来说，腹地型枢纽航线网络最适合作 360°的辐射；沿海枢纽站（特别是门户港）更多地被作为沙漏型枢纽考虑，加拿大的温哥华就是 20 世纪 90 年代以来引人注目的沙漏型枢纽。

20 世纪 80 年代以来，枢纽航线网络有一个逐渐完善和发展的过程。在这个过程中，大型航空公司是主角，小型航空公司是配角，双方形成了一种分工协作关系。小型航空公司往往是支线航空公司，机型较小，航程较短，致力于大机场与小机场之间的市场开发；大型航空公司则集中资源运营国内干线、地区航线和国际航线。如此一来便出现了一家或几家大型航空公司和多家小型航空公司围绕着某个大型枢纽航空港运营的局面。

1.3 不同类型航线网络的特点

城市对航线网络和枢纽航线网络是两类截然不同的航线网络结构，至今孰优孰劣仍然没有答案。就全世界范围而言，波音和空客公司也对航空运输业未来走向何种航线网络持有两种截然不同的观点。波音公司认为，未来航线网络更多以点对点直达航线为主；空客公司则认为，未来航线网络仍然需要依靠枢纽航线网络，客货流将更多地借助于枢纽机场的力量，并以中转的形式完成运输任务。下面我们就这两类航线网络结构的特点进行分析。

1.3.1 城市对航线网络的优缺点

城市对航线网络从各城市自身的需求出发，只要有需求就开辟直达航线。这种航线网络结构的优势十分明显。

（1）旅客和货物在这样的航线网络内不需要经过中转，便可直接到达目的地，节约了客货的在途旅行时间，受到顾客的欢迎。

（2）航线网络结构的形式较为简单，便于航空公司开展飞机、机组等资源的调配工作。

（3）由于没有客货的中转衔接活动，飞机、机组等资源的地面等待时间相对较短，有利于提高飞机的利用率。

实际上，城市对航线网络并不存在网络内航线资源的有机配置，它实际上是由若干独立的直达航线组成的，并不能称为严格意义上的网络，它的缺陷是很明显的。

（1）城市对航线网络主要是根据两地需求或政治因素开辟航线，可以说只是简单的运送系统，而不具有吸引、开发需求的功能，由于两城市市场需求有限，从根本上限制了航班的频率、客座率或载运率，造成航线资源的浪费。

（2）由于城市对航线网络中客流量小、航班密度低的航线比例较大，而航班密度低意味着旅客的出行较为不便，因此对于出行时间紧迫的旅客，航空运输不能发挥其快速的特点。航空运输不能体现快捷的特点，必然对旅客的吸引力降低，使旅客转向其他交通方式，这将进一步造成客流量的下降。航空公司也会由于客流量少、航班客座率低，不能获得理想的效益，因而不得不进一步降低航班密度，从而形成一种恶性循环。

（3）城市对航线网络使得航空公司出现大量重复性飞行，一方面造成航空公司间的恶性竞争，另一方面造成运力的严重浪费。

综上所述，城市对航线网络的点对点运输方式虽然受到旅客的欢迎，但由于价格高、飞行频率低和供应减少，难以满足旅客出行的即时性要求，因而降低了这种航线结构对旅客的吸引力。

1.3.2　枢纽航线网络的优缺点

枢纽航线网络将从轮辐机场出发前往各个目的地的客货流汇聚在若干个有限的航班上，并将其运往枢纽机场，然后再由大载量机型飞机转运至其他枢纽机场，最后将客货分运至各个目的地，如图 1-7 所示。

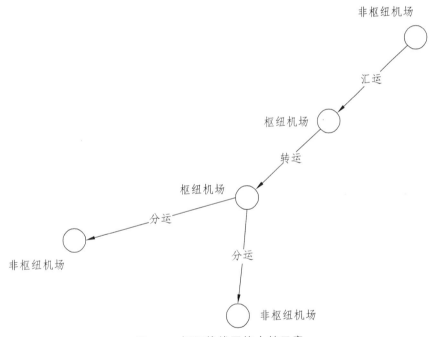

图 1-7　枢纽航线网络中转示意

通过枢纽航线网络这种转运模式，航线网络的规模经济性也随之产生。很显然，同时生产两个产品比分别生产一个产品要更加便宜。在枢纽航线网络中，范围经济性体现在不同 O&D（出发地和目的地）市场上的旅客在其整个行程中至少有一段旅程与其他旅客搭乘同一架飞机，也就是说，当一架飞机从 A 飞到 B 生产的产出不仅销售给了 A、B 之间的旅客，同时也销售给了从其他地方始发经 A 中转或经 B 中转最终到达其他地方的旅客。范围经济性通过将运输量经一个或多个枢纽分流得以实现，因此实现范围经济性是航空公司和航空联盟构建枢纽航线网络的重要目的。

另一方面，在航空公司已经开通的航线上随着运输量的增长，单位成本会随之下降。决定密度经济性最重要的因素是飞机的大小，航班成本与飞机的大小之间不存在线性关系，与其他技术上同级的小型飞机相比，如果在同一条给定的航段上飞行大型飞机通常座公里成本较低（虽然航班成本较高）。规模经济性实现的方式之一，就是设计这样的一个航线网络，把运输量引导到原本只用座公里成本较高的小型飞机运营的航线上，而该航线运输量的增加使航空公司可以换用座公里成本较低的大型飞机运营。

这里，我们可以从旅客和航空公司两种不同视角来审视枢纽航线网络。

（1）从航空公司角度，枢纽航线网络具有的优势主要体现为以下6个方面。

① 中转连接产生更大的市场覆盖范围。枢纽航线网络和城市对航线网络相比较，能够提供更好的中转连接机会，提高了市场的覆盖范围。通过枢纽网络，航空公司可以把一定数量的城市连接起来，航班量也比采用非经停或直飞航班的形式要少得多。而且每当枢纽增加一个轮辐机场就会相应放大枢纽的联动优势，也就是说，实质上拓宽了航空公司服务的市场范围。从理论上讲，一个有10个轮辐机场的枢纽航线网络，可以在10个外站和枢纽之间提供直飞航线，同时也可以通过中转提供45条外站之间的航线。当轮辐机场增加50%，即增至15个的时候，直飞航线的数量会增加50%到15条，然而中转航线会增加133%到105条。也就是说，当枢纽机场辐射出去的轮辐机场的数量为n时，市场覆盖范围是$n(n+1)/2$。

② 更高的航班客座率。一般来说，进港航班波（一段时间内连续的进港航班）越大，它为出港航班（一段时间内连续的出港航班）提供的支持就越大。举例来说，当来自25个航点的进港航班波到达枢纽机场以后，一架150座级的飞机起飞，如果这架飞机要达到66.6%的客座率，只需要每架进港飞机提供4个中转旅客即可（这里忽略始于25个航点、目的地为枢纽机场的本地旅客）；如果进港航班波来自10个航点，那么要达到同样的客座率需要从每个进港航班产生10名中转旅客。

③ 更少的飞机数量。在枢纽航线网络中，只要设计好到港和出港航班之间航班时刻的衔接关系，就可以开通两个轮辐机场之间的市场，因此无须通过引进额外的一架飞机，以及新开辟一条航线来运营该市场。与点对点航线网络相比较，这种枢纽航线网络的范围经济性大大减少了机队中飞机的数量，如图1-8所示。

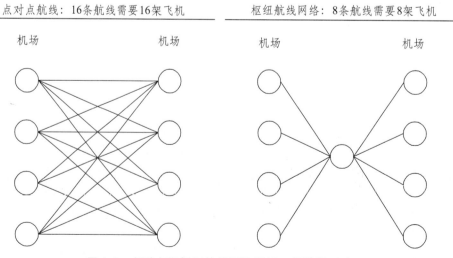

图1-8　点对点和枢纽航线网络所需飞机数量对比

④ 更低的成本。枢纽航线网络把不同始发城市的旅客输送到不同目的地城市，这使得航空公司的产出难以被拆分到不同城市对市场上。相同产出水平下，比起其他航线网络结构，枢纽航线网络能够覆盖更多的城市对市场，也就是说，可以用更少的航线服务于同样数量的 O&D 市场。除了上述的范围经济性和规模经济性带来的成本优势外，当航空公司在枢纽机场及周边腹地确定其强势地位时，尤其是当航空公司能主导当地分销渠道的时候，还会产生市场影响下的规模经济性，特别是信息经济性。大型航空公司通常都拥有广泛的品牌认知度，因此潜在的旅客基本上不搜寻其他竞争对手的信息，而简单地认定这家公司就是他们需要的。而竞争对手不得不在市场沟通上付出很大的代价以克服其劣势，这种劣势在常旅客和集团客户面前更为明显。

⑤ GDS（全球分销系统）显示优先。假设一家航空公司从三个始发地 O_1、O_2、O_3 开通了三条飞往枢纽机场 H 的航班，每个航班单独使用一架飞机飞往枢纽机场 H，而后又有一架飞机飞往目的地 D（可能是从三个始发地飞来的飞机之一，也可能是另外一架飞机）。再假设该航空公司从 O_1、O_2、O_3 到 D 的三个航班使用三个不同的航班号，那么当 H 本地旅客在选择 H 到 D 的航班时，就会发现该公司在代理人的全球分销系统中有三个不同的航班可供选择，尽管该航空公司运营的只是一架飞机。这种使用"漏斗航班"提高屏幕显示位置的方法，可以使航空公司在大多数代理人使用的 GDS 系统中的排名升至第一页，并把竞争对手的航班压在下面。

⑥ 战略。对少数几家希望在全球大联盟中成为领导的航空公司来说，如果不能在世界上主要客源集中地建立主要枢纽就没有机会扮演这样的角色。

（2）从航空公司角度，枢纽航线网络具有的劣势主要体现为以下 9 个方面。

① 枢纽航线网络使得旅客在始发地和目的地之间的飞行距离拉长（中转导致更多的地面等待时间），而且在枢纽机场的起飞降落成本和地面操作成本也会增加。

② 从航线网络的地理角度考虑，由于航班需要在枢纽机场停留，所以航空公司的平均航距缩短，导致单位成本上升。

③ 建立和运营枢纽航线网络的成本都非常高。这需要对基础设施建设投入大量的资金，这些基础设施实质上都转化为了生产能力，像所有形式的产能一样，这种产能也需要尽量提高飞机利用率来摊薄固定成本。

然而，在枢纽航线网络中提升飞机利用率存在着相当大的挑战：一方面，客流需要从到港航班上转移到出港航班上，增加了飞机地面的等待时间；另一方面，对于飞往短程轮辐机场的飞机，由于需要等待枢纽机场的下一个航班波，导致这架飞机被迫在轮辐机场等待更长的时间。为了应对这一问题，航空公司在枢纽机场出港航班波的最后一个航班一起飞时，就使进港航班波的第一个航班到达，这被称为"连续性"或"滚动性"航班波。拥有这种航班波的枢纽机场的客流量一直都在增长。美利坚航空公司在 20 世纪 90 年代把达拉斯沃思堡机场转变成了一个"滚动性"枢纽机场，其航班波间隔只有 1～1.5 小时。2002 年，美利坚航空公司宣布消减整个网络的运力，采用平均分配一天当中运营和延长中转时间的方法，进一步做到了枢纽机场航班波的"去高峰化"，连续性枢纽机场的资源使用更加均匀，缓解了自然形成的高峰期的矛盾，并将轮辐城市的航班分配到枢纽的滚动进港航班波中，而不是建立一一对应的航班衔接，从而克服了地面设施不足的限制。

④ 由于旅客从进港航班中转到其他航班需要较长时间，此外有些时候地面和候机楼的拥

挤也会耗费额外的时间，从而延长了飞机在地面的等待时间，结果导致登机口使用率降低。在枢纽停留的时间，很大程度上取决于能否有效地分配进港航班波当中较早的到达航班和出港航班波中较早的始发航班衔接，另外进港航班的具体机型和其他不同的条件能否准确地对应较早出港航班的需要也会影响飞机在枢纽的停留时间。

航班波中的航班数量增加，飞机在地面的时间也随之增加。假设有 30 个到达航班，平均 40 秒降落一个航班，最后到达的航班和第一个起飞航班之间的中转时间为 30 分钟（尽管在现实中，为了承运 O&D 市场的最低旅客流量需要牺牲运营效率），再假设平均每 1 分钟起飞一个航班，那么这个中转航班波共需要的时间为 20 + 30 + 30 = 80 分钟。如果增加一班进港航班和一班出港航班，并维持 30 分钟的最短转机时间，那么至少部分飞机的地面时间会增加，尽管只有几秒钟，但如果增加更多的航班，通过一年当中在枢纽机场的航班计划这种影响就得到了放大，表现在飞机利用率方面的影响将会非常明显。

⑤ 滑行道和航站楼的拥挤导致无效油耗的增加。

⑥ 为了能提供到达枢纽机场的早班机，在外站过夜的飞机面临选择航后维修地点的问题，增加了维护设施设备的投入费用。

⑦ 枢纽的激烈竞争导致中转客源带来的收益低于本地客源带来的收益。但是，本地客源加上中转客源后，航空公司就可以使用具有规模经济性的大飞机。到底怎样才最合适，还要看具体情况。英国航空公司 1999 年推出的缩小机型战略的原因之一，就是由于客座率较低的客舱里存在着大量低收益中转客源。

⑧ 准时是枢纽航线网络的关键因素，但枢纽容易受到天气、机械故障、流量拥堵、运营效率的影响。在枢纽航线网络中，航班不正常的问题比在简单的点对点航线网络中蔓延得更快。最坏的情况是，进港航班波被迫维持下去或者更可能影响后续的第一个出港航班衔接。需要注意的是，在 4 个航班波的枢纽，前一个进港航班波的最后进港航班和下一个航班波的第一个进港航班相隔也许不超过 2 小时。

⑨ 要平衡本地和中转客源以达到收益最大化是很困难的。首先，即使是同一个航班的同样舱位，航空公司承运两个进出枢纽的本地单程旅客获得的利润也要高于承运一个通过枢纽中转的旅客。其次，通常可供中转旅客选择的航线网络很多，导致航空公司承运本地旅客比承运中转旅客能获得更大的垄断能力。

（3）从旅客的角度，枢纽航线网络具有的优势主要体现为如下 6 个方面。

① 通过枢纽航线网络汇集客源，通常可以为旅客提供很多轮辐城市始发的 O&D 城市对航班，其中很多城市原本不提供直达航班。

② 与单独 O&D 市场可以支撑的直达航班相比，枢纽航线网络可以为旅客提供更高频率的航班前往枢纽和通过枢纽前往其他目的地。

③ 由于经枢纽连接的一个 O&D 市场的客流密度增大，航空公司有可能开通直达或者绕过枢纽机场的直达航班。

④ 如果轮辐城市可以连接不同的枢纽机场，那么旅客通过枢纽机场前往任何较远的目的地都可以享受到竞争带来的低票价。

⑤ 不必因为低航班频率或在另外一个枢纽机场更换飞机而浪费时间。

⑥ 可以选择当天往返目的地的航班有很多。

（4）从旅客的角度，枢纽航线网络具有的劣势主要体现为如下 3 个方面。

① 枢纽城市附近的居民，由于航空公司在枢纽机场对于本地旅客市场的垄断地位，可能会产生高票价。

② 枢纽航线网络减少了直达航班而增加了旅客旅行时间，导致服务质量下降。

③ 枢纽航线网络的延误、拥挤严重影响了商务旅客，加上安全检查力度的加大，导致中转时间上升。

由此可见，枢纽航线网络并非一好百好，一定要量力而行、慎重筹划。

1.4　航线网络规划的定义及其范畴

对于航空运输生产而言，在航线网络上存在三种流：旅客或货物流、飞机流、机组流，航线网络规划主要解决的则是旅客或货物流的路线选择问题。

1.4.1　航线网络规划的定义

航线网络规划是航空公司对未来所运营的航线和市场战略布局、航线网络类型、航线结构、航线的市场覆盖规模和生产经营指标等所做的长期系统规划。具体而言，航线网络规划分为网络战略规划和网络战术规划两种。网络战略规划是指根据航空公司的发展战略和目标市场定位，在分析出航空公司拟运营内外部环境结果的基础上，对通航点的数量及其性质（如枢纽/基地还是轮辐机场，一级、二级还是三级机场，探亲、商务还是旅游目的地）、通航点的连接关系，以及提供的航班频次和机型做出系统安排。网络战术规划是指在航线网络战略规划方案的基础上，为了快速响应竞争环境，对航班时刻的更改、航班数量的增减、机型交换/更换、航线的开辟/取消所做出的系统安排。

航线网络规划是航空公司发展战略和目标市场定位的落实和具体体现。这种发展战略是指一定时期内对航空公司发展方向、发展速度、服务质量、发展点及发展能力的重大选择、规划及策略。航空公司战略可以帮助企业指引长远发展方向，明确发展目标，指明发展点，并确定航空公司需要的发展能力，战略的真正目的就是要解决企业的发展问题，实现企业快速、健康、持续发展。

航空公司的发展战略已经明确了航空公司的市场定位和顾客群体，并对航空公司航线网络结构产生深刻影响。具体而言，目标市场定位是指为使产品在目标消费者心目中相对于竞争产品而言占据清晰的、特别的和理想的位置而进行的系统安排。不同的发展战略选择和目标市场定位，航空公司所选择的航线网络类型也是不尽相同的。比如，以区域航空运输市场为服务对象的低成本航空公司，航线网络结构往往选择城市对航线网络，而不是枢纽航线网络；而以服务国际航空运输市场的全服务航空公司，航线网络结构往往会选择枢纽航线网络。

另外，这里的外部环境是指政治、经济和文化三大系统的发展趋势所带来的机遇和挑战，这可以进一步细分为政策法规环境、经济环境、人口环境和技术环境。而内部环境则是指有利于保证航空公司正常运行并实现运输利润目标的内部条件，是物质环境和文化环境的总和，包括了航空公司的战略目标、生产资源状况和人员生产协作能力。

1.4.2　航线网络规划的范畴

航线网络规划本质上是战略层次的决策问题，是航空公司开展机队规划、航班计划编制以及收益管理等工作的前提。根据航线网络规划的定义，又可以将该问题细分为如下 4 个主要问题：

（1）枢纽（基地）机场的选择。该问题是指在一个规划期内，在若干个通航点中，确定合适数量及其位置的机场作为枢纽（基地）机场。

（2）通航点的连接关系。这里的连接关系不仅包含了通航点之间的直接相连，还包括了拥有经停点的多个通航点的相连。对于枢纽航线网络而言，主要是确定枢纽机场与轮辐机场、枢纽机场之间和轮辐机场之间的连接关系。

（3）客货流路线选择。对于城市对航线网络，尤其是全连通航线网络（即"点与点之间全部直达"）而言，所有的客货流几乎全部直达完成（存在一定的经停航线），不存在客货流的选择问题。因此，该问题主要针对枢纽航线网络，即客货流依次流经航线的顺序，我们将其称为"客货流路线选择"。

（4）航班频次及机型选择。这里是指航线上选用的机型以及各类机型所执飞的航班数量。航班频次的选择必须权衡旅客服务质量和服务成本的关系，即航班频次越高，旅客出行就越灵活方便，航空公司相应的市场份额就越大，但航线的运营成本就会偏高。

需要说明的是，虽然问题（1）是航线网络规划的内容之一，但在工程实践中，枢纽（基地）选择的影响因素众多（不但需要考虑地理位置，还必须考虑航空公司在该机场的市场份额、资源保障条件和经济文化等因素），且调整难度较大、周期较长，成本还非常高，进而导致航空公司的枢纽（基地）具有一定的稳定性。因此，本书中的航线网络规划，更多是从航线规划展开，即关注通航点连接方式、客货流路线、航班频次及机型选择。

事实上，上述 4 个问题是相互影响和相互作用的，尤其是前 3 个问题的联系更为密切，且被归为"枢纽定位问题（Facility Location Problem）"中进行讨论。本书第 6 章将专门讨论这一问题，这里就不再赘述。

1.5　航线网络规划的影响因素与规划原则

1.5.1　航线网络规划的影响因素

在航空公司进行战略筹划时，已经考虑了若干重要的外部因素，笼统地讲，就是公司所处的政治、经济、文化三大社会系统的发展趋势所能带来的机遇和威胁。就航空公司的航线网络结构决策而言，更要重点分析以下外部环境因素。

（1）全球性、地区性国际贸易、国际金融的走向。

1998 年，亚洲诸国都未走出亚洲金融危机的阴影，日本、俄罗斯的金融危机更是给欧亚经济增长带来很大的负面影响。相比之下，拉美地区经济发展较快，成为 1998 年全世界航空运输量增长速度最快的地区。欧美一些大型航空公司于 1998 年年末和 1999 年年初将一部分运力投放拉美市场，开辟新的航线。

（2）航空运输市场的经济环境。

国内外统计数据表明：航空运输业的发展与经济环境具有很强的相关性，国民生产总值、地区人口数量和生产总值、地区居民收入和消费水平等因素是影响航空运输市场客户购买力的重要影响因子。从近十几年国内民航业的发展来看，全民航的平均发展速度维持在高于国民经济发展速度约 10 个百分点的水平，因此，深入研究航空运输市场的经济环境是航线网络规划的基础。

（3）航空运输市场的需求特点。

在市场经济条件下，了解航线市场的需求特点（包括航线市场的需求水平、旅客流向，各细分市场旅客的类型和消费行为特点等），是正确制订航线网络规划的基础。在设计航线网络时，航空公司总是希望以较少的运力投入来满足市场需求、降低运行成本、提高载客率，而旅客则对高航班频率、多直达航班、少转机时间等高质量服务充满期待，因此如何兼顾航空公司的利益和旅客的预期是航线网络规划人员需要认真解决的问题。此外，航空市场的客户结构、需求特征是不断变化的，如目前我国民航旅客市场正在发生结构性变化，休闲旅客的增长速度已超过公商务旅客，这就需要规划人员不断研究市场需求的变化，及时调整航线网络规划。

（4）航空运输业的竞争程度。

当前在国内干线上的运力过剩问题非常突出，在现有价格体制不变的情况下，供大于求的局面还要持续一段时间，因此航空公司开辟新航线要格外慎重。国际航线的发展要一致对外，不搞内耗，遗憾的是，这方面的问题很严重。且不说新加坡、旧金山、巴黎等航线迄今未歇的竞争，一个只有几十万人口的福冈，我国民航就曾有国航、东航、南航、西北航空公司 4 家航空公司开通航线。

（5）国家的航空运输产业政策。

国家的航空运输产业政策是关系到航线规划方案可行性的一个关键环节，这些政策将直接决定航权资源、航班时刻资源、机队运力资源等航空公司运营所需生产资源要素的可获取水平，航空公司战略联盟、运营基地布局等航线规划方案细节的实施可行性，特别是在航权开放、放松管制方面的政策调整。近十年来，航权开放、放松管制是全球航空运输业发展的重要特征。加入 WTO 之后，中国加快了在航权开放、空域管制方面的改革步伐，逐步放宽了国内航空运输市场的准入限制，在允许更多国外航空公司进入中国市场的同时，允许更多的新航空公司成立、更多的中国航空公司经营国际航线，如取消中韩航线上一条航线一家公司经营的政策，允许经营中日航线的中国航空公司增加到 6 家，开放中欧新航线、北美航线，开放海南第五航权，2004 年签署的《中美航空协定》使双方运营中美航线的航空公司数量增加到 8 家，每周航班数量达 249 班。这些政策的调整对于大型枢纽型航空公司航线规划的影响尤为突出，它为航空公司进入新兴市场、在不增加运力的情况下进行网络延伸提供了难得的机会，并丰富了航线连接的方式。

（6）航空公司联盟伙伴对加入联盟的具体要求。

早期的航空公司联盟的主要形式就是具体航线运营的协作。无论是地区性联盟还是全球性联盟，都讲究联盟成员的航线互补功能。荷兰皇家和美国西北的联盟成功的重要原因是它们的航线网络在美国国内市场、欧洲市场、欧美市场、亚太市场、欧亚市场的高度互补性。国内新星联盟不成功的原因之一是它们的航线虽然很少重叠，但互补性不强。对需求量大的市场来说，航线重叠其实并无大碍，联盟成员之间可以通过代码共享进行分工协作，增加航班频率，提高联盟的市场份额。

（7）空域资源的可利用状况。

空域资源是一种稀缺资源，其可利用性受到多种因素的制约。例如，跨太平洋航线飞行飞机的最低垂直间隔将来要求达到 1 000 英尺[①]，这对中国民航就是一个严峻的挑战，因为我们的硬件和软件以及人员培训、管理体制等方面距此要求还存在一定差距。再如，正在讨论的北极航线，一旦开通，对中美、中加航线的重新布局将产生很大的影响。

（8）机场等地面保障单位的条件。

由于机场条件的限制，有些航线的开辟比较困难。比如，海口机场附近一度有超高建筑，以致空管部门不得不取消夜航。另一个不容忽视的因素是环保，如欧美等发达国家对飞机噪声危害的限制越来越严。

（9）航空公司的兼并重组。

航空公司的兼并重组是航空业放松管制、市场竞争加剧的必然结果，它对航空业的发展、航线网络结构的调整必将产生深远影响。通过重组提升航空公司的市场竞争力，建设世界范围的航线网络，是民航业朝向全球化、开放化方向发展不可避免的趋势。重组后的航空公司为了能够更好地发挥大集团的优势，首要的工作就是航线网络的调整，其中一个重要特征就是更具规模经济效益和运营效率的枢纽网络结构将被大型航空公司普遍采用以替代原来的城市对或单枢纽航线结构。

以法国航空公司（以下简称法航）与荷兰皇家航空公司（以下简称荷航）的重组为例。法航与荷航的航线网络具有明显的互补性，法航拥有覆盖南欧、北非市场的航线网络，而荷航则在北欧市场上占优势，双方的主运营基地巴黎戴高乐机场、阿姆斯特丹机场是欧洲最重要的 4 个枢纽机场中的两个，通过重组使新公司在这两个枢纽机场间航线市场的份额达到 85%以上，航线网络的整合确保了新公司在欧洲市场的网络优势，同时双枢纽战略也保持了航线网络的稳定性。

（10）替代品的挑战。

高速铁路的发展已足以迫使航空公司重新调整航线网络的规划。根据国内中长期铁路规划，京哈、京广、京沪、陇海、哈大、东南沿海等高铁线全线贯通，高铁线"四纵四横"全面建成通车，全国各大中城市间基本可以实现 1 000 千米左右"朝发夕归"，2 000 千米左右"夕发朝至"，这必将对民航客流量产生非常大的影响。根据初步推算，高铁线路将对 500 千米以下的航线产生颠覆性的影响，对 800 千米以下航线民航客运量的影响大致为 20%～30%，对 1 000～1 200 千米航线民航客运量的影响大致为 15%～20%。来自航空公司的数据已经证明了这一点，如上海至郑州的动车组开通后，春秋航空有限公司宣布停飞沪郑航线的所有航班；受郑西高铁的冲击，河南航空和幸福航空宣布郑州至西安的航班全部停飞；海航在武广高铁开通后第 5 天停飞了长沙至广州的航班；石太高铁的开通使得太原飞北京的部分航班取消；合武高铁开通后，往返武汉与南京的航线客座率下滑 11%。因此，航空公司应全面评估高铁的影响，及时调整航线网络以应对高铁的冲击，不同的航空公司可以根据自身的资源及经营环境，通过优化远程航线、加强枢纽建设、将短程和远程航线相结合，增加中转旅客流量，扩大市场需求，减少高铁对航空公司的冲击。

---

① 英尺：英制长度单位，1 英尺≈30.48 厘米。

航空公司主要的内部因素包括了战略目标、生产资源状况、市场开发能力和信息化建设状况等因素。具体而言，包括如下 6 个方面。

（1）航空公司的战略目标。

每个航空公司都有特定的战略目标，战略目标明确了航空公司的市场定位和顾客群体。比如，众所周知的美国西南航空公司将自己定位于低成本运营的地区航空公司，其航线结构就一直坚持以城市对为主，不搞枢纽辐射系统。因此，这是航线网络规划的基础和依据，也是评判规划成败的重要指标。航线规划人员需要与负责制定公司目标市场定位及发展战略的规划发展部保持密切的沟通，深刻领会决策者的战略意图，在选择航线网络模式、制订枢纽建设规划、确定航线网络布局、运力投放重点市场，以及提出生产经营指标时，必须确保与公司目标市场定位及发展战略的一致性。

（2）航空公司现有航线网络的利弊。

一些航空公司现有的航线网络基本是成功的，如国内市场中南方航空公司的客运网络可谓独占鳌头，这是它海外上市成功的重要因素；而国航、东方航的国内航线网络比较薄弱，应该做重大调整。

（3）航空公司现有机队的状况。

机队的经济性能、技术性能也是航空公司航线选择的重要因素。现在世界上只有少数几种机型可以飞行长距离航程和高原机场，如波音 747 在横跨太平洋航线上的优势就很突出。

（4）航空公司市场开发能力状况。

市场开发能力取决于航空公司高层领导的重视程度、市场开发主管部门的实力以及公司内部各部门的协同状况。从航空公司发展的历史来看，一支素质高、战斗力强的市场开发队伍对航空公司的竞争力有举足轻重的影响。这样的队伍一旦决定开辟一条新航线或撤出一条老航线，获益的把握较大。

（5）航空公司各部门/分公司之间的协同程度。

航空公司的内部管理机构与其他行业的企业机构变革一样，也呈现出扁平化的趋势。现在很多国内航空公司的航线管理还停留在经验管理、分散管理的水平，而国际上系统运营中心（System Operation Control/Center，SOC）的流行，使国内航空公司逐渐意识到内部条块分割、互不通气的状况再也不能容忍下去了。

（6）信息技术（IT）在航空公司内部应用的情况。

专家们早就指出，未来航空公司的竞争不是传统观念所认为的机队或价格的竞争，而是信息技术的竞争。航线管理水平的提高最终依赖于信息技术与航空公司、空管、机场等民航部门生产、指挥的紧密程度，仅航空公司一方着急无济于事。当然，航空公司应该走在前头，并与其他单位协商，共同提高信息技术的应用水平。

1.5.2　航线网络规划的基本原则

（1）航线网络规划的全局性原则。

航线网络规划是战略性的，它所关注的是整个航线网络结构是否合理，能否有助于公司战略目标的实现以及网络收益的最大化，因此在决定对具体航线的选择、取舍或运力调整时，必须从整个航线网络的全局着眼，力求使航线网络中各条航线之间功能互补、互相输送运力，实现整体大于部分之和的功效。

（2）市场需求导向原则。

航线网络规划将决定公司生产资源要素的投资和配置重点，因此以市场需求为依据是航线网络规划的基本准则，其最终目的就是为了通过合理的优化和开拓航线网络来满足市场的需求，对市场需求的掌握是航线网络规划成功的重要前提。因此，制定航线网络规划必须充分对现有的市场情况做出评估并对未来的市场需求做出动态的预测，力争最大限度地适应和满足市场需求。

（3）以航空公司的资源条件为基础。

航线网络规划的目标是寻求市场需求与公司资源的有效匹配，经营特定的航线要求航空公司必须具备相应的资源条件，包括符合航线运营要求的机型、航线经营权、时刻资源、飞行/机务/签派技术队伍、同时还要求航空公司具有一定的技术和并发能力，包括开发培育航线的能力、运行管理技术手段、产品设计与管理能力、创造和保持竞争优势的能力等。因此航空公司必须以企业自身条件为基础，充分考虑航空公司现有的航线网络资源，以及规划期内可能达到的人力、物力、财力等其他各种资源条件，制定符合航空公司实际的航线网络规划。

（4）经济效益优先原则。

航空公司提供航空运输产品的根本目的在于实现公司的盈利，从长远看需要应对激烈的市场竞争以保持竞争优势。因此，航空公司必须紧紧抓住盈利航线，同时积极开拓有潜在吸引力的航线，努力实现网络经营效益的最大化。

在航空运输业的早期，由于航空产业政策以及航空公司运营规模等多种因素的影响，航空运输企业普遍采用城市对航线网络结构。20世纪后期，随着欧美发达国家航空管制政策的放松，出现了枢纽航线网络。伴随着枢纽航线网络的出现，关于城市对航线网络和枢纽航线网络优劣的探讨便成为民航界的热点问题，两种航线网络之间的竞争也成了关注的焦点。

1.6　航线网络规划的思路与流程

1.6.1　基本思路

航空公司目前有两种基本航线网络规划思路：第一种方式是从宏观到微观，第二种方式是从微观到宏观。

（1）从宏观到微观的规划模式。

首先预测各主要区域市场发展速度和市场规模（如国际市场与国内市场，其中国际市场又细分为北美市场、欧洲市场、亚洲市场等，国内市场又细分为华北—华东区域市场、华北—华南区域市场等），根据公司的战略目标、各市场区域之间的客流量，选择需求增长潜力较大的区域作为航线网络布局的重点方向；然后对各区域市场的主要机场吞吐量进行预测，将客流量较大的机场作为构建网络的基点，结合公司实力和市场竞争状况预估各机场的市场份额目标，规划在各区域市场的运力投放重点及比例（一般以一条典型的城市对航线代表该区域市场，如华北—华东区域市场就以京沪线为代表。根据经验，当同一区域内主要航线的需求因运力增长限制无法满足时，会出现"需求挤出效应"，部分需求会转向同市场区域内的其他相关航线，如北京—上海航线的客流会分流到北京—宁波、天津—杭州等航线）；最后确定网络中的城市对，对溢出的需求也可灵活地分配到本区域邻近的机场，增加同方向新的航线（如华北—华东区域市场的京沪线竞争激烈或需求因时刻资源限制无法全部满足，可增加北京到杭州、无锡的航线来满足溢出的需求），并据此形成在各条航线的运力投放指标（投放几排航班）、市场份额指标。

（2）从微观到宏观的规划模式。

通过收集、整理航班订座系统（ETERM）中各条航线所有历史经营数据、航线 O&D 流数据、各机场客货吞吐量增长率等数据，依据每条航线历史增长速率和民航整体发展趋势，预测各条航线的客货运量、收益、客座率水平，一层一层往上推理得出未来 2~5 年公司整体宏观市场发展状况。该规划方法涉及大量运营数据的统计分析，同时还需要平衡多种约束限制条件，工作量巨大且相当烦琐。为了保证规划工作的准确性和全面性，中国东方航空公司从 SABRE 公司引进了"Air Vision Network"系统，可以基于所有历史运营数据对每个 O&D 流进行预测，并以网络收益最大化为目标提出航线运力分配方案。航空公司可以将系统预测出的航线信息汇总，得到整体的网络规划。但该方法较少用于中长期的航线网络规划，主要原因是：国内航空运输市场发展太快，需求波动较大，市场竞争激烈且无序、缺乏理性，很难预测竞争航空公司的行为。

两种方法各有利弊，最佳方式是将两种模式所得出的规划结论相互对比，平衡之间的差异，得出最终的规划方案。

1.6.2 基本流程

目前，国内航空公司航线网络规划主要采用从宏观到微观的规划模式，具体步骤为：

（1）收集、分析市场环境。

通过收集整理市场环境数据对整个民航市场进行总体分析，预测未来市场需求水平，并找出市场集中性的规律和需求增长最有潜力的区域。数据是航空公司非常宝贵的财富，是航空公司一切生产运营活动的基础。航线网络规划做的分析、决策都是建立在对大量数据进行收集、整合和分析的基础之上的，其主要数据包括国家经济发展以及相关行业信息、航空公司经营数据（航班计划、成本、收入、订座、生产、收益管理等信息）、航班计划手册（Official Airline Guide，OAG）中的航班时刻、各机场运营数据和增长率、政府数据、联盟伙伴数据、中航信订座信息、市场营销信息数据磁带（Marketing Information Data Type，MIDT）等数据。

（2）确定航线网络规划的重点市场区域。

依据航空公司市场定位和未来发展战略目标、对航空公司内外环境的战略分析、各区域航空市场需求增长情况以及其他运输方式对航空运输市场影响的科学预测，确定重点发展的市场区域、运力投放的主要方向以及各基地发展速度、根据拟订的增长目标确定资源配置的优先顺序。规划时要综合考虑多种生产资源要素的制约，并吸收相关部门的意见。

（3）选择通航点和航线连接方式。

首先，根据航线网络规划的战略重点、机场地理位置、竞争环境、机场基础设施限制、时刻资源的可获取水平和公司内部资源等因素，在所有备选机场中选取通航点，明确通航点的类型、通航点数量（即网络的覆盖范围）。其次，选择通航点之间的航线连接方式。不同的航空公司会有不同的航线网络结构，对于实力雄厚的航空公司，如果选择建设枢纽航线网络，则需要首先确定枢纽机场的选址、定位，确保公司在枢纽机场拥有大量的、占主导地位的资源优势，并通过跟踪调查了解枢纽机场的联程旅客与本地旅客的比重、该枢纽机场对旅客的吸引力、公司在该枢纽机场拥有的资源等，从而评估枢纽质量。

（4）确定航线运力投放密度。

依据各航线市场历史发展速度、航线客流量的水平、航线竞争者运力投放规模、预先设定的航线市场占有率，采用理想化的航班时刻作为约束条件并以基准机型的座位级为基础，测算航线航班频次，确定航线运力投放密度。

（5）优化航线网络。

在完成规划方案设计后，还需要对整体网络结构进行效益评价和结构优化。航空公司从航线网络收入、利润和效率最大化角度出发，基于对各条航线的运营收益和成本的量化分析，优先选择市场需求量较大、预期收益较高的航线，或是根据各条航线的网络贡献，保留边际贡献率为正的航线，又或者调整航线上航班起飞/落地时刻，优化航班波的衔接质量。通过上述这些战术性的调整，来优化航线网络结构，提高整体网络效益。

1.7 航线网络规划的重要性

航线网络规划关系到航空公司的可持续发展，是航空公司至关重要的战略决策，科学、合理、实事求是地设计与规划航线网络，对于有效地组织生产，充分发挥民航运输企业潜力，提高生产效率和生产质量，具有极其重要的意义。具体体现在如下几个方面。

（1）航线网络规划是影响航空公司生存和发展的战略性决策。

航线网络规划是依据企业的发展战略、目标市场定位、联盟策略和产品组合策略制定的，因此它是公司战略目标的具体体现，是制订公司的机队规划、人力资源规划、枢纽建设规划、维修基地布局的重要依据，它将决定航空公司生产资源要素的投入和配置，航线网络规划的失误可能令航空公司蒙受巨大的经济损失，因此航线规划关系到航空公司的生存和发展。一般来说，航空公司的战略规划部门在对外部环境、内部环境做了缜密的分析之后，会极其慎重地对本公司未来的航线结构做出决策。只有在航线结构明确的基础上，航空公司才能进一步制订机队、市场营销、人力资源、财务管理等方面的战略规划。因此可以看到，航空公司航线结构决策的重大失误，对航空公司来说可能是致命的，即使是小范围的、短时期的航线结构决策失误，也会令航空公司蒙受重大的经济损失。

（2）航线结构决策影响到航空公司的经营目标（或宗旨）的实现。

一般来说，航空公司在成立之初或某个战略转折关头，都要向社会宣布其宗旨或经营目标。能不能实现其宗旨或经营目标，在很大程度上取决于航空公司的航线结构决策及其实施。

（3）航线网络规划影响到航空公司的联盟策略。

受航权的限制，单个航空公司几乎不可能独自建立遍布全球的航线网络，航空联盟的出现使航空公司以通过代码共享避开航权的限制，并以较低的成本迅速构建起覆盖全球的网络。

但是加入联盟的一个重要前提就是航空公司的航线网络要能够满足联盟伙伴的需要。2007年，国航通过加入星空联盟将其丰富的国内航线网与星空联盟强大的国际航线网相连接，通过联盟网络，国航可以飞往全世界 162 个国家的 975 个目的地，使国航航线网络迅速延伸到以前市场的空白地区，极大地提高了网络质量，增加了网络收益，同时也使联盟实现了预期的收益目标。

（4）航线网络规划决定了航空公司的资源配置策略。

航线网络规划明确了企业的经营目标，因而也就主要决定了航空公司生产资源要素投资、配置的重点方向，特别是机队资源、人力资源（主要是飞行人力资源）和时刻资源的配置。

（5）航线网络结构将长期影响营运成本。

因为航线网络规定了运输路线，对于不同的航线网络结构，OD 流的路线将不相同，因此运输成本将不相同。科学设计的航线网络结构将具有最小的运输成本，劣质的航线网络意味着较高的运输成本。由于航线网络规划是战略层次的规划，其结构是相对稳定的，而且改变的成本很高，因此航线网络将长期影响航空公司的营运成本。

1.8　本章小结

正确理解航线网络规划中的基本概念是开展航线网络规划与设计的前提基础，准确理解不同航线网络结构的类型及其各自的特点，对于航空公司选择适合自身的航线网络类型是极为重要的。通过梳理航线网络规划的核心内容，以及总结航线网络规划的主要工作流程，可为后续开展航线网络规划奠定一定的理论基础。

思考题

1. 名词解释
（1）航路　　　　　　　（2）航线　　　　　　　（3）航线网络
（4）城市对航线网络　　（5）枢纽航线网络　　　（6）严格和非严格枢纽航线网络
（7）单分配和多分配枢纽航线网络　　　　　　　（8）沙漏型和腹地型枢纽航线网络

2. 简答题
（1）请阐述航路、航线与航线网络的含义及其相互关系。
（2）请分别说明城市对航线网络与枢纽航线网络的各自特点及其差异。
（3）请简述航线网络规划的重要性。
（4）请阐述航线网络规划的主要工作流程。

第 2 章　航空运输网络的经济性

做好航线网络规划的前提是正确理解航线网络结构、运行等所带来的经济现象和规律。在本章中，我们讨论航空运输网络的规模经济性、范围经济性等概念，以此为后续更好地理解、制订航线网络规划决策打下基础。

2.1　运输网络的规模经济

2.1.1　运输的规模经济

运输的规模经济也称为规模收益（return to scale），通常是指在其他生产要素价格等相关条件不变的情况下，随着运输产量的增加，平均运输成本逐渐下降的现象。通常，运输企业的投入量、运输产量以及总成本之间的关系主要有以下 3 种。

（1）在生产要素价格不变的情况下，随着运输的投入增加，运输产出的增长速度超过运输投入的增长速度，或者随着运输量的增加，运输的总成本的增长速度低于运输量的增长速度，这时称为规模报酬递增或规模经济，如图 2-1 所示。

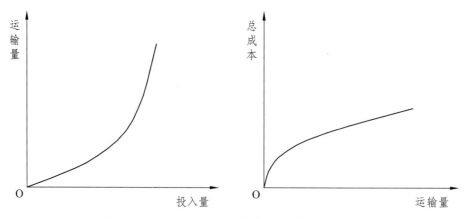

图 2-1　运输量的增加速度随投入量增加而递增

（2）在生产要素价格等其他情况不变的情况下，随着运输投入的增加，运输产出量随着运输投入量的增加而发生等比例的变化，这时我们称为规模报酬不变，如图 2-2 所示。

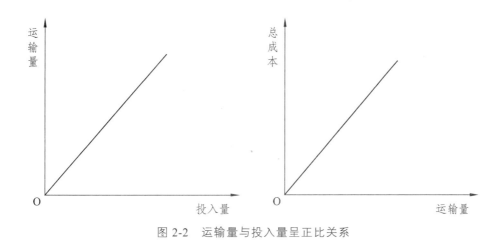

图 2-2　运输量与投入量呈正比关系

（3）在生产要素价格等其他情况不变的情况下，随着运输的投入增加，运输产出的增长速度低于运输投入增加，或总成本的增长速度随着运输量的增加而快速增加。这时，我们称为规模报酬递减或者规模不经济，如图 2-3 所示。

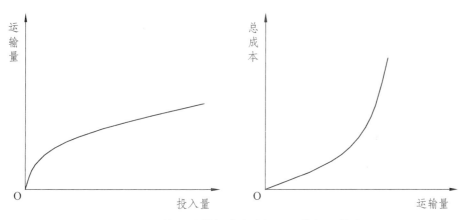

图 2-3　运量量的增长速度随投入量增加而递减

2.1.2　航空运输网络的规模经济性

航空运输网络的规模经济，是指在相关资源价格等条件不变的情况下，随着网络上运输产出量的扩大航空运输成本逐渐下降的现象。它主要包括网络运输的密度经济，指在航空运输服务的网络节点、航程、载运率以及相关资源价格等其他条件不变的情况下，随着运输产出的增加（如航班频率增加）而平均成本不断下降的现象；网络运输的范围经济，指航空公司在运输服务的航班频率、航程、载运率等其他条件不变的情况下，由于运输服务网络节点的增加，所导致的平均成本下降的趋势；载运率的经济性，是指在航空运输服务的网络节点、航程以及相关资源价格等其他条件不变的情况下，由于载运率增加所导致的每位旅客或货物的平均运输成本下降的现象；网络枢纽的经济性，指航空公司通过建立枢纽，从而达到提高产出或降低单位成本的现象，如图 2-4 所示。

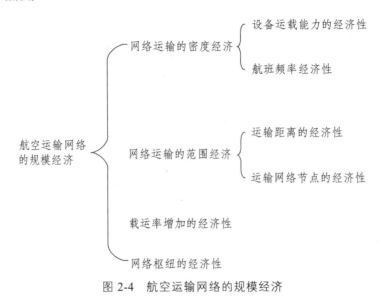

图 2-4　航空运输网络的规模经济

（1）航空网络运输的密度经济。

它反映了在航空运输的网络节点、航班的载运率、航程以及相关运输资源等价格不变的情况下，随着运量的增加，如航班的频次的增加，或者设备运载能力的改变（如在载运率不变的情况下，飞机从 B737 换成 B777），所导致的单位运输成本降低或者投入产出增加的情况。它主要包括由于航班频率增加所导致的航班频率经济以及运载设备的改变所导致的设备运载能力经济。航班频率经济，是指在其他情况不变的情况下，随着航空公司在市场上或某条航线上的航班频率的增加，所导致的航空公司投入产出效率增加。随着航空公司在市场上的航班频率的增加，航空运输旅客旅行时间的节约，旅客对航空公司会拥有更高的市场认可度，相比航空公司在市场中的运力所占比重而言，航空公司在市场中会占有更高的市场份额，这在许多航空运输市场得到了验证。Simpson（1970），Taneja（1976）通过研究发现，那些航班频率在市场中所占比率较高的航空公司，在市场上拥有更高的市场份额。Belobaba 也认为，航班频率越高，旅客期望飞行时间与实际飞行时间的差距越小（即"计划延误时间"），从而节约了总的旅行时间，因而会更受到青睐。设备运载额能力经济，是指在航班频次与载运率不变的情况下，随着运量的增加，航空公司也可以通过机型的更换，如将座位数量比较小的窄体机换成座位数量比较多的宽体机，从而达到降低单位座位运输成本的目的。

（2）航空网络运输的范围经济。

它主要包括航空运输的距离经济以及航空运输网络节点的经济性。航空运输的距离经济，是指随着航空运输距离的增加平均每单位成本逐渐下降的现象。从理论上讲，航空运输的平均单位成本会随着运输距离的增加而逐渐下降。这是由于：第一，航空公司的运营成本可以分为与飞行相关的成本和地面相关成本。许多地面相关成本，如飞机的起降费，运输服务费等，与飞机的飞行航程无关。因而，随着航程增加，航空公司平均每千米的运输成本随之下降。第二，每个航班都会经历一个滑行、起飞、爬升、巡航、降落、着陆、滑行的过程，从燃油消耗角度来看，飞机在滑行、起飞、爬升以及下降阶段的燃油消耗量较大，而在巡航阶段的燃油消耗量最小，航程越长，巡航阶段也就越长，平均每千米的燃油消耗量也就越小。图 2-5 是 Belobaba 统计的 2003 年美国的航空公司的平均航程与单位运营情况。

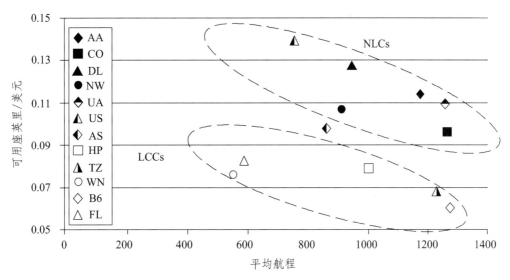

图 2-5 美国航空公司平均航程与单位成本

该图的上部分为网络型航空公司，下部分为低成本航空公司。可以发现，随着航程的增加，两种类型的航空运输企业的单位成本都随之下降。运输网络节点的经济性，是指在其他条件不变的情况下，随着航空公司网络上服务节点的增加和网络覆盖范围的扩大，航空公司投入产出比重增加，或者平均运输成本逐渐下降的现象。

（3）载运率增加所导致的经济性。

载运率增加所导致的经济性是指在其他条件不变的情况下，随着载运率增加，飞机上载运的旅客或货物随之增加，平均每位旅客所分摊的成本随之下降。

（4）网络枢纽的经济性。

网络枢纽的经济性是指航空公司通过建立枢纽，从而实现提高产出或降低单位成本的现象。ROSS M.STARR 等（1992）通过研究发现，通过枢纽建立的枢纽辐射式航线网络结构能够显著带来规模经济。我们将在下节予以详细阐述。

2.1.3 航空运输规模经济模型

假设航空运输的总成本为 TC，则航空运输的总成本会受到许多因素的影响，如相关资源要素的价格、运输产量、航线网络结构、航空公司自身运营特征等诸多因素的影响。因而，Caves 等（1984）认为，航空运输总成本与其影响因素的函数关系式可以表达为

$$TC = f(y, p, w, z, t, F) \tag{2-1}$$

式中：y 为运输产量；p 为当前的航线网络结构；w 为相关投入要素价格；z 为相关控制变量；t 为时间因素；F 为公司自身特征。

根据运输的密度经济的定义，航空运输的密度经济（return to density）可表示为

$$RTD = \frac{1}{\varepsilon_y} \tag{2-2}$$

式中：ε_y 反映了总成本对运输产量变动的变动程度，即成本产量弹性。当 $RTD>1$，即 $\varepsilon_y<1$ 时，在网络节点、航程、载运率等其他条件不变的情况下，运输产量每增长 1%，总成本增长速度小于 1%，意味着具有运输的密度经济。反之，当 $RTD<1$，即 $\varepsilon_y>1$ 时，意味着在网络节点、航程、载运率等其他条件不变的情况下，运输产量每增长 1%，总成本增长的速度大于 1%，则认为运输密度不经济。

同理，根据航空运输范围经济的定义，航空运输的范围经济（return to scope）可表示为

$$RTS_{COPE} = \frac{1}{\varepsilon_p} \tag{2-3}$$

式（2-3）反映了在航空运输的航班频率、航程、载运率等其他条件不变的情况下，运输服务网络节点的增加，导致的平均成本下降的现象。其中，ε_p 反映了运输成本随着运输网络节点的变动而发生变动的程度。当 $\varepsilon_p<1$，即 $RTS_{COPE}>1$ 时，意味着在航空运输的航班频率、航程、载运率等其他条件不变的情况下，航空运输网络节点每增加 1%，总成本增长的速度小于 1%，则具有运输的范围经济。反之，当 $\varepsilon_p>1$，即 $RTS_{COPE}<1$ 时，则表现为航空运输范围的不经济。

对于特定的航空运输企业而言，在相关的枢纽、机队以及载运率不变的情况下，航空运输的规模经济等于运输的密度经济与范围经济之和，因此航空运输的范围经济可以表示为

$$RTS = \frac{1}{\varepsilon_y + \varepsilon_p} \tag{2-4}$$

$RTS>1$，则意味着存在规模经济；当 $RTS<1$，则存在规模不经济；当 $RTS=1$ 时，意味着运输的规模报酬不变。

2.2 枢纽及其经济性

枢纽（Hub）是指重要的部分，事物联系的中心环节。《辞海》中将其解释为重要的地点，事物的关键之处。枢纽对于建立枢纽的航空公司具有经济性，对于所在的枢纽机场同样具有经济性。下面我们将分别从枢纽对航空公司的经济性和对机场的经济性两方面进行讨论。

2.2.1 枢纽对航空公司的经济性

枢纽对航空公司的经济性，主要是航空公司围绕枢纽，通过建立枢纽辐射式航线网络结构所带来的经济性。所谓枢纽辐射式航线网络结构，是指以某个城市机场为中心（枢纽），围绕枢纽机场展开航线和航班，且强调航班之间的衔接性的一种航线网络结构。枢纽辐射式航线网络结构的经济性主要表现在以下几个方面：

（1）通过枢纽可以以更少的航线连接更多的城市机场。

枢纽的经济性主要体现在以下几个方面。首先，通过枢纽，可以用更少的航线将更多的城市机场通过枢纽进行连接。例如，有 5 个城市机场，A、B、C、D、E，在采取点对点式航线网络结构下，要让这 5 个城市机场互通，需要的航线网络条数为 10 条，如表 2-1 所示。

表 2-1　城市对数量

第 n 条	城市对	
1	A	B
2	A	C
3	A	D
4	A	E
5	B	C
6	B	D
7	B	E
8	C	D
9	C	E
10	D	E

如果采取枢纽辐射式航线网络结构，假设以城市机场 A 为枢纽，则只需要 4 条连接枢纽机场 A 的航线，便可以将这 5 个城市相连，如图 2-6 所示。

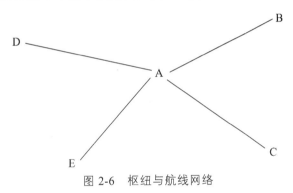

图 2-6　枢纽与航线网络

因而，与枢纽相连服务的城市对的数量如表 2-2 所示。

表 2-2　枢纽、城市对与航线数量

与枢纽相连的辐条数	通过枢纽相连的航线数量	以枢纽为终点并且直达的航线数量	枢纽辐射系统所服务的全部城市对数量
2	1	2	3
5	10	5	15
70	2 415	70	2 485
100	4 950	100	5 050
N	$N(N-1)/2$	N	$N(N+1)/2$

（2）枢纽运营带来的密度经济。

通过枢纽运营，航空公司可以将更多的旅客聚集在枢纽机场，从而在干线上开辟更高密度的航班。或者在某些航线上采用座位更多的大飞机来代替小型飞机，如用宽体机代替窄体机，从而实现更低的运营成本。

如图 2-7 所示，假设有 4 个城市机场 A_1、A_2、A_3、A_4 通过枢纽机场 O 相连。则对于 OA_1 航段而言，OA_1 航段的实际旅客需求量为

$$D_{OA_1} = OD_{OA_1} + OD_{A_2A_1} + OD_{A_3A_1} + OD_{A_4A_1} \qquad (2\text{-}5)$$

式中：D_{OA_1} 表示航段 OA_1 的旅客需求量；OD_{OA_1} 表示从城市机场 O 到城市机场 A_1 的 OD 流；$OD_{A_2A_1}$ 表示从城市机场 A_2 到城市机场 A_1 的 OD 流；$OD_{A_3A_1}$ 表示从城市机场 A_3 到城市机场 A_1 的 OD 流；$OD_{A_4A_1}$ 表示从城市机场 A_4 到城市机场 A_1 的 OD 流。

对于航段 OA_1 而言，其聚集的旅客不仅仅包括从城市 O 到 A_1 的旅客，还将 A_2 到 A_1，A_3 到 A_1，A_4 到 A_1 的旅客流量聚集在枢纽 O，增大了旅客流量。

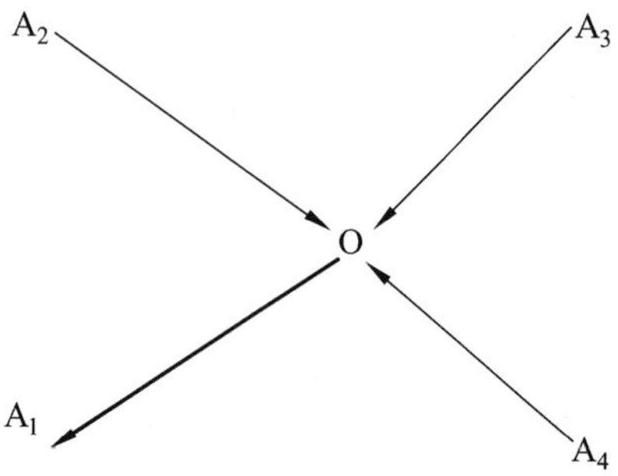

图 2-7 枢纽的旅客流量聚集功能

如果有 A_1，A_2，A_3，$\cdots$，A_n n 个城市机场与枢纽机场 O 相连，则航段 OA_j 的旅客需求量为

$$D_{OA_j} = OD_{OA_j} + OD_{A_1A_j} + OD_{A_2A_j} + OD_{A_3A_j} + \cdots + OD_{A_nA_j}$$
$$= OD_{OA_j} + \sum_{i=1}^{n} OD_{A_iA_j} \ (i \neq j) \qquad (2\text{-}6)$$

式中：OD_{OA_j} 表示航段 OA_j 的旅客需求量；$OD_{A_iA_j}$ 表示城市机场 A_i 到城市机场 A_j 的 OD 流；OD_{OA_j} 表示城市机场 O 到城市机场 A_j 的 OD 流。

随着网络上与枢纽机场相连接的辐条数的增加，n 值也就越大，从枢纽机场到其他城市机场的旅客流量也随之增加，旅客流量的增加使得航空公司可以开辟更高密度的航班，或者使用载运量更大的飞机，从而带来密度经济。

（3）枢纽加强了航空公司在该市场上的竞争地位，帮助航空公司提高市场占有率。

由于航空公司在枢纽机场得天独厚的优势，如在枢纽机场拥有更多的航班时刻，分配到更多的登机口资源，更高的航班起降频率，以及相比外地航空公司拥有更多的本地大众旅客的知名度和声誉，从而使得这些枢纽型航空公司在该枢纽市场拥有更高的市场份额，获取更多的垄断地位。同时，由于枢纽密度经济的存在，航空运输的单位成本下降，枢纽航空公司还可以采取降价、常旅客计划等方式吸引旅客，打压竞争对手。等获取垄断地位后，再通过抬价的方式获得高额利润。许多学者的研究也证实了这一点，如 Creel 和 Farell 在 2001 年的研究中发现，在枢纽辐射式航线网络结构下，规模的扩张往往使得航空公司加强了自身的垄断地位。

（4）枢纽使得航空公司开辟新市场更经济。

在枢纽辐射式航线网络结构下，航空公司想要开辟新市场，只需要将新的城市机场与枢纽机场相连接，就可享用整个枢纽网络其他城市机场到该新机场的旅客流量（前文已经论证）。这规避了在点对点式航线网络结构下，单一航线旅客流量不足运营成本过高的风险。事实也是如此，如美国的网络型航空公司在放松管制后，其通过枢纽相连接的网络节点迅速增加。如 AA 航空公司在 1979 年的网络节点数只有 50 个，而到了 1988 年，其整个网络节点迅速增加至 173 个。

2.2.2　枢纽对所在城市机场的经济性

相比较于非枢纽机场而言，枢纽机场聚集了大量的航班和旅客，收益颇丰。从收入角度上来看，机场的收入主要源于两大部分，一是航空性业务收入，主要源于机场为航空公司提供起降以及其他地面服务等而收取的费用。另一部分是非航空性业务收入，如机场的特权经营权收入、停车场收入等。枢纽机场的建立，大量航班在枢纽机场起降、经停，这大大增加了机场的航空性业务收入，而枢纽的旅客流量聚集功能又间接为机场的非航空性业务收入贡献了力量。根据国际民航组织（ICAO）的调查研究发现，机场的非航空性业务收入随着旅客人数的增加而增加。Graham（2006）以德国、英国以及意大利的城市机场进行了研究，将城市机场按旅客吞吐量进行分类，分为吞吐量小于 400 万的机场与吞吐量大于 1 000 万的机场，研究发现，机场旅客吞吐量与非航空性业务收入占总收入中的比重见表 2-3。可以发现，旅客吞吐量对机场的非航空性业务收入具有重要影响。

表 2-3　旅客吞吐量与非航空性业务收入比重

城市机场所在国家	旅客吞吐量	非航空性业务收入所占比重
德国	<400 万	31%
意大利	<400 万	33%
英国	<400 万	44%
德国	>1 000 万	39%
意大利	>1 000 万	46%
英国	>1 000 万	57%

从成本的角度来看，大量航班和旅客在枢纽机场的汇入为枢纽机场带来了规模经济。Gillen 和 Lall（1977）以及 Pel 等（2001）均通过研究发现，大型机场的运营效率高于小型机场。对于机场的效益指标，我们通常用每一单位 WLU（指每一个旅客或 100 kg 货物）的成本来衡量。机场的旅客和货物的吞吐量越大，平均每单位的 WLU 的成本也就越低。ICAO（2000）研究了 WLU 的数量与每 WLU 的单位成本之间的关系，如表 2-4 所示。

表 2-4　旅客吞吐量与单位成本

WLU（每一个旅客或 100 kg 货物）	总成本/WLU
WLU<300 000	$15
300 000<WLU<2 500 000	$9.4
2 500 000<WLU<25 000 000	$8

2.3　航空公司联盟或并购的网络经济性

20 世纪 80 年代，随着美国航空运输业的放松管制，航空公司之间的并购浪潮席卷全球。航空公司联盟是指航空公司间为达到未来某种战略目的而进行的一种合作方式。并购是指航空公司间的合并或收购，通常是一家航空公司通过股权交换、资产买卖等方式，获得另一家航空公司的控制权的行为。航空公司通过并购行为，能迅速地合二为一，使两家航空公司的规模得以扩大，资源得到有效整合，从而产生规模经济与协同效应。航空公司联盟或并购的网络经济性主要体现在以下几个方面。

2.3.1 网络运输范围扩大带来的运输范围经济

从航线网络的角度来看，航空公司之间的并购或联盟，可以增加航空公司枢纽机场的网络连接性，增加网络节点，运输距离也可以得到延长。航空公司的合并通常可以分为两类：一是合并前两家航空公司的网络节点或航线重合率较高，如全美航空公司（US Airways）与美国大陆航空公司（Continental）两家航空公司之间的合并；二是合并前两家航空公司之间的网络节点或航线重合率较低，如法国航空与荷兰皇家航空公司之间的合并。对于网络节点重复而航线本身重合率较低的航空公司而言，航空公司间通常可以通过航线的整合、航班之间的衔接加强节点（枢纽）的市场集中度与连接性。Shih-Lung Shaw 等（1994）研究了美国环球航空公司（TWA）与美国西北航空公司（NWA）两家航空公司合并后，对航空公司的一些城市机场的网络连接性的影响。作者统计了两家公司合并后排名前 15 名的城市机场的网络连接性，研究发现，那些原本在合并前在某一个航空公司航线网络连接性好的城市机场，合并后在网络连接性方面仍然保持前列；而那些合并前在航空公司的网络连接性排名靠后的城市机场，在合并后航线网络连接性却得到了增强。对于合并前网络节点与航线重合率较低的航空公司而言，两家航空公司的合并，扩大了合并后航空公司的网络覆盖范围，增加了航线网络服务节点，运输距离得以延长，网络运输的范围经济得以体现。如法国航空与荷兰皇家航空公司的合并，合并前，法国航空一方面拥有雄厚的资金和良好的经营业绩，但本身正面临欧洲本土高铁的冲击，力图开辟更远的航线；而荷兰皇家航空公司刚好在跨大西洋航线上占有一定的市场份额，但苦于经营亏损，现金流量低，机队不能及时更新，且两家航空公司的航线重叠率低。两家航空公司合并后，荷兰皇家航空公司的跨大西洋航线为法国航空带来了新的契机，而法国航空的雄厚的资金流也为荷兰皇家航空的机队更新提供了资金支持。合并后的法国-荷兰皇家航空公司航线网络得以扩张，运输距离也相应增长，合并的范围经济得以体现。航空公司的市场价值得到了快速增长。联盟的合作虽然没有那么紧密，但是航空公司仍然可以利用自身的优势，绕过管制壁垒，为旅客提供可到达"任何地方"的相互连接的广阔网络来吸引旅客，增强自己的竞争力。

2.3.2 并购或联盟带来的市场垄断经济性

对于网络节点或航线重合率较高的航空公司而言，两家航空公司的并购或联盟，加强了航空公司在枢纽或航线上的市场力量，提高并购后航空公司的市场份额，给并购后的航空公司带来了垄断地位。而处于垄断地位的航空公司常常又会提高运输价格从而为自身带来垄断经济性。当并购或联盟前两家航空公司在枢纽机场或航线网络中处于竞争地位时，两家航空公司为了各自抢占市场，通常会提高航班频率、压低价格。当两家航空公司并购或联盟后，原来的竞争关系不复存在，联盟或并购后的航空公司通常会将航班频率恢复至与市场最匹配的状态，运输价格也相应提高。许多学者通过研究并购后航空公司的市场力量发现，航空公司并购后市场份额有了显著提高，航空运输价格也有显著提升。如 Severin Borenstein（1990）研究了美国西北航空公司（Northwest airline）与共和航空公司（Republic airline）之间的并购及其市场影响。两家航空公司于 1986 年完成合并，并购前，两家航空公司在明尼阿波利斯市（Minneapolis）均占有较高的市场份额，美西北占了市场份额的 42%，而 RA 占了市场份额的 37%。研究发现，合并后的航空公司显著削减了原来的运力，而并购后的航空公司的市场载运率以及市场份额却有了显著提高。Dennis W. Carton（1980）通过研究市场上单一航空承运人与多个航空承运人承运的航线，统计了 28 个城市对航线的资料，研究发现，即使在运输时间、航班频率以及其他情况相同的条件下，单一航空承运人也具有明显的市场优势。E.Han kim etc（1994）研究了 1985—1988 年 14 家美国航空公司并购涉及的 11 629 条航线，研究发现，航空公司在并购后的航线运输价格相比并购前有了显著提升。Jan k. Brueckner 等（2004）通过研究欧洲航空公司的并购与联盟，发现航空公司间的并购与联盟给航空公司带来了更高的利润。

2.3.3　并购或联盟的网络运输成本优势

并购或联盟的成本优势主要体现在其运输的密度经济。航空公司进行并购或联盟后，由于其在市场上的优势能吸引更多的旅客，从而带来运输的密度经济，以及载运率提高所带来的经济性。同时，并购还可以带来航空公司资源的整合，如航站楼设施设备的共用、机队资源的整合，以及销售渠道的整合，从而降低成本，达到正的协同作用。联盟成员也可以通过航线合理化分配来分担某些成本或降低成本，如合用销售机构、机场设施以及订座/售票人员。例如，瑞士航空公司（Swiss air）和奥地利航空公司（Austrian air）便在许多地方联合订票和销售部门，从而减少部门数量和人员。联盟还能使一个航空公司从较小的伙伴的较低运行成本中获益。有时，不同国家间的航空公司的人工成本相差很大，一些劳动力成本高的航空公司可以利用伙伴航空公司较低的运营成本的优势，从而达到降低成本的目的。

2.4　本章小结

航空运输网络的规模经济，是指在相关资源价格等条件不变的情况下，随着网络上运输产出量的扩大航空运输成本逐渐下降的现象。航空公司运输网络的规模经济，可体现为运输设备载运能力提升、航班频率增加带来的运输密度经济，运输距离、运输网络节点带来的运输范围经济以及网络枢纽的经济性等。航空公司通过建立枢纽，可以以更少的航线连接更多的城市机场，带来网络运输的密度经济。还可以增强航空公司在市场上的竞争地位，为开辟新的航线带来便捷。除此之外，航空公司之间的联盟或并购也为航空公司带来了运输的范围经济以及市场的垄断经济。

思考题

1. 什么是运输的规模经济？
2. 什么是航网络运输的密度经济与范围经济？
3. 理解运输的投入量、产出量以及运输的总成本之间的关系。
4. 请阐述航空枢纽运营带来的密度经济。
5. 航空公司联盟或并购带来的网络经济性主要体现在哪些方面？

第3章 航空运输市场分析

航空运输市场在很大程度上影响着航线网络规划决策，市场需求的规模、区域的分布、票价水平的高低、旅客购票行为的特点、人口密度的大小等诸多因素，都深刻地影响着航线网络的结构。

本章首先从航空运输市场的定义入手，分析市场要素的构成、市场调查的步骤、内容和资料来源等问题，随后介绍几种常用的市场运量预测以及市场运量需求预测的方法，并对市场份额的估算问题进行了探讨，以此让读者熟悉航空运输市场分析的整个过程。

3.1 航空运输市场

3.1.1 航空运输市场的定义

从经济学的角度看，市场是商品交换的总和，即参与某些商品或劳务，现实的或潜在的交易活动中所有买卖之间的交换关系的总和。在市场经济条件下，航空运输劳务同样作为一种商品而存在。航空运输市场包括以下几个方面的内容：

（1）运输市场是运输劳务交换的场所或领域。

由于航空运输活动过程既代表了运输产品的供给过程，又表现为运输产品的消费过程，使得实现旅客或货物空间位移的场所处于不断变化中。或者说，航空运输市场作为一个领域，包含了运输活动的经营区域所有可能达到的场所，如机场、旅客售票处、货运站及航线。

（2）航空运输市场是运输劳务交换关系的总和。

航空运输市场是指在一定的历史时期、一定的社会经济范围内，进行运输劳务交换所反映出的各种经济关系和经济现象。从经济学角度分析，把运输市场作为一种经济关系，体现出运输市场中各行为主体的经济联系，从而把握运输市场的本质，这是进一步研究航空运输市场体系的基础。从市场营销角度来分析，运输交易活动过程中所反映的经济活动现象，如运输市场调查分析与预测、客货源的组织、交易方式的选择等，都是伴随着运输劳务交换必然发生的。如果没有市场调查分析与预测，就不可能正确了解航空运输市场，运输劳务交换就处于盲目化状态；没有合理的运输价格制度，就会使运输市场缺乏合理的尺度，发生非等价的运输劳务交换；而没有客货源的组织，运输劳务交换就无法实现。

（3）航空运输市场是运输劳务现实的和潜在的需求者的集合。

这是站在运输劳务供给者角度，以运输需求为研究对象来理解的，即把运输市场的概念限定在运输需求方以及运输需求方的购买行为趋势上，这一点是进行运输市场营销管理的概念基础。

　　从空间角度来看,航空运输市场是机场 A 周边的始发地区,包括旅行者的所有始发地点,它还被称为该机场的集散区。一个机场的集散区能延伸到数百千米,并且会随着目的地和旅行者旅行目的的不同而不同。例如,一方面,短期公务出差、飞行距离短的旅行者,可能比较希望能最大限度地缩短进出某一机场的地面路程部分的距离和时间;另一方面,飞行距离较长、并且要在目的地逗留几周的度假旅行者,或许为了得到较低廉的票价,则有可能愿意走更远的路程到达某一始发机场。

　　与此类似,机场 B 也有一个目的地地区,它包括从 A 地区始发旅客的目的地地点。与始发机场地区的情况一样,目的地机场地区 B 的大小也随旅行目的地不同而不同。例如,就伦敦希思罗机场而言,非居民公务旅行的目的地大部分都在极小的商务区内,而休闲度假旅行者、参观者和周边地区居民的目的地地区则要大得多。

　　在图 3-1 中,从 A 到 C 和返回的空中服务市场与 ABA 市场是性质不同且相互独立的空中服务市场。虽然这两个市场的潜在旅客都是始发机场地区 A 的居民,但在 ACA 市场上改善航空公司服务质量或改变票价,可能不会影响 ABA 市场上的航空旅行需求,因此它们是两个明显不同的市场。在图 3-1 中,市场 ABA 和 BAB 被称为是两个相互"对面"的市场。在市场 BAB 上,希望旅行到目的地地区 A 内一些地点的消费者,他们使用的是与市场 ABA 相同的航空服务。

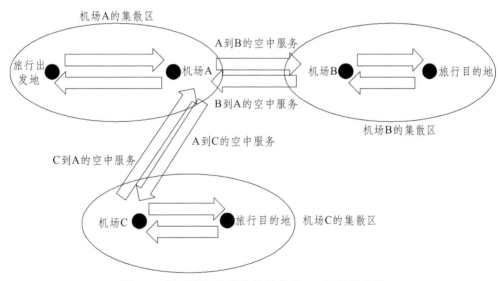

图 3-1　性质不同和单独的始发地——目的地市场

　　作为一个市场的"对面"市场,其空运服务市场能够有不同的特征。"对面"市场的需求总量也可能是不同的,但由于几乎所有的航空旅行都是往返旅行,因此从长期来看,两个方向上的客流量是大致相等的。还可能有这种情况,即虽然这两个市场都利用同一家航空公司的航班,但每一个"对面"机场的价格却不相同。例如,当始发地和目的地在不同的国家内,并且票价以不同的货币确定时,就可能发生这种情况。

　　当在一些始发地或目的地地区内,有两个或更多的机场为旅行者提供其他的可供选择的航班时,机场地区可能重叠。图 3-2 描绘了这样一种情况,即从机场 A 和 D 到机场 B 有可供选择的航班,而到机场 C 则只有从机场 A 始发的一个航班。在这个例子里,市场 ACA 的机场集散区是 A 和 D 周边整个阴影的地区，而市场 ABA 和 DBD 的机场集散区重叠在一起。从这个重叠区出发开始旅行的旅客，必须选择要去哪个机场才能飞到 B。

ABA 和 DBD 被称为一对平行市场。为每一对平行市场服务的可供选择的航班，在某种程度上都是在这个比较大的地区内的相互替代者。在一对平行市场内，航空服务的定价也会影响每一个市场的需求总量。在航空公司的定价有竞争力的情况下，旅客可以选择增大其行程的地面交通部分，以获得较低的票价。例如，如果从蒙特利尔特鲁多机场到欧洲目的地的可供使用的票价低得多，则可预计至少有一些来自渥太华地区（160 km 之外）的旅客会开车去蒙特利尔，而不是从渥太华机场飞走。

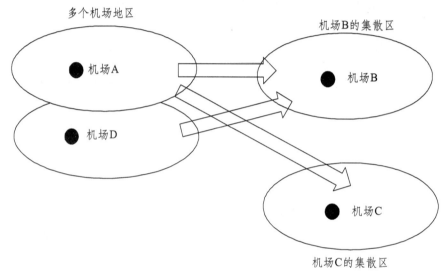

图 3-2　平行市场和重叠的机场地区

在图 3-3 中，市场 AB 上的旅行者可以将在市场 AC 和市场 CB 上提供的航班连接起来。从 A 到 B 的航班，同时对 AB 和 AC 两个市场（以及许多其他市场，取决于这家航空公司网络的范围）提供一定份额的供给。从 A 经过 C 到 B 的旅行票价有可能低于不经停直达的 AB 票价。如果经过 C 的旅行票价比较便宜，它将影响市场 ABA 上的不经停直达需求量。这就意味着，虽然 AB 和 AC 在经济上是性质不同的独立市场，但在这些市场里面，航空旅行价格却由不同的市场的需求和竞争特性来确定，而未必由旅行的距离确定。

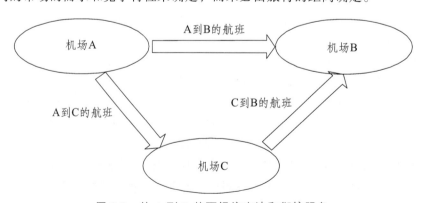

图 3-3　从 A 到 B 的不经停直达和衔接服务

航空旅行市场的空间定义认为，对于航空旅行，可能有多个、甚至重叠的始发地区和目的地地区的地理轮廓。始发地—目的地（O&D）需求的最常见的表达形式是参照城市对市场，如每天希望在波士顿和芝加哥之间旅行的潜在的旅客数量。但是，由于芝加哥有两个机场，因此这种城市对需求被分散到两个（平行的）机场对市场，分别为波士顿的洛根机场和芝加哥的奥黑尔机场和米德伟机场之间。另一方面，在比较大的波士顿市政区和芝加哥市政区之间，有更广大的航空旅行市场，这个市场能包括诸如普罗维登斯（罗得岛）—米德伟、普罗维登斯—奥黑尔、曼彻斯特（新罕布什尔）—米德伟和曼彻斯特—奥黑尔这样的其他机场对。如此一来，这个广大的地区对市场包括了有 6 对机场的市场，它们都是平行和相互关联的市场。

3.1.2 航空运输市场构成要素

一般情况下，存在运输供给方和运输需求方，有可供交换的运输劳务，有供需双方可以接受的运输价格和其他条件，就可以形成现实的而不是观念上的运输市场。由此看来，航空运输市场的构成要素主要包括五个方面，即航空公司、旅客或货主、机场、航线、销售网络与运价。

（1）航空公司是提供运输劳务的单位，是运输市场的供给主体，其市场行为表现为提供运输劳务以获得相应的经济利益。

（2）旅客或货主是运输市场的需求主体，其参与运输市场活动的主要目的有两点：一是通过运输劳务获得其效用的满足，如执行公务、旅行活动、探亲访友、实现货物的时间效用；二是在考虑运输效用满足的同时追求经济性，即用较少的代价获得运输效用的满足。

（3）机场（包含相关的服务机构）是运输市场的中介服务主体，是介于运输供给主体和运输需求主体之间并为之服务的运输市场中间组织。机场具有双重身份，即相对于运输供给主体来说，它是运输需求者；相对于运输需求者来说，它是运输供给者。机场依靠服务于供需双方来参与运输市场活动。

（4）航线是航空市场中的机场要素相互关联的结构，是航空公司和旅客或货主实现运输需求的依据，是航空运输市场的资源。为了避免航空公司之间的无序竞争，必须合理安排航线布局。目前中国民航推行航线经营许可制度，由中国民用航空局对航线进行宏观调控，这种调控手段仍属于政府行为。随着我国航空运输市场化进程不断加快，航线也必将推入市场，国家进行布局航线经营权的拍卖，航空公司对于购入的航线经营权合理使用，以此达到航线资源的合理配置。

（5）销售网络与运价是航空运输市场必不可少的要素。航空运输市场的销售网络可以看作运输劳务交换的场所，而运价是运输劳务价值的体现，反映了航空公司和旅客或货主之间的契约关系。

3.2 航空运输市场调查

航空市场调查是航空运输企业认识市场、获得市场信息的最基本的方法，是航空运输企业开展科学经营决策的基础，也是航空公司发现经营和管理中存在问题的重要手段，是市场预测的基础。

航空公司开展市场调查可以采用两种方式：一是航空公司自己来做市场调查，航空公司可以设立市场研究部门负责此项工作；二是委托其他航空公司、航空港和专业市场调查公司来做相关市场调查。航空公司如委托航空港做相关调查，撇开客观和技术上的因素，就主观原因而言，航空港都希望本港范围内航空发运量和到达量大，各地航空公司在此多开航班，这可能导致预测量的夸大。航空公司如委托其他航空公司调查市场情况，被委托的航空公司往往可能对外缩小本公司所在港和开航港的发运量和到达量，而使其他航空公司减少在这些城市的航班投入。所以，委托调查最好是委托航空港和在该港驻扎的航空公司同时进行，从两方面取得数据来相互印证。航空公司如委托专业市场调查公司来做相关市场调查，其调查结果可能更客观。

3.2.1 调查步骤

组织航空运输市场调查的基本过程如下。

（1）进行航空运输市场调查，首先要明确市场调查的目标，航空公司调查的需求不同，市场调查的目标就会有所不同。航空公司制定经营策略时，必须调查宏观航空运输市场环境的发展变化趋势，尤其要调查未来的发展状况；航空公司制定市场营销策略时，要调查市场需求状况、市场竞争状况、消费者购买行为和营销要素情况；若航空公司在经营中遇到了问题，这时应针对存在的问题和产生的原因进行市场调查；若公司欲扩展航线网、开辟新航线则需对未开辟城市做市场需求调查。

（2）设计调查方案。

一个完善的市场调查方案一般包括以下几方面内容。

① 调查目的要求。根据航空运输的市场调查目标，在调查方案中列出本次市场调查的具体目的要求。例如，本次市场调查的目的是了解采用航空运输方式的消费者购买行为和消费偏好情况等。

② 调查对象。航空运输市场调查的对象一般为在调查区域内采用航空运输方式的消费者和消费群体。

③ 调查内容。调查内容是收集资料的依据，是为实现调查目的服务的，可根据航空运输市场调查的目的确定具体的调查内容。调查内容的确定要全面、具体、条理清晰、简练，避免内容过多、过于烦琐，避免把与调查目的无关的内容列入其中。

④ 调查表。调查表是航空运输市场调查的基本工具，其设计质量直接影响到航空运输市场调查的质量。设计调查表要注意以下几点：

- 调查表的设计要与调查主题密切相关，重点突出，避免可有可无的问题；
- 调查表中的问题要容易让被调查者接受，避免出现被调查者不愿回答或令被调查者难堪的问题；
- 调查表中的问题次序要条理清楚、顺理成章、符合逻辑顺序，一般将容易回答的问题放在前面，较难回答的问题放在中间，敏感性问题放在最后；封闭式问题在前，开放式问题在后；

- 调查表的内容要简明，尽量使用简单、直接和无歧义的词汇，保证被调查者能在较短的时间内完成调查表。

⑤ 调查地区范围。调查地区范围的确定一般和运输方式有关。航空公司一般应以本公司航线网络覆盖地与内设有航空港的城市作为调查点，城市周围地区及相邻的没有空港的城市是否在该调查范围内，要视被调查点的城市功能辐射能力和两地之间的经济社会联络程度而定。

⑥ 样本的抽取调查。样本要在调查对象中抽取，应制定一个抽样方案，以保证抽取的样本能反映总体情况。样本的抽取数量可根据市场调查的准确程度的要求来确定，市场调查结果准确度要求越高，抽取样本数量应越多，但调查费用也越高。一般可根据市场调查结果的用途来确定适宜的样本数量。样本的抽取可采用统计学中的抽样方法，具体抽样时，要注意对抽取样本的人口特征因素进行控制，以保证抽取样本的人口特征分布与调查对象总体人口特征分布相一致。

⑦ 资料的收集和整理方法。市场调查中，常用的资料收集方法有调查法、观察法和实验法。航空公司在开展市场调查时，采用调查法较为普遍。调查法又可分为面谈法、电话调查法、邮寄法、留置法等。这几种调查方法各有其优缺点，适用于不同的调查场合，航空公司可根据实际调研项目的要求来选择。资料的整理方法一般可采用统计学中的方法，利用 Excel 工作表格可以很方便地对调查表进行统计处理，获得大量的统计数据。

（3）制订调查工作计划。

① 组织领导及人员配备。建立航空运输市场调查项目的组织领导机构，可由航空公司的市场部或企划部来负责。针对调查项目成立市场调查小组，可负责项目的具体组织实施工作。

② 访问员的招聘及培训。访问人员可从高校大学生中招聘，根据调查项目中完成全部问卷实地访问的时间来确定每个访问员 1 天可完成的问卷数量，核定需聘访问员的人数。对访问员须进行必要的培训，培训内容包括：

- 访问调查的基本方法和技巧；
- 调查产品的基本情况；
- 实地调查的工作计划；
- 调查的要求及要注意的事项。

③ 工作进度。将航空运输市场调查项目整个进行过程安排一个时间表，确定各阶段的工作内容及所需时间。市场调查包括以下几个阶段：

- 调查工作的准备阶段，包括调查表的设计、抽取样本、访问员的招聘及培训等；
- 实地调查阶段；
- 问卷的统计处理、分析阶段；
- 撰写调查报告阶段。

④ 费用预算。市场调查的费用预算主要有调查表设计印刷费、访问员培训费、访问员劳务费及礼品费、调查表统计处理费用等。航空公司应核定市场调查过程中将发生的各项费用支出，合理确定市场调查总的费用预算。

（4）组织实地调查。

航空运输市场调查的各项准备工作完成后，开始进行问卷的实地调查工作。组织实地调查要做好两方面工作。

① 做好实地调查的组织领导工作。实地调查是一项较为复杂烦琐的工作。要按照事先划定的调查区域确定每个区域调查样本的数量、访问员的人数、每位访问员应访问样本的数量及访问路线，每个调查区域配备一名督导人员。明确调查组织人员及访问人员的工作任务和工作职责，做到工作任务落实到位，工作目标责任明确。当需要对调查样本的某些特征进行控制时，要分解到每个访问员。

② 做好实地调查的协调、控制工作。调查组织人员要及时掌握实地调查的工作进度完成情况，协调好各个访问员间的工作进度；要及时了解访问员在访问中遇到的问题并帮助解决；对于调查中遇到的共性问题，应提出统一的解决办法。要做到每天访问调查结束后，访问员首先对填写的问卷进行自查，然后由督导员对问卷进行检查，找出存在的问题，以便在后面的调查中及时改进。

（5）调查资料的整理和分析。

实地调查结束后，即进入调查资料的整理和分析阶段，收集好已填写的调查表后，由调查人员对调查表进行逐份检查，剔除不合格的调查表，然后将合格调查表统一编号，以便于调查数据的统计。调查数据的统计可利用 Excel 电子表格完成：将调查数据输入计算机后，经 Excel 运行后即可获得已列成表格的大量统计数据，利用上述统计结果，就可以按照调查目的的要求，针对调查内容进行全面的分析工作。

（6）撰写调查报告。

撰写调查报告是航空运输市场调查的最后一项工作内容，市场调查工作的成果将体现在最后的调查报告中，调查报告将提交给航空公司决策者，作为航空公司制定市场营销策略的依据。市场调查报告要按规范的格式撰写，一个完整的市场调查报告格式由题目、目录、概要、正文、结论和建议、附件等组成。

3.2.2 调查内容

市场调查内容包括与企业市场营销活动直接和间接有关的一切因素，大致可分类归纳为以下几点。

（1）航空市场旅客需求分析。

需求分析就是分析旅客的需求是什么，需求分析的任务就是解决"做什么"的问题，就是要全面地理解用户的各项要求，并准确地表达所接受的用户需求。下面就从分析航空市场旅客构成现状入手，进而分析航空市场旅客的需求特征。

① 航空市场旅客构成现状。可以通过一个相关调查了解我国航空市场的旅客构成状况（见表 3-1）。

表 3-1　2004—2007 年我国航空市场旅客构成情况

项　目		2004 年	2005 年	2006 年	2007 年
旅行目的	公务	56.8%	49.6%	49.2%	45.0%
	旅游	32.5%	38.4%	40.3%	36.7%
	探访亲友	10.7%	12.0%	10.5%	18.3%

项　目		2004 年	2005 年	2006 年	2007 年
消费性质	公费	60.8%	48.6%	45.0%	49.3%
	自费	39.2%	51.4%	55.0%	50.7%
乘机次数	1～3 次	36.4%	40.6%	42.3%	39.1%
	4～6 次	23.2%	24.1%	27.0%	26.0%
	7～9 次	13.4%	12.9%	11.3%	11.2%
	10～15 次	9.8%	8.9%	8.5%	9.1%
	15 次以上	17.2%	13.5%	10.9%	14.6%
乘坐舱位	头等舱	3.5%	3.9%	3.3%	1.9%
	公务舱	13.1%	12.0%	9.9%	9.9%
	经济舱	83.4%	84.1%	86.8%	88.2%
民航旅客购票时间	当天购票	11.8%	10.9%	9.5%	9.7%
	前 1～2 天	45.2%	40.2%	36.0%	41.8%
	前 3～6 天	30.9%	32.7%	36.1%	34.8%
	前 7～15 天	9.6%	11.5%	13.1%	12.3%
	前 15 天以上	2.5%	4.7%	5.4%	1.5%
旅客选择航班考虑因素（注：本问题统计口径与往年不同，因此不能比较。答案可以多选，因此各项比例总和超过100%）	安全	19.2%	24.2%	22.5%	54.5%
	航班时刻	17.3%	14.6%	16.5%	37.9%
	航空公司品牌	13.7%	12.3%	12.5%	33.3%
	服务	12.8%	12.7%	11.0%	26.1%
	票价	10.8%	10.5%	11.7%	25.6%
	航班正点	—	10.8%	9.6%	21.7%
	机型	8.8%	8.5%	7.5%	18.6%
	常旅客计划	3.4%	2.4%	2.7%	6.4%
	其他	14.1%	4.1%	5.9%	6.6%

② 需求特征分析。

● 旅客旅行目的：公商务与休闲度假旅行并举。我国国内市场的总体特征是：公商务旅客与休闲旅客比例接近，全国市场淡旺季差异明显，淡季时公务、商务市场占六成，旺季时休闲旅客比例明显上升，已经超过了公商务旅客。我国民航旅客市场正在发生结构性变化，无论淡旺季，休闲旅客比例均明显上升，休闲市场发展前景被看好。

● 旅客购票资金来源：自费旅客明显增长。市场结构的变化必然带来旅客购票资金来源的变化。2004 年，淡季仍然是公费旅行者居多，但是自费旅客比例已经十分可观，而旺季自费比例更是超过了公费旅客，这与旺季休闲旅客比例超过公商务旅客的结果是一致的。近年来无论淡季还是旺季，我国自费旅客的比例均有显著上升趋势，单位报销的旅客比例明显下降，这说明乘机旅行正在逐步成为我国居民出行的选择方式。旅客购票资金来源主要取决于旅行目的，淡季公商务旅客比例高，公费旅行的比例也高；旺季休闲旅客多，自费旅客也成为压倒性多数。但是必须看到的是，并非公商务旅客一定公费旅行，休闲旅客也不一定自费，大约25%的休闲旅客是公费出行，同样存在相当数量的公商务旅客是自费买单的，而且公商务旅客自费旅行的比例有明显上升的趋势。

- 旅客旅行频率变化：初次乘机人群扩大，但我国旅客中仍然以经常乘机者为主。我国旅客乘机频度正在发生变化，乘机的人群明显增加，这表明中国越来越多的老百姓有能力乘机出行了，乘机出行正在逐步成为大众化的旅行方式，这是我国国内旅客市场发生结构性变化的重要原因。

- 旅客职业构成：4类人群为主体，教师、学生不可忽视。我国旅客以管理人员、科研技术人员、私营业者以及官员职员等4类人群为主体。而从发展的观点来看，教师、学生的比例上升明显，正在成为不可忽视的旅客群体，旺季尤其如此。这一方面是航空公司针对学校的假期，持续性地给教师学生提供的优惠政策而对市场发生的作用；另一方面，这也是随着社会经济的发展，人民收入水平不断提高的结果。

- 旅客消费需求偏好：旅客结构变化带来需求偏好的变化。旅客结构的变化必然带来消费需求偏好和服务要求的变化，而对于提供服务的企业来讲，及时了解这种变化是为市场提供所需要的合适产品的关键。

第一，公商务旅客更加重视快捷旅行，休闲旅客选择昂贵的航空旅行方式则是因为更重视安全性、舒适性；淡季灵活的票价对旅客还是很有吸引力的。

第二，旅客选择航班最主要考虑的是时间合适。各类旅客选择航班时考虑因素的顺序基本相同；公商务旅客更加重视航班时刻和常旅客计划；休闲旅客更加重视机票打折。特别应当提到的是，尽管从全国总体的旅客购票资金来源上看，我国利用常旅客优惠旅行的旅客还很少（只有1%～2%），但是旅客对常旅客计划的重视程度已经明显上升。尤其是公商务旅客，已经有10%以上旅客在选择航班时把是否为常旅客会员作为一个重要因素考虑，这说明我国航空公司这些年推行常旅客计划培养旅客忠诚度是有成效的。而成功的常旅客计划将成为航空公司争取高端的、经常乘机旅客的非常有效的非价格竞争手段，这将有助于引导市场走向更加理智的竞争。

第三，旅客对航空公司服务改进的三大要求是：减少航班异常、改进餐饮和更多票价折扣。

- 民航旅客主要由较高收入人群组成。2016年，我国城镇居民每月可支配收入为2 100元，而我国民航旅客月收入在5 000元以上的比例在30%以上。相比之下不难得出结论：我国民航旅客主要是居民中的高收入群体。

- 关注快捷。旅客选择民航运输方式的最主要原因是快捷，这一点历年来的统计结果都是如此。旅客舍弃更加便宜的地面运输方式而选择航空旅行，快捷是航空旅行最大的优势所在。值得思考的是，不同季节、不同旅行目的的旅客在对于快捷的关注程度上没有明显不同，对此可作以下几点分析：

第一，我国地面运输比较落后，其速度和由此带来的舒适程度都还无法与航空运输相比。

第二，我国民航运输服务可以改进的地方还很多。除了快捷，航空运输没有其他更有吸引力的优势来吸引旅客。因此，充分的快捷、舒适将非常有利于吸引居民中的高收入群体。

尽管票价高于其他运输方式，但是如果旅客对快捷的迫切或认可程度不足以让旅客认可民航的高票价的话，民航将有可能失去这部分市场。

第三，航空公司的价格营销手段仍然有待改进。2004 年，旺季自费出游的旅客比例已经超过了其他旅客，价格并不是旺季出游旅客选择航空运输方式的主要原因。说明旺季客流增加不是航空公司价格促销的结果（实际上往往旺季票价更高）。可以推断，如果航空公司在旺季推出更加有吸引力的票价（当然要附加严格的使用条件），将可以开发出更多的航空旅游客流，收益管理将更加大有作为。

- 注重方便。方便是旅客选择购买方式的绝对重要原因。因此，航空公司最有效的市场促销手段是让旅客真正感受到购买方便。
- 关注时刻。航班时刻是航班产品的一个重要特性，这一点从旅客航班选择时的考虑因素就可以充分反映出来。很多旅客都把航班时刻是否合适作为选择航班的第一重要因素；第二位重要的因素是机票打折程度。相对而言，旅客在选择航班时对常旅客计划、机型甚至安全都考虑较少。这并非可以认为安全不重要，安全应当是航空公司产品的基本品质，而航班时刻是旅客可以选择的航班特性，因此在很大程度上影响旅客选择航班。
- 偏重于行前购买。我国航空公司淡旺季票价营销政策没有太大区别，还没有使灵活的票价政策成为引导市场的重要力量。公商务旅客更加倾向于行前购票，三天之内购票的旅客比例明显高于休闲旅客；休闲旅客购票时间提前，但是出发前三天之内购票的休闲旅客比例仍然接近 60%。航空公司应当更加充分地利用旅客购票时间方便的特点，制定合理的票价使用条件，最大限度地限制公商务旅客使用折扣票价。同时还应看到，休闲旅客中的大部分仍然是出发前三天之内购票的，如果航班座位紧张，则这部分旅客占用了航班起飞前对于公商务旅客宝贵的乘机机会；如果他们同时使用了折扣票，则应当视为航空公司的收入损失。航空公司应当反思目前的票价使用条件，使折扣票使用条件更加严格。

（2）航空市场的供给分析。

航空运输市场供给是指生产者愿意并且能够售出的航空运输服务量。这个定义也包括两个方面的内涵：一是生产者有销售航空运输服务的愿望；二是生产者有提供航空运输服务的能力。如果运输生产者不愿意销售航空运输服务，或者没有生产能力提供航空运输服务，都不能构成航空运输市场供给。航空运输市场供给的特点如下：

① 运输供给的整体不可分割性。运输供给的整体性是指运输基础设施与运载设备、运载工具的能力相互匹配，运输线路、机场、港口、车站等基础设施的建设必须统一规划、相互配套，共同形成生产能力，形成不可分割的整体。

② 运输供求的平衡难以控制。由于运输需求具有很强的波动性，因此，在一定时期内相对稳定的运输生产能力很难与运输需求完全匹配，导致运输供给与需求的不均衡，相应地造成运输企业均衡生产和服务质量控制的困难。

③ 运输供给的部分可替代性。运输供给是多种运输方式和多个运输企业的生产能力共同构成的。由于运输产品的核心是提供旅客和货物的位移，因此，运输产品之间具有可替代性，即在同一方向、具有相同技术经济特征的运输方式或运输企业所提供的产品就形成了较强的竞争态势。

④ 运输供给的外部性。如果某人或企业从事经济活动时，给其他个体或社会带来危害或利益，而他们并未因此而支付相应的成本或得到相应的报酬，经济学将这种现象称为存在外

部性。外部性有两种情况：负外部性和正外部性。个人或企业不必承担行为带来的成本是负外部性；个人或企业不能得到其决策和行为带来的额外收益则是正外部性。

（3）机场发展对航空市场的影响分析。

① 航空公司与机场的供需关系。航空公司与机场间具有紧密的协作关系。一方面，机场需要航空公司在其开展业务，旅客需求量和航空器起降是机场主营业务收入的来源；另一方面，只有设施完备的机场才能使航空公司实现产品的最终完整生产。同时，航空公司与机场两者间又可理解为供需双方。机场的产品就是为航空公司提供的服务，航空公司则是这种产品的需求方。当机场的客货需求量、保障飞机起降架次等低于其设计能力时，也即是机场产品的供给大于需求，这时作为需方的航空公司就拥有议价的优势；相反，当机场的供给小于需求时，机场则处于有利的地位。在实际运输生产中，新通航或航班量很少的小型机场往往有求于航空公司开设通达的航班，会向航空公司提供这样或那样的优惠条件，如签订包销协议等。而对于那些业务繁忙，特别是高峰期保障能力近于饱和的机场，情况则相反。由于这样的机场往往位于空运需求旺盛的地区或是重要的枢纽点，航空公司会不惜代价开辟通达的航线，这类大中型机场在与航空公司的关系中往往处于优势地位。

② 机场运营收入模式对双方关系的影响。机场的收入模式不外乎两种。一是传统运营收入模式，即机场的主要任务是满足航空公司、旅客、货主的需求，机场收入的取得主要依靠飞机起降费、旅客服务费等航空收入。在这种模式指导下，机场在规划建设时主要考虑的是为旅客/货物处理提供便利，而分配给其他商业活动的场地则很少。另一种是现代运营收入模式，在这种模式下机场不仅为航空公司、旅客、货主等传统客户服务，其服务对象还包括航空公司雇员、当地居民、接机者、观光游客等一切潜在顾客以及当地工商企业。在这种模式下，机场设计在满足处理旅客货物便利的同时，还要尽可能多地创造获得商业收入的机会，如配建娱乐和休闲设施。在现代运营收入模式下，收入的取得主要是租金收入与特许经营收入。机场更多是以地主与管理者身份出现，一般不直接经营地面服务，而是将场地、设施出租给机场直接用户，如航空公司、地面代理公司等；同时向餐饮、商贸、银行等各种专业服务商收取其在机场经营的特许费用，并对它们进行管理。

采取现代运营收入模式的机场较之采用传统运营收入模式的机场更易明确机场与航空公司双方的业务划分。机场定位于地主、管理者，主要负责管理与资本运营，而航班维护、客货地面流转等由更为专业的航空公司或专业地面代理服务公司进行。当然，有条件采用现代运营收入模式的机场一般是那些枢纽或客流量较大的大中型机场。而对于旅客需求量有限、不能取得良好的非航空业务收入的机场，航空业务收入依然是维持机场运转的重要支柱。

③ 机场与航空公司的竞争。机场与航空公司的竞争主要出现在航空公司基地机场的航班地面服务中。航班地面服务按提供服务的主体不同可分为四种情况。一是完全由机场提供地面服务并收取相关费用。二是机场只充当地主角色，将候机楼、廊桥等设施出租给航空公司，完全由航空公司提供地面服务。第三种情况是以上两种情况的混合：其一，机场成立自己的地面服务部门，为开展业务的航空公司提供地面服务；其二，基地航空公司在为自己的航班提供地面服务的同时，也代理其他航空公司的地面服务。第四种情况是地面服务由专业的地面服务代理公司承担。在欧洲，约有一半的大型机场当局不参与地面服务，而是由航空公司或专业的地面代理公司提供。在美国，机场当局不参与地面服务的情况则更为普遍。在我国，一般机场当局和基地航空公司都分别提供地面服务。当航空公司与机场同时提供航班地面服

务时，往往会形成双方在这一领域的竞争，特别是在传统运营收入模式下，由于航空性业务收入是机场收入的主要来源，机场往往会利用其地位取得竞争优势。机场与航空公司双方业务在这一领域的重叠是双方矛盾的焦点，在我国这一问题表现得比较突出。

（4）航空市场中航线网络的分析。

① 航线布局：航线网络运营模式主要分为两大类，一种是点对点的城市对模式，欧洲的航线网络主要以这种模式为主；另一种是中枢轮辐式，美国大型航空公司的航线网络主要以这种模式为主。

② 航线运营分析：利用收益数据主要针对全市场的航班、航段、舱位、进出港等进行分析。数据包括已起飞及未起飞的航班信息，可以给出航班（航线）运营的具体情况，包括已经起飞航班的运营情况、航班的历史运营情况以及尚未起飞航班的运营情况预估，并辅以对其他一些航空公司所关心的重要信息进行统计和分析。

（5）航空市场的分销渠道与运价分析。

① 分销渠道：指当产品从生产者向最后的消费者或产业用户移动时，直接或间接转移所有权所经过的途径。分销渠道主要包括作为分销渠道的起点生产者、商人中间商（因为它们取得所有权）、代理中间商（因为它们帮助转移所有权）和终点消费者。

航空市场的主要分销渠道为：航空公司产品—代理商—终端消费者。

航空调查市场及反馈，即利用自己熟悉市场的优势，及时把市场信息反馈给生产企业，使其能生产出满足市场需要的产品，是分销渠道的主要职能之一。

② 运价：客运或货运的单位运费，特指根据政府管理机关的规定正式公布的运费。按运输距离远近的不同，可以分为长途运价和短途运价；据国民经济决策和方针政策的需要，分为特定运价和优待运价等。此外，依据运输特点和条件的不同，还可分为联运运价、专程运价、特种货物运价以及区域运价等。

从运价中我们可以观察出国家对航空运输业相关政策的执行力、航空市场的供求变化、航空公司和用户间的客户关系管理，为航空市场调查与预测提供有利依据。

3.2.3　调查资料来源与收集

（1）航空运输市场调查信息资料的来源。

空运市场调查所需的信息内容多、范围广，可以从多种渠道获得各种资料。下面简单介绍一下各种资料的来源。

① 运输量、经营绩效、成本和服务等信息。运输量包括全球运输总量和主要国家、主要地区之间流向流量，各城市之间、各航空公司按年、按月、按小时（分），以及不同服务等级和头等舱、经济舱、折扣票的航班运力投入量和完成运输量。

经营绩效包括各个航空公司各机型不同航线的直达和经停的航班的成本和收益，以及各公司的服务项目和质量、安全等。

这些信息可以通过各航空公司的航班时刻表和有关业务统计资料汇总分析获得，中国民航每季度都会发布统计公报。航空公司的 OAG 指南和航班时刻表会公布各航空公司航线航班舱位等级、出发到达时间。《世界航空运输统计》由国际航空运输协会编发，每年一期，载有参加协会会员公司的下列参数：拥有运输能力、飞机机型数量、雇员人数、完成运输量、飞行时间、飞行公里、班次和始发架次、收入情况和财政绩效、安全和质量等。

② 民航以外的经济、贸易、人口和交通等信息。这些信息包括国家和某地区的国民生产总值、国民收入、个人收入、消费水平和结构，人口总数及其年龄、职业、文化结构，生产和贸易的发展状况，生产力，市场和人口分布，各种运输方式的营运状况，旅游业和旅馆业状况，航空旅行者的比例等。

这些信息可以从国家与地方二级统计局公布的统计年鉴，国家与地方铁路、交通、旅游局统计报告获得。国际货币基金组织、美国进出口银行每季每月都公布经济资料，联合国也公布世界贸易状况、商品种类、主要货币汇率和人口等资料。

③ 社会政治、地理、文化心理和风俗习惯等信息。可以通过专题调查获得有关信息。专题调查按调查范围分为普查和抽样调查。专题调查需要较深的专业知识和经过专业培训的调查人员，通常委托专事调查的中介机构进行。

（2）航空运输市场调查信息资料的收集。

航空业市场调查信息资料的收集方法有很多，下面就简单介绍一下收集航空运输市场调查信息资料的主要方法。

① 询问法。所谓询问法，就是调查者通过面谈、电话或者信函的方式向被调查者了解情况、收集资料的调查方法，这是最常用的一种调查方法。

例如，航空运输企业可以召开销售代理人座谈会组织面谈调查，这种调查方式可以使被调查者之间相互启发、相互质疑，集思广益，从而更加深入、全面地了解实际情况。又如，可以通过电话询问的方式向顾客进行调查，征求他们对服务质量、运输产品的意见，了解顾客的真实感受，并及时发现问题。再如，以通过邮寄、传真调查表的方式向地面服务代理人进行调查，由调查对象经过充分的分析思考之后填写调查表，并由航空运输企业对调查表中的答复进行分析。

② 观察法。所谓观察法，就是调查者通过对调查对象的行为进行观察、记录，来收集资料的调查方法，必要时调查人员可以直接参与实际操作，做好记录。调查人员可以借助仪器设备，把被调查者的行为记录下来。

例如，航空运输企业在开发运输产品时，可以用观察法追踪运输产品运作的整个流程，记录各个环节的操作情况以及顾客的态度，以获得最直接的材料。

③ 实验法。所谓实验法，就是通过一定范围内给定条件下的试验对比，对运输市场经济现象的某些变量之间的因果关系及其发展变化过程进行观察、分析，取得自变量与因变量之间的关系，并做出相应的判断，为运输市场预测提供依据。

运输市场调查表可以系统记录调查问题和调查项目，反映市场调查的具体内容，为调查人员的询问和被调查者的回答提供依据，是实现调查目的和任务的一种重要工具。编制运输市场调查表可以使调查内容标准化、系统化，便于收集和整理汇总所需要调查的资料。调查表通常包括：

● 被调查者的基本情况。根据不同的调查目的和要求，确定被调查者基本情况的项目范围，并在市场调查表中列出。

● 调查内容。在市场调查表中列出调查内容的具体项目。

● 市场调查表填写说明。如调查目的、填写要求、调查项目说明、调查时间、填写注意事项、调查人员应当遵守的事项等内容。

- 市场调查表编号。市场调查表必须加以编号，以便分类归档，并进行计算机处理。

④ 留置问卷调查。调查者将调查问卷当面交给被调查者，并说明填表要求，被调查者填写后按约定日期由调查者回收。特点：介于面谈调查和信函调查之间，兼具二者优点，避免了二者的某些缺点，如可当面做解释、答题时间充裕、回收率高等；但费用较高，且调查范围也受到限制。

⑤ 日记调查。选定参加定期连续调查的被调查者并发给其调查簿，让其按要求逐日填写，调查者定期收集汇总。日记调查的优点是容易得到连续性的资料，对推算总体比较有效、可靠，但是成本比较高，花费时间比较长，内容有一定限制，也不便于管理。这是一种颇为有效的调查方法，在美、英、日等国受到厂商和广告商的重视。这种方法大部分是用邮寄方法加上必要的个人联系。在固定样本连续调查中，经常采用日记调查。由于调查人和被调查人事先有联系，并给予一定的报酬，因此回收率比较高。日记调查有三种类型：购买日记是提供消费者的购买方式；消费日记是记录每一时期的平均消费数量和总消费量；广告日记是提供收看电视、收听广播或阅读其他宣传资料的情况。

3.3 航空运输市场运量预测

航空公司运量预测包括运输总周转量预测、旅客周转量预测、货邮（含行李）周转量预测、旅客运输量预测、货物运输量预测、邮件运输量预测和行李运输量预测。对于上述预测内容，既可以做短期、中期预测，又可以做长期预测；既可以做航空公司的总体市场预测，又可以做某一市场预测；既可以做国内市场预测，又可以做地区市场、国际市场预测。

3.3.1 运量预测的类型与框架

从预测期时间看，航空公司运量预测可分为以下 3 种类型：

① 短期预测：预测期为 1～18 个月。航空公司的年度计划、航班计划等都需要做短期预测，收益管理中的运量预测每天都要做预测，甚至每天做几次运量预测。

② 中期预测：预测期为 18 个月～5 年。航空公司的发展规划、市场竞争计划、职工需求量及一般设备、设施计划等均需做中期预测。

③ 长期预测：预测期为 5～15 年。航空公司编制发展战略、市场战略、航线网络和机队规划等均需做长期预测。

航空公司运量预测的框图如图 3-4 所示。

从图 3-4 可看出，先要做全行业运量预测，即做出全国民航系统的运量预测，然后才能做航空公司的运量预测。这是全局和局部关系问题，若对全局不甚了解，就不可能准确了解局部及局部在全局的地位。只有对全行业的发展趋势和发展规律有所认识，才能对处于局部地位的航空公司运量做出预测，对前者认识得全面、深刻，对后者的预测才能准确。

下面就介绍几种常用的运量预测方法。

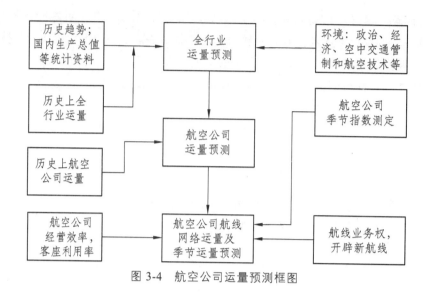

图 3-4 航空公司运量预测框图

3.3.2 计量经济法

这里讲的计量经济方法仍然是运用回归技术，分析预测变量与外生变量的关系，找出内在规律，建立计量经济模型，经过统计量检验，通过后用于航空运量预测。

微观运量预测建立回归模型的步骤方法、外生变量的选择与宏观运量预测近似，但也有不同之处。

其一，外生变量必须从航空集团公司或航空公司所在区域的社会经济因素中选择。例如，以前的北方航空公司做预测，若运用计量经济模型，其外生变量必须从该航空公司所在东北三省的社会经济因素中选择，如三个省的人口、国内生产总值、财政支出、外贸额、旅游业收入、城镇就业人口等因素，均为选择外生变量的对象。方法仍然采用 TSP 软件，采用内生变量的历史数与一个或多个外生变量的历史同期数据用 TSP 做相关分析，相关系数较高的因素即为外生变量。

其二，将航空公司的运量数据加以分类。因为航空公司完成的运输量有些与所在区域的社会经济有关，有些无关。例如，沈阳—广州航线的运量，与所在地区社会经济有关，这是由于沈阳市与广州市的社会经济联系而产生航空运输量。沈阳—武汉—海口航线的运量就比较复杂一点。沈阳—武汉航段的直达旅客数量，与沈阳及武汉社会经济有联系，而从武汉乘机到海口这一航段的旅客数量，可以说与沈阳的社会经济基本上没什么联系。同样，该航线航班的回程，从海口乘机到武汉航段的运量也与沈阳的社会经济没什么联系。再如航空公司经常飞包机或加班，这些航空活动所完成的业务量有些也与公司所在地区的社会经济没什么联系，如烟台—三亚、北京—昆明、宁波—广州等航线所完成的运量均与东北三省的社会经济没什么联系。于是必须把每年航空公司完成的运量分成两部分，即与所在区域社会经济有联系部分及无联系部分，这部分工作量非常大。尤其是从东北三省出发带有经停站的航线，运量就不太好分解。如哈尔滨—北京—成都航线，1993 年旅客运输量为 44 343 人次。主要是由中国国际航空公司西南分公司经营的。因此，至少要分解两次才能把西南分公司完成的运量分成与四川省、贵州省和西藏自治区（这是西南分公司所在地区）社会经济有关与无关部分。第一次分解，把其他航空公司在该航线所完成的旅客运输量从 44 343 人次中分离出去。在剩下的部分中，再分解哈尔滨—北京及北京—哈尔滨航段的旅客运输量，后者分解的难度更大些。一般根据样本做大概的估计，要想做精确的估计往往是困难的。

其三，运量预测分两大部分进行，而不是一下就能完成的。先做与航空公司所在区域社会经济有关的运量预测，然后把与航空公司所在区域社会经济无关的运量预测考虑进去，才能完成运量预测。

3.3.3　权值分流法

权值分流法是指通过航空公司所完成的航空运量占全行业运量的比例（这里称为权值）来分配全行业的运量预测值，从而达到预测航空公司运量的方法。

权值分流法步骤：

（1）做全行业运量预测。

（2）测算航空公司的权值，测算权值一般采用时间序列预测法。航空公司完成的运量占全行业的比例是个动态数列，即权值是个动态数列，未来权值的发展趋势需要做预测。

（3）用不同年份的权值乘以全行业的运量预测值，就可得到航空公司的运量预测。

全行业运量预测是本方法的基础，它的预测精确度基本上决定了本方法的预测精确度。设全行业运输总周转量预测值为 TZ_k，k 代表年份，$k = 1, 2, \cdots, N$，即预测期为 N 年。历史上，航空公司 i 完成运输总周转量的权值 W_{ik_0} 如式（3-1）所示。

$$W_{ik_0} = \frac{ZL_{ik_0}}{ZL_{k_0}}, k_0 = 1, 2, \cdots, n \tag{3-1}$$

式中：k_0 是观察的年份，采用 n 个观察值；ZL_{ik_0} 是第 k_0 年航空公司 i 完成的运输总周转量，$i = 1, 2, \cdots, m$，即全行业有 m 家航空公司 ；ZL_{k_0} 是第 k_0 年全行业完成的运输总周转量。

若 W_{ik_0} 属于水平型数据，则预测期的权值可通过式（3-2）简单算术平均值得到。

$$W_{ik} = \frac{\sum_{k_0=1}^{n} W_{ik_0}}{n} \quad 且 \quad \sum_{i=1}^{n} W_{ik} = 1 \tag{3-2}$$

若 W_{ik_0} 属趋势型数据，通过其他的时间序列预测法取得 W_{ik}。

第 k 年航空公司 i 运输总周转量预测值 ZL_{ik} 为

$$ZL_{ik} = W_{ik} ZL_k \tag{3-3}$$

3.3.4　季节指数预测

航空运量的一个重要特点是呈现出明显的季节变化。一年 12 个月份中，其中有一个运量高峰的月份，也有一个运量的低谷月份，年年如此。运量呈现出有规律的变化。

掌握运量的季节变化对于管理人员来说是至关重要的。要根据运量的季节变化，合理地安排资源，做好运力计划、人力资源计划、资金计划，尤其是编制好夏秋季班期时刻表和冬春季班期时刻表。班期时刻表主要是根据运量的季节变化编制的，它关系到航空公司的资源能否做到优化配置，关系到飞机利用率、客座利用率及载运率高低，关系到航空公司的经济效益。只有准确地做出运量季节预测，才能编制出科学的班期时刻表。若运量的季节预测不准确，不是造成运力及各项资源的浪费，就是加班太多使得航空公司处于被动状态。季节指数预测方法是根据需求量呈现出季节性变化而进行预测的方法。首先要确定航空公司的业务量的季节指数，然后根据测定的季节指数作预测。

【例题 3-1】 根据航空公司多年的月份统计的运输总周转量的资料，测定出第 i 月份的季节指数 IS_i 必须满足

$$\sum_{i=1}^{12} IS_i = 12$$

根据预测年份某月份完成的业务量，就可以估计出任一月份甚至预测年份的业务量。

例如，1998 年 i 月份已完成运输总周转量为 ZL_i，则 $i+j$ 月份的运输总周转量 ZL_{i+j} 为

$$ZL_{i+j} = \frac{ZL_i}{S_i} \times S_{i+j} \tag{3-4}$$

式中：S_{i+j} 为第 $i+j$ 月份的运输总周转量的季节指数，j 为从 i 月份到 $i+j$ 月的间隔期。若 $i=3$，则预测 4 月份时 $j=1$，预测 10 月份时 $j=7$，以此类推。

全年运输总周转量的预测值 ZL 为

$$ZL = \frac{ZL_i}{S_i} \times 12$$

一般说来，利用预测年份某月份已完成的运输总周转量及其季节指数，估计全年运输总周转量，其结果与实际值相比误差可能要大些。

根据预测经验，利用预测年份已完成几个月份的运输总周转量及其相应的季节指数之和估计全年运输总周转量，要比利用 i 月份的数据作估计的预测精度要高得多。

已知预测年份从 1 月份到 i 月份的运输总周转量分别为 ZL_1，$\cdots$，ZL_i，其相应月份的季节指数分别为 IS_1，IS_2，$\cdots$，IS_i，则全年的运输总周转量 ZL 预计为

$$ZL = \frac{\sum_{k=1}^{i} ZL_k}{\sum_{k=1}^{i} IS_k} \times 12$$

预测实践证明，i 值越大，ZL 的预测值越准确。

为了正确处理趋势分析、权值分流与季节指数预测之间的关系，我们采用滚动方法。

在做一个年度的生产经营计划时，应根据趋势分析和权值分流大体预测出下一年度的业务量，这个预测值相对来说是比较粗糙的。进入预测年度后，再采用季节指数预测法去修正这个年度预测值。随着月份的累计，不断修正年度预测值。一般说来，到 6~7 月份，用季节指数预测去修正年度业务量预测结果，就可以得到满意的年度业务量预测结果。一般来说，年中所修正的结果与年终的实际结果相差 5%左右。

3.3.5　梯减法

梯减法是指用航空公司的运量权值乘以全行业运量预测值，再用航线运量的权值乘以航空公司运量预测值，就可得到航线运量预测值，其数学模型见式（3-5）和（3-6）。

$$T_{ijk} = W_{ijk} W_{ik} Y_k \tag{3-5}$$

$$\sum_{j=1}^{n} W_{ijk} = 1, j = 1, 2, \cdots, n \tag{3-6}$$

式中：T_{ijk} 为第 k 年航空公司 i 航线 j 的运量预测值；W_{ik} 为第 k 年航空公司 i 运量的权值；W_{ijk} 为第 k 年航空公司 i 航线 j 的运量权值；Y_k 为第 k 年全行业运量的预测值。

这里的运量可以是运输总周转量、旅客周转量、货物周转量，也可以是旅客运输量、货物运输量等。

由上述可知，所谓梯减法是指从全行业运量到航空公司运量再到航线运量，每个层次（或梯次）的运量由大到小。

【例题 3-2】　1993 年全国民航旅客运输量为 3 383 万人次，A 航空公司为 328 万人次，该公司经营的 DL—BJ 航线为 22.4 万人次。若 1994 年全国民航旅客运量比 1993 年增长 19.39%，预测 A 航空公司经营的 DL—BJ 旅客运输量（假设，A 航空公司旅客运输量在全国的权值、DL—BJ 航线旅客运输量在 A 航空公司的权值不变）。

解：

（1）计算 A 航空公司旅客运输量占全行业运量的权值为

$$\frac{328}{3\ 383} = 0.097$$

（2）计算 DL—BJ 航线旅客运输量权值为

$$\frac{22.4}{328} = 0.068\ 3$$

（3）预测 1994 年全行业旅客运输量为

$$3\ 383 \times (1 + 0.193\ 9) = 4\ 039（万人次）$$

（4）1994 年 DL—BJ 航线旅客运输量预计为

$$0.097 \times 4\ 039 \times 0.068\ 3 = 26.76（万人次）$$

这种方法的优点是计算方便，便于操作；缺点是预测误差略大。提高预测精确度的方法是要准确预测 W_{ik} 和 W_{ijk}。

3.3.6　引力模型

引力模型是国际上比较流行的一种预测航空网络运量的方法，其基本原理是借用牛顿的万有引力定理。既然两个物体之间存在着引力，由此可推测两个城市之间也应该存在着引力，城市对的航空旅客运输量就是由两个城市间的引力产生的。其数学模型一般形式为

$$T_{ij} = K \frac{(P_i)^{a_1}(P_j)^{a_2}}{d_{ij}^{\beta}}$$

（3-7）

式中：T_{ij} 为城市 i、j 之间的航空运输量；P_i，P_j 为城市 i、j 的国内生产总值（或人口，或其他社会经济变量）；d_{ij} 为城市 i、j 的航程（或航空票价，或其他社会经济变量）；K 为校准常数；a_1、a_2、β 均为校准常数，分别是外生变量 P_i、P_j 和 d_{ij} 的弹性值。

在国内应用引力模型做航线网络运量预测比较少见。北京航空航天大学有些教授、学者曾用此方法做过航线网络运量预测，取得了令人满意的结果。

但由于这种预测方法需要大量的数据，参数测算也较复杂，距实用存在一大段距离，还需要深入研究。

3.3.7　综合预测法

如果航空公司有能力采用计量经济方法或引力模型方法预测航线运量，将各条航线运量进行综合就可以获得航空公司的运量预测。其数学模型如下：

$$T_i = \sum_{j=1}^{n} T_{ij}, (j = 1, 2, \cdots, n)$$

（3-8）

式中：T_i 为航空公司 i 的运量；T_{ij} 为航空公司 i 经营航线 j 的运量预测值。

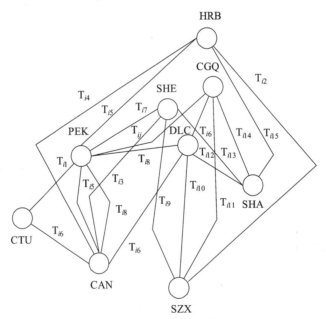

图 3-5　航线网络示意图

图 3-5 是一个简单的航线网络。这个航线网络是由航空公司 i 经营的，共有 15 条航线，有直达航班，如 T_{i2}（HRB—SZX）、T_{i14}（CGQ—SHA）等；有经停站的航班，如 T_{i5}（HRB—PEK—CAN）、T_{i1}（CTU—PEK—CGQ）等；有两个经停站的航班，如 T_{i6}（CTU—CAN—DLC—CGQ）。对于这样的航线结构，只要城市对（或航线）运量社会经济的资料充分，就可采用计量经济方法对航线的运量做预测。当然这种方法是相当烦琐的，航线越多，预测任

务越重。显然第 i 个航空公司运量 T_i 为

$$T_i = \sum_{j=1}^{15} T_{ij}, (j = 1, 2, \cdots, 15)$$

式中：T_i 表示航空公司 i 在第 j 条航线上的运量预测值。

3.4　航空运输市场运量需求预测

在航空公司的运量预测中，人们往往把航空公司可能完成的运量预测和运量需求预测混淆在一起。根据航空公司历史上完成的运量，采用各种预测技术做出的预测，一般说来，它不是运量的需求预测。将航空公司历史上完成的运量转换成运量的需求量，在此基础上做出的预测才是运量的需求预测。

3.4.1　数据收集

航空公司的统计工作对于航空公司的管理是非常重要的。对于航线运量预测和航班管理，统计部门应提供以下数据：

- 单个方向的数据，如去程的数据、回程的数据。
- 季节性数据，每个季度或每个月份的数据。
- 每周中每天的数据，特别是每周中高峰日的有关数据。不同周中的同一天的数据，例如每周星期一的数据。
- 每天不同时间的需求情况。

表 3-2 记录的是某航空公司营运某条航线每周的星期二、星期三和星期四某航班实际承运旅客的数据。

表 3-2　航班数据　　　　　　　　　　　（单位：人次）

周	星期			周	星期		
	二	三	四		二	三	四
1	68	95	36	10	82	37	88
2	54	45	48	11	55	39	78
3	59	60	41	12	75	100	69
4	68	86	70	13	62	49	66
5	100	56	56	14	84	69	82
6	97	77	57	15	41	37	94
7	76	55	80	16	112	64	61
8	33	73	82	17	106	78	85
9	53	93	81				

注：飞行本航班的飞机的最大可利用座位数是 121，121 座也就是这架飞机的容量。

根据表 3-2 可统计出表 3-3 的数据。

表 3-3　统计数据　　　　　　　　　　（单位：人次）

星期	项目		
	最小承运人次	最大承运人次	平均承运人次
二	33	112	68.9
三	37	100	68.1
四	36	94	69.1

从表 3-3 可看出，这三天的平均承运旅客人数近似相等，没有旅客溢出。

3.4.2　需求分布获取

对于平均客座利用率低的航班来说，每个航班所承运的旅客人次都小于飞机容量。每个航班所承运的旅客人次都可看作旅客的需求量，不存在旅客溢出（见图 3-6），但存在过剩的飞机容量和过多的开支。

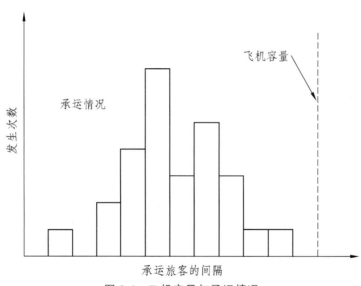

图 3-6　飞机容量与承运情况

对表 3-2 所提供的数据，可如下列出：

（飞机容量 = 121 座）

承运量的区间	记录的承运（旅客人次）
31～35	33
36～40	36，37，37，39
41～45	41，41，45
46～50	46，48，49
51～55	53，54，55，55

56 ~ 60	56，57，59，60
61 ~ 65	61，62，64
66 ~ 70	66，68，68，69，69，70
71 ~ 75	73，75
76 ~ 80	76，77，78，78，80
81 ~ 85	81，82，82，82，84，85
86 ~ 90	86，88
91 ~ 95	93，94，95
96 ~ 100	97，100，100
101 ~ 105	
106 ~ 110	106
111 ~ 115	112

承运旅客合计 3 502 人次

容量合计 = 121 × 51 = 6 171（座）

平均客座利用率 =（3 502 ÷ 6 171）× 100% = 56.7%

平均旅客需求率 =（3 502 ÷ 6 171）× 100% = 56.7%

承运的间隔及发生的次数如图 3-7 所示。

每个航班平均没有溢出旅客：

在这种情况下，飞机容量充分，没有旅客被航班拒绝。

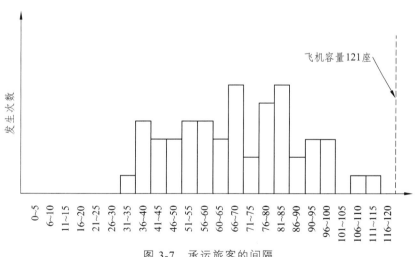

图 3-7　承运旅客的间隔

若减少飞机容量将会发生什么情况？

对不同的飞机容量估计旅客溢出量，若减少飞机容量，将产生：客座利用率增大；某些班次的承运旅客人数将等于飞机容量；某些班次的承运旅客人数将低于旅客需求量。

下面仍采用上述例子的数据，但飞机的容量减少。这时将会出现高的客座利用率和旅客溢出，如图 3-8 所示。

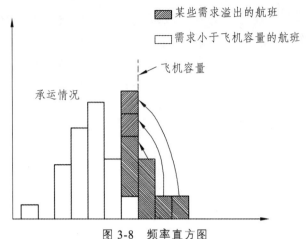

图 3-8　频率直方图

（飞机容量 = 90 座）

承运量的区间	记录的承运量（旅客人数）
31 ~ 35	33
36 ~ 40	36，37，37，39
41 ~ 45	41，41，45
46 ~ 50	46，48，49
51 ~ 55	53，54，55，55
56 ~ 60	56，57，59，60
61 ~ 65	61，62，64
66 ~ 70	66，68，68，69，69，70
71 ~ 75	73，75
76 ~ 80	76，77，78，78，80
81 ~ 85	81，82，82，82，84，85
86 ~ 90	86，88（或 90）

承运的旅客合计 3 425 人次

容量合计 = $90 \times 51 = 4\ 590$（座）

平均客座利用率 = （$3\ 425 \div 4\ 590$）$\times 100\% = 74.6\%$

平均旅客需求率 = （$3\ 502 \div 4\ 590$）$\times 100\% = 76.3\%$

平均每个航班溢出旅客 = 1.51（人次）

承运数据的直方图如图 3-9 所示。

旅客溢出量等于承运间隔 91 ~ 95，96 ~ 10，101 ~ 105，106 ~ 110 和 111 ~ 115 中实际承运旅客数减去 90 后之和，即（$93 - 90$）+（$94 - 90$）+（$95 - 90$）+（$97 - 90$）+ $2 \times$（$100 - 90$）+（$106 - 90$）+（$112 - 90$）= 77。

在这种情况下，飞机容量不能满足旅客需求量。

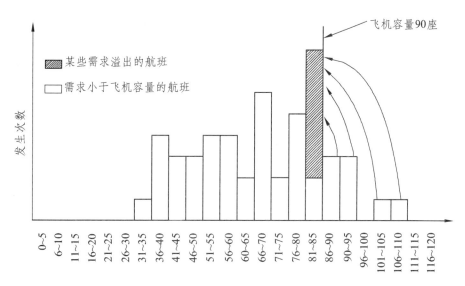

图 3-9　承运间隔

飞机容量不同，溢出旅客的计算结果如表 3-4 所示。

表 3-4　溢出旅客计算表

容量/座	项目					
	承运旅客 合计/人	可提供的最大座位 数/座	客座 利用率	旅客 需求率	溢出的旅客/人	每个航班平均 溢出旅客/人
121	3 502	$121 \times 51 = 6\ 171$	56.7%	56.7%	0	0
110	3 500	$110 \times 51 = 6\ 171$	62.4%	62.4%	$3\ 502 - 3\ 500 = 2$	$\dfrac{2}{51} = 0.04$
100	3 484	$100 \times 51 = 5\ 100$	68.3%	68.7%	$3\ 502 - 3\ 484 = 18$	$\dfrac{18}{51} = 0.35$
90	3 425	$90 \times 51 = 4\ 590$	74.6%	76.3%	$3\ 502 - 3\ 425 = 77$	$\dfrac{77}{51} = 1.51$
80	3 315	$80 \times 51 = 4\ 080$	81.3%	85.8%	$3\ 502 - 3\ 315 = 187$	$\dfrac{187}{51} = 3.67$
70	3 108	$70 \times 51 = 3\ 570$	87.1%	98.1%	$3\ 502 - 3\ 108 = 394$	$\dfrac{394}{51} = 7.73$

　　计算不同飞机容量的成本、收入和利润，如表 3-5 所示。假设每溢出一个旅客收入减少 200 元，每增加一个座位营运成本为 50 元。

表 3-5　飞机容量的成本、收入和利润的计算

容量/座	70	80	90	100	110	121
容量的成本/元	0	500	1 000	1 500	2 000	2 550
增加成本/元	0	500	500	500	500	550
溢出的旅客数/人	7.73	3.67	1.51	0.35	0.04	0.00

增加的溢出/人	4.06	2.16	1.16	0.31	0.04	0.00
增加的收入/元	0	812	432	232	62	8
增加的收入减去增加的成本/元	0	+312	-68	-268	-438	-542

当飞机容量由 70 座增加到 80 座时，航班成本由 0（假设 70 座时成本为 0）增加到 500元。因为每增加一个座成本增加 50 元，增加 10 个座成本增加 500 元。飞机容量为 70 座时，溢出的旅客为 7.73 人；飞机容量为 80 座时，溢出旅客为 3.67 人。也就是少溢出旅客 7.73 - 3.67 = 4.06 人。增加收入 4.06 × 200 = 812 元。增加的收入减去增加的成本，即 812 元 - 500元 = 312 元。

也就是说，飞机容量由 70 座增加到 80 座，可增加收入 312 元。

采用相同的方法，可计算出飞机容量由 80 座增加到 90 座、由 90 座增加到 100 座、由100 座增加到 110 座和由 110 座增加到 121 座时，其增加的收入分别为 - 68 元、- 268 元、- 438 元和 - 542 元。

由上述计算可知，当飞机容量为 70 座时，溢出旅客 7.73 人，对旅客来说很不方便，对航空公司也很不利，会失去一部分旅客，影响市场份额。当容量由 70 座增加到 80 座时，溢出的旅客人数由 7.73 人降到 3.67 人，航空公司虽然可增加 312 元的利润，但对旅客的旅行仍然不方便，有 3.67 人仍被拒绝在该航班之外。容量由 80 座增加到 90 座时，溢出旅客减少到 1.51 人，对于航空公司来说，飞机容量在 80 座与 90 座之间可获得最大利润，在这种情况下，对航空公司和旅客均为有利。再增加容量，虽然溢出旅客仍然还可减少，但减少幅度非常小，对竞争和市场份额几乎不产生影响，但航空公司的利润将大幅度下降。

3.4.3 溢出旅客量估算

获取需求的分布模式后，我们可以采用下述方法估算溢出旅客量。

设航线 i 的可用座位数是 s_i，该航班的实际需求 x 的分布为 $f(x)$，则旅客溢出数为

$$SPILL_i = \int_{x \geqslant s_i} (x - s_i) f(x) \mathrm{d}x \tag{3-9}$$

航空公司的溢出总损失（p_i 是平均票价）为

$$CSp = \sum_{i=1}^{m} p_i SPILL_i \tag{3-10}$$

如果旅客需求服从 $N(\mu_i, \sigma_i^2)$，则旅客溢出数可以表达为

$$SPILL_i = \frac{\sigma_i}{\sqrt{2\pi}} \mathrm{e}^{-\frac{(s_i - \mu_i)^2}{2\sigma_i^2}} + (\mu_i - S_i)\left[1 - \Phi\left(\frac{S_i - \mu_i}{\sigma_i}\right)\right] \tag{3-11}$$

设航班可用座位数为 s，则 $s_i = N_{ip}s$，而需求均值为

$$\mu_i = V_{ip} = D_i N_{ip}^{\beta} / \sum_{j=1}^{n} N_{ij}^{\beta} \qquad （3\text{-}12）$$

令 $b_i = \sum_{j \neq p} N_{ij}^{\beta}$ ，则

$$\frac{\mu_i}{s} = \frac{D_i}{s} \frac{N_{ip}^{\beta}}{N_{ip}^{\beta} + b_i} \qquad （3\text{-}13）$$

再令

$$x_i = \frac{s_i - \mu_i}{\sigma_i} = \frac{s}{\sigma_i} \left(N_{ip} - \frac{D_i}{s} \frac{N_{ip}^{\beta}}{N_{ip}^{\beta} + b_i} \right) \qquad （3\text{-}14）$$

则

$$SPILL_i = \frac{\sigma_i}{\sqrt{2\pi}} e^{-x_i^2/2} - \sigma_i x_i [1 - \Phi(x_i)] \qquad （3\text{-}15）$$

3.5 市场份额预测

市场的运量需求并不意味着航空公司能够获得相同的需求量。因为航空运输市场并非完全垄断市场，往往存在多家航空公司经营的情况。因此，预测航空公司的市场份额对于准确预测其运量需求是至关重要的工作。

首先讨论市场分担率与航班频率的关系，Simpson 分担率公式认为市场分担率是航班频率幂函数所占的比例，如式（3-16）所示。

$$MS_{ip} = \frac{N_{ip}^{\beta}}{\sum_{j=1}^{n} N_{ij}^{\beta}} \qquad （3\text{-}16）$$

式中：$j = 1, 2, \cdots, p, \cdots, n$，是参与同一市场竞争的航空公司；$p$ 是本航空公司；i 是航线序号；幂指数 β 一般在 [1, 2]。该模型只考虑一种机型，为此 Mtschmaier 模型引进了多种机型的影响，如式（3-17）所示。

$$MS_{ip} = \frac{\sum_{k=1}^{k} \alpha_{ik} N_{ikp}}{\sum_{k=1}^{k} \alpha_{ij} N_{ikp} + \sum_{j=1}^{n} \sum_{k=1}^{n_r} \beta_{ikj} f_{ikj}} \qquad （3\text{-}17）$$

式中：k 是机型种类；j 是参与竞争的航空公司；在市场 i 使用 n_r 种机型；第 k 种机型的频率是 f_{ikj}；p 是本航空公司，频率是 N_{ikp}。

Mtschmaier 模型（3-17）没有用航班频率的幂函数表达市场分担率，Simpson 公式（3-16）没有考虑不同的机型。为了既考虑频率的幂函数形式又考虑不同机型，我们以本公司航班座

位数为基准，将其他航空公司的航班频率按照座位数化为"标准频率"，再代入 Simpson 分担率公式（3-16）。这样 Simpson 分担率公式可以适用于参与竞争的公司使用不同机型的情况。假设本公司在第 i 个 O-D 流的航班座位数是 s_p，其他公司的航班频率按照 $N_{ik} = (s_{kj} / s_p) f_{ikj}$ 进行标准化处理后代入 Simpson 公式（3-16），其中 s_{kj} 是第 j 个公司的第 k 种机型的座位数。后面都假设航班频率已经过标准化处理，并使用 Simpson 分担率公式（3-16）。

3.6   本章小结

航空运输市场分析是一项极为重要的工作。凡是航空公司在做出重大决策之前，都要开展市场分析工作。某条航线是否要投入营运，某一条新航线有无开辟的必要，下一期航班计划如何制订，若运力不够应引进什么机型，需引进该机型多少架飞机，5 年内机队应怎样规划等，都要先作市场分析。根据分析结果及其他方面的信息，才能做出科学的决策，编制出可行航线网络规划或发展战略方案。

通过本章学习，读者可以了解航空运输市场分析的整个过程，并掌握几种常用的预测方法，从而为后续章节的学习打下基础。

思考题

1. 请简述航空运输市场的空间定义，并分析航空运输市场的构成要素。
2. 请简述航空运输市场的调查步骤和调查内容。
3. 请给出航空运输市场运量预测的分类方法。
4. 请简要分析各类常用预测方法的特点。
5. 请分析航空运输市场运量和运量需求的区别和联系。
6. 请简述航空运输市场份额预测的必要性。
7. 请构造一个案例，计算说明溢出旅客量的估算方法。

第4章　航线运营效益分析

一个航线网络规划方案是否可行，方案的质量到底如何，航班频次、机型调整等战术层次的选择是否合理等航线网络规划活动都需要进行经济效益的分析，尤其是对于以盈利为目的的航空公司而言，更是如此。那么，应该利用哪一些指标，并如何开展航线网络运营效益的分析工作呢？本章通过介绍航线运营效益的分析指标，然后对航空公司运营成本、收入进行了详细说明，最后给出了航线运营效益的分析方法。

4.1　航线运营效益分析的关键性指标

经济效益的分析工作，从财务上而言，不仅需要有因开展航线运营的收入，还应该有因开展这些运营而产生的成本费用，更加必须要有衡量这些运营的绩效指标。因此，我们将航线运营效益分析的指标分为收入类、成本类和绩效类进行说明。这些指标若不在本章中使用，必然会在其他章节被涉及。

4.1.1　收入类指标

（1）收入客公里（Revenue passenger Kilometers）。该指标反映的是航空公司在一定时期内的生产量，计算公式如式（4-1）所示。

$$收入客公里 = 搭乘的付费旅客数 \times 飞行里程数 \qquad (4-1)$$

值得注意的是，这里的旅客人数是指付费旅客，即不包含不付费的旅客和工作人员。通常情况下，飞行里程数有3种定义，即飞机仪表显示的飞行里程、两点间的地面里程，还有就是由统一规定的收费里程。这里的飞行里程数是指收费里程数。

（2）收入客公里收益。该指标反映的是单位产出的收益水平，即承载1位旅客飞行1千米所获取的收益水平，计算公式如式（4-2）所示。

$$收入客公里收益 = 收益 \div 收入客公里 \qquad (4-2)$$

这里收益的计算较为复杂：① 当计算该指标是以一段时间段内整个航空公司为对象时，只需要用航空公司的总收益即可（注意航空公司之间的收益分配协议的影响）；② 当计算该指标是以一段时间段内一条航线为对象时，不仅需要考虑流经这条航线的本地旅客收益，还必须要考虑流经这条航线上中转旅客的收益，中转旅客收益可以通过比例分摊的方式分配到该航线上来。

（3）平均票价水平。该指标反映的是单位收益水平，即平均承载1位旅客所获取的收益水平。利用收入客公里收益指标，该指标计算公式可描述如式（4-3）所示。

$$平均票价水平＝收入客公里收益÷飞行里程数 \qquad （4\text{-}3）$$

（4）平均折扣水平。该指标反映的是票价的打折水平。该指标计算公式可描述如式（4-4）所示。

$$平均折扣水平＝平均票价水平÷正常票价 \qquad （4\text{-}4）$$

这里的正常票价是指航空公司航班上经济舱的全价票。

（5）可用座公里（Available Seat Kilometers）。该指标反映的是航空公司在一定时期内的生产能力，计算公式如（4-5）所示。

$$可用座公里＝提供的可用座位数×飞行里程数 \qquad （4\text{-}5）$$

值得注意的是，这里提供的可用座位数是指可供航空公司使用或者出售的座位数量，因此不包括由于运行要求、管理方面原因不能用的座位，如因航班飞机减载不可用座位数、与其他航空公司销售协议分配给其他航空公司销售的座位数等。

（6）可用座公里收益。该指标反映的是单位收益能力，即提供的一个可用座位飞行1千米所获取的收益能力。利用可用座公里，该指标计算公式可描述如式（4-6）所示。

$$可用座公里收益＝收益÷可用座公里 \qquad （4\text{-}6）$$

4.1.2　成本类指标

（1）客公里成本。该成本反映的是单位成本水平，即承载1位旅客飞行1千米所需付出的成本额度，计算公式如式（4-7）所示。

$$客公里成本＝成本÷收入客公里 \qquad （4\text{-}7）$$

（2）座公里成本。该成本反映的是单位成本控制能力，即提供的一个可用座位飞行1千米所付出的成本水平，常用于对比航班的经济性。航空公司成本控制的目的是使每一个座位的成本最小化。该指标计算公式可描述为式（4-8）所示。

$$座公里成本＝成本÷可用座公里 \qquad （4\text{-}8）$$

（3）航空公司运营成本。该成本是指和航空公司主营业务有关的所有支出的总和。

（4）变动成本。该成本是指在一定范围内，随生产量（飞行小时、运输周转量、旅客人数等）变动而变动的成本。

（5）固定成本。该成本是指在一定范围内，不随生产量（飞行小时、运输周转量、旅客人数等）变动而变动的成本。

（6）直接运营成本。该成本是指那些与机型相关的成本，如果机型发生了变化，直接运营成本也将改变。

（7）间接运营成本。间接运营成本是指那些与机型无直接关系的成本。

值得注意的是，完全运营成本有两种划分方法，即变动成本和固定成本，以及直接运营成本和间接运营成本。

（8）旅客旅行时间成本。该指标反映的是旅客旅行过程中所消耗掉的时间成本，其包括计划延误时间成本、随机延误时间成本和旅客途中时间成本。计划延误时间是指旅客想要的出行时刻与航班计划的航班时刻之差，如果旅客需求在时间上均匀分布，那么旅客的计划延误时间为相邻两个航班起飞时间间隔的 1/4。随机延误时间是指由于航班座位已售完，旅客不得不购买下一个航班而引起的时间延误，它等于航班满座的概率乘以航班之间的时间间隔。航班满座的概率与航班期望客座率有关，期望客座率越高，航班满座的概率越大。途中时间是指旅客旅行途中所消耗的时间。广义上，途中时间为从始发出发地开始，至最终目的地为止的连续的时间段（包括地面交通时间）；狭义上，途中时间为从出发地机场航班起飞时刻开始，至航班到达目的地机场时刻为止的连续的时间段。

4.1.3　绩效类指标

（1）客座率。该指标是指航空运输量与航空公司生产量之比，代表了航空公司售出或消耗的生产量的比例。对于直达航线/航班，其客座率就是这条航线，或这个航班上的旅客人数除以座位数；对于经停航线/航班，其客座率就是收益客公里（RPK）除以可用座公里（ASK）。

【例题 4-1】　某航空公司运营一条上海—成都—拉萨航线，相应的信息如表 4-1 所示。若已知采用的飞机在这条航线上可用的座位数为 326 个，飞行班次为来回 80 次，请计算该航线上的客座率。

表 4-1　航线上各航段的航程及旅客人数信息

航　段	航程/千米	去程人数/人	回程人数/人
上海—成都	1 782	12 430	4 034
			5 350
成都—拉萨	1 307	4 210	11 800
		5 245	

注：表中虚线上方为过站量，虚线下方为始发及联运量。

解：去程收入客公里数 = 12 430×1 782 +（4 210 + 5 245）×1 307 = 3 450.8（万人千米）

回程收入客公里数 =（4 034 + 5 350）×1 782 + 11 800×1 307 = 3 214.5（万人千米）

可用座公里数 = 326×（1 782 + 1 307）×80/10 000 = 8 056.1（座公里）

客座率 =（3 450.8 + 3 214.5）/8 056.1×100% = 82.74%

（2）飞机日利用率。该指标是指报告期内或可用飞机平均每天所完成的生产飞行小时数，也称平均每机日生产飞行小时。飞机日利用率又被分为在册飞机日利用率和可用飞机日利用率。

在册飞机日利用率（时/日）= 报告期生产飞行小时/在册飞机平均架数/报告期日历天数

可用飞机日利用率（时/日）= 报告期生产飞行小时/可用飞机平均架数/报告期日历天数

其中：在册飞机平均架数（架/日）= 报告期在册飞机架日数/报告期日历天数；可用飞机平均架数（架/日）= 报告期可用飞机架日数/报告期日历天数。

【例题 4-2】 某航空公司 3 月末实有飞机 5 架，4 月 11 日新增 2 架，求 4 月份在册飞机平均架数。

解：在册飞机平均架数 =（5×30+2×20）/30 = 6.33（架/日）

【例题 4-3】 某航空公司 4 月初实有飞机 16 架，当月 3 日到货 1 架，28 日投入运营；5 日借入 1 架，10 日办完手续；15 日改装两架，25 日恢复运营。求 4 月份飞机平均架数。

解：飞机平均架数 =（16×30+1×3+1×21−2×16+2×6）/30 = 16.1（架/日）

（3）边际贡献。该指标是一个短期盈利能力指标，指特定机型飞机所运营航线的收入总额抵减变动成本后的差额，其用于反映对航班分摊的固定成本的贡献程度，并作为航班频次、时刻和机型调整的依据，计算公式如式（4-9）所示。

$$边际贡献 = 收入 - 变动成本 \qquad (4\text{-}9)$$

忽略航线网络中中转客流的作用，取消一条边际贡献为负的航班，可以减少亏算。

（4）边际贡献率。该指标反映的是特定机型飞机在航线上的盈利水平，指航线边际贡献总额除以该航线收入总额的百分比，计算公式如式（4-10）所示。

$$边际贡献率 = \frac{（收入 - 变动成本）}{收入} \times 100\% \qquad (4\text{-}10)$$

通常情况下，边际贡献率越高的航线，创利能力也越大。

（5）燃油效率。该指标是指拟采用的特定机型飞机在航线上每消耗 100 磅燃油为航空公司提供的座公里数。计算公式如式（4-11）所示。

$$燃油效率 = \frac{可用座千米数（ASK）}{总燃油量} \times 100\% \qquad (4\text{-}11)$$

燃油效率反映的是机型在航线的燃油消耗水平。燃油效率越高，表明相同的航线上燃油效率高的机型飞机能够为航空公司提供更多的座公里水平。

（6）盈亏平衡客座率。该指标反映的是当某种机型飞机在航线上运营的收入等于运营成本时，达到的客座率即为盈亏平衡客座率。计算方法有如下两种。

第一种方法：将所有的成本综合到一起，即机型航线运营总成本，以此作为计算盈亏平衡点的成本变量，令总收入等于总成本，此时计算的载运率 *LF*（Load Factor）即为盈亏平衡载运率 *BELF*（Break-Even Load Factor），如式（4-12）所示。

$$盈亏平衡客座率 = \frac{机型航线运营成本}{机型航线运营收入} \times \frac{收入客千米}{可用座千米} \times 100\% \qquad (4\text{-}12)$$

第二种方法：将固定成本与运输生产能力进行关联，将可变成本与运输收入进行关联。按照第一种方法相同的计算原理，可以得到计算盈亏平衡客座率，如式（4-13）所示。

$$盈亏平衡客座率 = \frac{机型航线固定成本 / 可用座千米}{(机型航线运营收入 - 机型航线变动成本) / 收入客千米} \times 100\% \qquad (4\text{-}13)$$

盈亏平衡客座率用于衡量航空公司整体收入和成本水平，也可以用于衡量某一条航线经营状况。上述两种计算盈亏平衡客座率的方法区别在于是否区分固定成本和变动成本。第一种方法的优点是比较简单直观，便于计算，缺点是较为粗略和不够准确；第二种方法的优点是符合经济学意义，较为合理和准确，但缺点是工作量较大，操作不方便，需要非常准确地区分固定成本和变动成本。因此，从实用的角度来讲，如果不需要特别准确的数据，那么采用第一种不区分固定成本和变动成本计算盈亏平衡载运率的方法更具实用性和经济性。

4.2　航空公司运营成本

航线网络规划决策的好坏，很大程度上需要利用经济效益进行评估，而决策可能产生的经济效益，运营成本占据了重要位置，因此，航空公司航线网络规划人员必须要对运营成本有所了解。在航空公司的规划过程中，成本信息一般可以有如下 4 种用途：① 作为一个日常管理和会计核算的工具，航空公司需要将总的费用支出进行分类，管理人员据此可以判断出一个时期内公司成本的变化情况，或者某个职能部门（如飞行部门、机务维修部门等）的成本效益情况，并据此编制出年度报告，反映企业营业利润情况；② 管理人员需要非常详尽地了解某个航线或航班的成本信息，以便决定是否需要增减班次，或是需要退出某条航线的经营；③ 区分成本对于确保定价策略以及运价制定的正确性至关重要；④ 无论是购买新飞机还是开辟新航线，成本分析都是项目投资中一项必不可少的内容。因此，在本节中我们将详细讨论航空公司的运营成本。

4.2.1　成本分类标准

科学地对航空公司运营成本进行分类，是利用成本进行分析航线网络规划决策的前提，但是，由于受到国家会计制度的影响，航空公司的成本分类方法都不尽相同。在这一小节中，我们将重点介绍国际民航组织（ICAO）和美国交通运输部（DOT）的成本分类方法，以及针对我们国家的航空公司运营成本分类办法。

4.2.1.1　国际标准

一般情况下，国外航空公司将成本分为直接运营成本与间接运营成本两大类。较为成熟的成本分类方法包括了 ICAO 成本分类法和美国交通运输部的格式 41（FORM 41）成本分类方法。表 4-2 是某个国家航空公司运营成本的分类规范，该方法以传统的国际民航组织成本分类方法为基础，现已被世界上大部分航空公司所采用。其中：

（1）飞行机组费用不仅包括工资、交通费、驻外补贴，而且还包括了飞行津贴、养老金、保险和其他社会福利等。

（2）机场使用费包括了起降费与旅客机场使用费，起降费按照飞机的最大起飞全重收取，旅客机场使用费按照旅客人数征收。

（3）航路导航费按照飞机的质量与实际飞行距离计算。

（4）飞机的保险费通常为购机价格的 1.5%～3%。

（5）机务维修成本包括了机身直接维修成本、发动机直接维修成本以及维修管理费用。

（6）飞机折旧费是由飞机的残值、折旧年限以及飞机初始引进费用决定的，航空公司一般采用的折旧方法为直线折旧法。

表 4-2 航空公司运营成本的传统分类方法

直接运营成本	间接运营成本
1. 飞行成本	4. 航站和地面服务成本
飞行机组费用	地面服务人员工资及各项费用
油料成本	建筑物、设备、交通工具费用
机场使用费、航路导航费	支付给第三方的服务费
飞机保险费	5. 旅客服务成本
飞机租金	客舱乘务员费用
2. 机务维修成本	其他旅客服务成本
机务工程人员费用	旅客保险费用
航材备件消耗费用	6. 票务、销售和宣传成本
维修管理费用	日常管理费用
3. 折旧和摊销费用	7. 其他运营成本
飞机折旧费	
地面设备和资产折旧费	
额外折旧费	
研发费用及机组培训费用	

美国交通运输部中的 FORM 41 详细规定了美国航空公司运营成本的成本分类方法，并将其细分为如下 17 个科目。

（1）人工成本。该科目是指雇员工资、福利（如年金、教育、医疗、休养和退休安排）和工资税（依据联邦社会保险捐款法、州和联邦失业保险等）。一般管理费、飞行人员、维护劳务、飞机和交通操作人员费用全部包含在人工成本计算中。

（2）燃油成本。该科目是指用于飞行的航空燃油成本（不含税、运输、存储和向飞机加注的费用）。

（3）飞机租金及其所有权成本。该科目包含了飞机租金、飞行设备（包括机体及部件，飞机发动机及部件，租赁设备和其他飞行设备）的折旧和分摊。

（4）除飞机外的租金及其所有权成本。该科目是指目的地机场租用的总成本，同时也包括机库、地面服务/支持设备（GSE）、储藏和分发设备，以及通信和气象设备等除飞机外的租金及其所有权成本。

（5）专业服务费。该科目是指法律事务费（律师公费、律师聘金、取证、法律文本和诉讼费），专业和技术咨询费（工程评估费、咨询费、市场和交通调研及实验费），以及外购的一般服务费。

（6）食品和饮料。该科目是指采购食品和饮料、代理供应商和外部餐食服务费用。

（7）着陆费。该科目是指因跑道和机场维修由航空公司付给机场的费用。

（8）维修材料费。该科目是指保有和采购用于机体、飞机发动机和地面设备的材料的成本（不包含劳务费），也包括保有车间和维修物品（如自动设备、电动设备、管加工设备、金属板材、小型工具、玻璃和玻璃制品、洗涤剂）的成本。

（9）飞机保险。该科目是指飞行设备保险成本，有时称为机身保险。

（10）除飞机外的保险。该科目是指与机身本身无关的保险成本。这类保险划分为两类：一般保险（即建筑物及所含之物、材料和物品、第三方责任、旅客行李和个人财产等）和交通责任险（即旅客行李和个人财产、货物的自保责任和规定）。

（11）旅客佣金。该科目是指付给旅行社的费用。

（12）通信费。该科目是指设备和交互式通信租金和安装收费、电话、打印设备、电报和海线电报以及导航设备收费的总成本。

（13）广告宣传费。该科目是指印制价目表、航班表、运行时间表和其他促销宣传费用（如电视、电台、娱乐活动、摄影和图片等）的成本。

（14）办公费。该科目是指照明、暖气、水电、文具、印刷（如标签、标记、常备票证、文件和公司手册的印刷）、运输和邮递支持、其他办公支持，以及洗涤剂、安保、电源、工程、设计、蓝图和摄影支持等的成本。

（15）与运输相关成本。该科目是指提供航空运输工具以及服务行为所发生的成本，该服务行为源自且从属于该航空公司所执行的航空运输服务。

需要说明的是：① 若 A 航空公司出售其支线搭档 B 航空公司运营航班的机票，A 航空公司由于飞行与航空公司 B 代码共享的航班而付给 B 航空公司费用。B 航空公司按照客运收益报告这笔收益，以便与相关的"交通、流量和运行成本"统计相匹配。A 航空公司按照"与运输相关收益"报告所收到的票款，且按照"与运输相关成本"报告其付给 B 航空公司该笔费用；② 若 A 航空公司为 Z 航空公司执行维修，则 A 航空公司按照"与运输相关成本"报告该项维修的劳务、部件和材料成本；③ 若 A 航空公司在其航班上出售酒和食品，则 A 航空公司把为这些酒和食品所付出的款项报告为"与运输相关成本"；④ 若 A 航空公司经营一家礼品店，则经营这家礼品店的成本被认为是"与运输相关成本"。

（16）其他运营成本。该科目是指诸如员工费用、飞机外的费用、保险赔偿之外的超额赔款、航班取消费用、会员/社团和财务费、呆账和关税清算等杂项费用的成本。

（17）利息。该科目是指长期贷款、投资和其他利息费用所付的利息总和。

4.2.1.2　国内标准

目前，国内航空公司一般将运营成本分为变动成本和固定成本两大类，很少有航空公司将其划分成为直接运营成本和间接运营成本。为了与国际上航空公司运营成本分类方法保持一致，我们在正确区分直接运营成本和间接运营成本的基础上，进一步将它们划分为变动成本和固定成本，如图 4-1 所示。

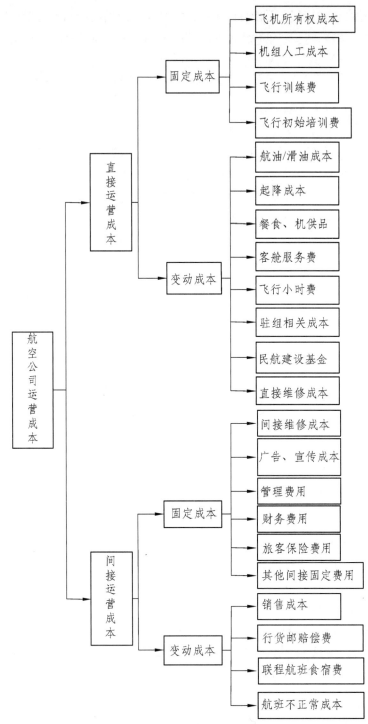

图 4-1　国内航空公司运营成本分类

（1）直接变动成本包括了如下 8 类。

① 燃油成本。该成本是指航班运行过程中所消耗的燃油的成本，主要包括滑行油耗和空中油耗等。

② 起降成本。该成本包括了地面服务费用、机场收费以及航路管理费用。

③ 餐食、机供品成本。该包括为旅客提供的餐食和机供品的相关费用，其中包含旅客餐食费用、送餐费用、机供品费用、机组餐食费用等。

④ 客舱服务成本。该成本是指在航班上为旅客服务而发生的相关费用，包括头等舱、商务舱以及经济舱中空乘的服务和空中保安的服务费。

⑤ 飞行小时费。该费用是指用于支付飞行机组的小时费和起降费。其中：

● 小时费是给飞行机组的飞行津贴，与航班的轮挡小时挂钩，小时费的系数因岗位、机组成员的技术等级、航线的复杂程度不同而异；

● 起降费是指在特殊复杂航线运营时给飞行机组成员的额外补贴（仅限某些航空公司、特殊航线）。

⑥ 驻组相关成本。该成本是指由于机组在外执勤发生的一系列相关费用，其中包括了机组的食宿、在外津贴。

⑦ 民航建设基金。该基金是专项用于机场、航路和航空管制系统等基础设施建设的政府基金。按使用途径可以将其分为基本建设投资、技术改造投资、归还贷款本息支出、周转性借款和其他支出进行管理。基本建设项目和技术改造项目可先报总规模由财政部审批，待有关部门批准基本建设和技术改造计划后，中国民航局应将分项目预算报财政部审核。归还贷款本息支出、周转性借款和其他支出必须按项目编制详细的预算，其中：归还贷款本息支出项目按规定范围及合同严格把关；周转性借款严格用于与民航基础设施建设有关的项目，按使用单位、借款用途、还款来源、周转期限和金额提出年度预算报财政部核定；其他支出由民航财务部门根据需要，按具体项目编制支出预算报财政部审批后实施。

⑧ 直接维修成本。该成本是指与飞机部件及发动机维护相关的人工及材料成本，其中包括航线维护成本、机身维护成本、发动机维护成本。航线维护是指每天或者每周都要进行的工作，如检查轮胎胎压、检查机油油量等。而机身维护是由 A 检、C 检以及重维护等一系列检查组成。发动机维护受飞行小时和飞行循环（起降架次）两方面因素的影响。

（2）直接固定成本包括了如下 4 类。

① 飞机所有权成本。该成本包括了飞机的折旧、高价件折旧、经营性租赁费、发动机租赁费、保险费、租机利息、飞行资料费、高原飞机的增量成本以及湿租飞机的固定成本等。需要说明的是，考虑到国内航空公司对于发动机、飞机的折旧采用不同的折旧年限，因此应该将这两类成本进行分开折旧。

② 机组人工成本。由于机组包括了飞行员中的机长与副驾驶、乘务长、头等舱乘务员、商务舱乘务员、经济舱乘务员和空中保安，因此该成本包含的内容如下所示：

● 机长的基本工资、奖金、津贴及补贴，飞行员的社会保险费用，飞行员的住房公积金，飞行员的公会经费，飞行员的教育经费，飞行员的福利费，飞行员的劳务费，制服费；

● 副驾驶的基本工资、奖金、津贴及补贴，副驾驶的社会保险费用，副驾驶的住房公积金，副驾驶的公会经费，副驾驶的教育经费，副驾驶的福利费，副驾驶的劳务费，制服费；

● 乘务长的基本工资、奖金、津贴及补贴，乘务长的社会保险费用，乘务长的住房公积金，乘务长的公会经费，乘务长的教育经费，乘务长的福利费，乘务长的劳务费，制服费；

● 头等舱乘务员的基本工资、奖金、津贴及补贴，头等舱乘务员的社会保险费用，头等舱乘务员的住房公积金，头等舱乘务员的公会经费，头等舱乘务员的教育经费，头等舱乘务员的福利费，头等舱乘务员的劳务费，制服费；

● 商务舱乘务员的基本工资、奖金、津贴及补贴，商务舱乘务员的社会保险费用，商务舱乘务员的住房公积金，商务舱乘务员的公会经费，商务舱乘务员的教育经费，商务舱乘务员的福利费，商务舱乘务员的劳务费，制服费；

● 经济舱乘务员的基本工资、奖金、津贴及补贴，经济舱乘务员的社会保险费用，经济舱乘务员的住房公积金，经济舱乘务员的公会经费，经济舱乘务员的教育经费，经济舱乘务员的福利费，经济舱乘务员的劳务费，制服费；

● 空中保安的基本工资、奖金、津贴及补贴，空中保安的社会保险费用，空中保安的住房公积金，空中保安的公会经费，空中保安的教育经费，空中保安的福利费，空中保安的劳务费，制服费。

③ 飞行训练成本。该成本包含了模拟机使用费用、飞行员的年复训费用、教员的复训指导费用、乘务员的年复训费用和空中保安的年复训费用。

④ 飞行初始培训成本。该成本是指飞行员在进入航空公司之前所产生的相关培训费用。

（3）间接变动成本包括如下4类。

① 销售费。该费用是指客货销售过程中发生的费用，主要包括客票销售代理费、支付给GDS系统运营商的订座系统使用费等。

② 行李、货物和邮件的赔偿费用。该费用是指行李、货物和邮件在运输过程中遇到非正常事件，如行李丢失、货物破损等产生的额外费用。

③ 联程航班食宿费用。该费用是指由于在组织运输生产过程中，因航空公司航班计划编排原因，导致旅客在旅行过程中乘坐中转联程航班时所发生的食宿的费用。

④ 航班非正常运营成本。该成本包括了航班不正常的现金补偿费用、航班不正常的食宿费用、航班不正常的签转补差费用以及其他相关费用。

（4）间接固定成本包括如下6类。

① 间接维修成本。该成本主要包括了维修方面的管理费用，如行政开支、工装设备、检测设备、记录存档等项目。

② 广告、宣传费用。该费用是指所有与广告、市场宣传等业务相关的费用。

③ 管理费。该费用是指行政管理部门为组织和管理机队的生产经营活动而发生的各项费用，包括管理人员的工资、福利、差旅费、办公费、物料消耗、易耗品等。

④ 财务成本。该成本是指汇兑损益、金融机构手续费、筹资发生的其他财务费用，如债券印刷费、国外借款担保费等项目。

⑤ 旅客保险费用。该费用是指旅客意外险、第三方责任险等。

⑥ 其他间接固定费用。该费用包括了一般设施、设备的折旧、保险等。

4.2.2　成本分摊

在进行经营决策时（如决定是否调整航班频率或开辟一条新航线），为了避免不必要的成本，航空公司需要将一系列的固定成本和变动成本分摊到每个航班或者航线上。一般来说，各航空公司所采用的方法大同小异，只是在细节上可能有所不同。

变动直接运营成本的分摊较为简单，因为它们与每个具体的航班有关系。油料成本以及变动的机组和客舱乘务员费用、起降费、航线导航费、旅客服务成本均与投入的机型和所飞的航线有关系。这些成本很直观，也很容易计算。唯一例外的是变动机务维修成本，需要用到平均值。

飞机的维护和定检工作有些是按飞行小时进行的，有些是按飞行循环进行的。飞机起落架、襟翼等只在着陆或起飞时才使用，其维修工作显然要按飞机循环周期来进行。航空公司通常会先计算出各种机型每轮挡小时和每个飞行循环的平均维修成本，然后根据每个航班的轮挡飞行时间和循环次数，计算出每个航班的变动维修成本。

航空公司的固定直接运营成本通常可以按不同的机型转换为轮挡小时运营成本，然后根据不同的机型和轮挡时间分摊到每个航班或每条航线上。固定直接运营成本的第一大项是飞机的固定费用，即折旧费或租金加上飞机的保险费。这些费用与机型无关，因为它们取决于飞机的购买价格或租金。根据机队中飞机的数量可以计算出整个机队每年的固定支出有多少，然后除以这些飞机每年的利用率，即可以计算出这些飞机每轮挡小时的折旧费和保险费。如果飞机是租赁来的，每年的租金即为 12 个月租金的总和，该项费用为固定成本，与飞行小时数无关。与前面的计算方法相同，根据每年的飞行小时数即可计算出每轮挡小时的租金。除此之外，航空公司还需要按飞行小时提取"维修储备金"，这也是按飞行小时计算的固定开支，每年提取的数额取决于当年的飞行小时数。建立"维修储备金"的目的通常是为了飞机大修（D 检），这种大修非常昂贵，通常 4～6 年进行一次。

飞行机组每年固定的费用比较容易确定和分配，因为每种机型都有专职的机长和副驾驶。如果一种机型有多架飞机，则这个机队在一般情况下都有自己的管理人员。然而，有些飞行员的管理费用与机型无关，需要按照飞机的架数或者年利用率由各种机型分摊。用每种机型飞机机组的年度总固定成本除以年利用率（即轮挡时间），即可以计算出该机型每轮挡小时的飞行机组成本。

其他固定运营成本也可以用类似的方法计算。但是，客舱乘务员费用的分摊较为复杂，因为乘务员不同于飞行员，可以服务于不同的机型。然而，根据所需人数及资历要求的不同，客舱乘务员费用仍然可以按机型进行分摊。就固定维修成本而言，有些与机型有关，有些则属于共同成本，需要按不同机型的维修工时来进行计算。

至此，航空公司可以估算出各种机型固定运营成本中的飞行机组小时运营成本、客舱乘务员小时运营成本和机务维修小时运营成本。有些航空公司会计算得更加详细一些，会按照不同的航线类型分别计算出小时机组成本和小时维修成本。例如，一些航空公司在计算飞行员成本时，短程航线分摊的小时费用会比远程航线更高些。

由于所有的固定直接运营成本都可以分摊到各个机型上，一些航空公司也称之为"机队运营成本"。

间接运营成本的分摊较为麻烦，从字面上就可以看出，这些费用与机型没有直接关系。有些间接运营成本与航线有关系，如果航线取消，其成本在中期内可以避免。如果航空公司只有一条航线通航至某个国家，则在该国所有的票务、销售和广告费用以及航站及地面服务费用等均可划入航线的经营成本。但是，大多数间接运营成本属于共同成本，不能直接分摊给某个航班和某条上线。大对数航站及地面服务成本、旅客保险费、票务、销售、宣传费以及行政管理费用通常会按照每条航线的生产量，即收入吨千米或运输收入来分摊。每种方法都有其优缺点。如果按照各航线的运输量来计算，远程航线分摊的费用可能会偏高，但远程航线的收益一般较低，因为票价水平一般与航段距离成反比；按每条航线的收入分摊间接成本可能会比较公平，但由于短航线的收益水平较高，可能分摊的成本较多。因此，航空公司通常会采用多种方法来分摊成本。销售、票务费用和旅客服务成本将按照各航班客公里数进行分摊，而与货运相关的费用将按照货运吨千米数进行分摊。

航空公司可以根据自己的实际情况和会计要求，采用不同的分摊方法，将成本分摊到每个航班或每条航线上。这些分摊的成本主要由以下四部分组成。

（1）全部的变动直接运营成本。这些都是与每个航班相关的费用，可分航班计算再合并得出总的直接运营成本，即某条航线上所有航班的成本（以2007年的油料价格水平计算，这部分成本约占航空公司总运营成本的45%~60%，该成本会受到航段距离的影响）。

（2）与航线有联系的间接运营成本，如在目的地国家投放广告的费用。如有必要，这些费用可进一步细分并分配到该航线上的每一个航班上（一般占航空公司总运营成本的 5%~10%）。

（3）固定直接运营成本是一项共同成本，通常会根据轮挡时间分摊到每个航班或每条航线（一般占航空公司总运营成本的15%~20%）。

（4）与航线没有直接关系的间接运营成本，可以根据每个航班的收入情况进行分摊（约占航空公司总运营成本的15%~20%）。

通过比较航线运输收入及上述成本，航空公司可以判断出每条航线上应当飞行多少个班次，或者是否需要停航。

有些航空公司会按每个航班或每条航线对于管理费用或固定成本的贡献来进行分析，这种方法称为"贡献分析法"。换言之，某个航班或某条航线的总收入至少应当高于该航班或航线的变动成本（项目 A 和 B，即可避免的那部分成本）。如果在短期内无法做到这一点，就应当考虑该航线是否还有必要继续经营下去。超出变动成本的那部分收入即对固定直接运营成本和非特定间接成本（项目 C 和 D）的贡献。在理想情况下，航线总收入应大于以上所有的成本。即使不能够弥补所有成本，也要尽可能多地提高。取消航班在短期内不可能节省任何固定直接运营成本和间接成本，因此，只要航班收入对弥补这些固定直接运营成本和间接成本有所贡献就是有意义的。从中长期来看，减小机队规模只能降低固定直接运营成本，而停飞一些航线或缩小航线规模可以降低间接运营成本。

如果所有航线的收入不能弥补管理费用，即固定直接运营成本和间接成本，航空公司将会入不敷出。此时，航空公司应当在中长期内停掉那些收入过低、短期内又改善无望的航线，并缩短机队规模。遗憾的是，航空公司的管理者们常常抱有侥幸心理，很少能够在市场局势刚开始恶化的时候就削减航班。这是因为飞机票一般提前半年至一年就开始销售了，在机票售出后，航空公司一般不愿意得罪旅客。另外，航空公司的决策者们总是对市场持乐观的态度。2008年后期，当市场需求萎缩得越来越快的时候，很多航空公司削减了来年的运力安排，但是他们做得远远不够。市场需求下降的幅度远比运力削减的幅度大得多，因此导致航空公司客座率不可避免地大幅下降。

4.2.3　航线机型成本分析

在已开辟的航线上，只要航空公司在这类航线采用某种特定机型飞机执飞过，我们按照航空公司运营成本分类方法以及成本的摊销办法，就可以预估出航线机型的运营成本值。但是，对于未开辟的航线或者已开辟、但未利用待评估机型飞机执飞过的航线，预估航线机型的运营成本就变得复杂起来。这里，我们介绍一种由美国航空航天局（NASA）HARRIS 于 2005 年提出的航空公司运营成本计算方法。

4.2.3.1　NASA 05 计算模型

根据美国运输部 FORM 41 数据格式中 1999 年 46 家客运航空公司、21 家货运航空公司所提交的运营数据，NASA 05 方法拟合出了航空公司各个运营成本项的估算模型。

（1）飞行机组成本模型为

$$FCC = AF \times K \times (MTOGW)^{0.4} \times BH_S \tag{4-14}$$

式中：FCC 为机队飞行机组总成本（美元）；AF 为航线因子；K 为航空公司因子；$MTOGW$ 为飞机最大起飞质量（磅）；BH_S 为机队轮挡总时间（小时）。

$$K = \begin{cases} 2.75, & \text{支线} \\ 5.25, & \text{双人制机组国内航线} \\ 6.50, & \text{三人制机组国际航线} \end{cases}$$

$$AF = \begin{cases} 0.63, & \text{低} \\ 0.44, & \text{很低} \\ 0.34, & \text{非常低} \\ 0.80, & \text{平均值} \\ 1.00, & \text{高} \\ 1.30, & \text{很高} \\ 1.60, & \text{非常高} \end{cases}$$

（2）燃油/滑油成本模型为

$$FC = FCPG \times (NCGPD + CGPD) \times DP_S \tag{4-15}$$

式中：FC 为机队燃油/滑油成本（美元）；$FCPG$ 为燃油/滑油单位成本（美元/加仑）；$NCGPD$ 为飞机非巡航阶段燃油/滑油消耗量（加仑/航段）；$CGPD$ 为飞机巡航阶段燃油/滑油消耗量（加仑/航段）；DP_S 为机队起飞总次数（架次）。

对于涡喷/涡扇发动机，飞机非巡航阶段燃油/滑油消耗量（$NCGPD$）为

$$NCGPD = \frac{0.001\,713 \times (SFC + Thrust)_{\text{Takeoff}}}{(Thrust / TOGW)^2_{\text{Takeoff}}} \tag{4-16}$$

对于涡轮螺旋桨发动机，飞机非巡航阶段燃油/滑油消耗量（$NCGPD$）为

$$NCGPD = \frac{0.011\,13 \times (SFC + Thrust)_{\text{Takeoff}}}{(Thrust / TOGW)^2_{\text{Takeoff}}} \qquad (4\text{-}17)$$

式中：SFC 为飞机起飞时磅小时推力（磅/小时/磅推力）；$Thrust$ 为飞机起飞时总推力（磅）；$TOGW$ 为飞机起飞时总重量（磅）。

客机起飞质量（$TOGW$）计算方法为

$$TOGW = OEW + 225 \times AS \times LF + 1.5 \times 6.5 \times FPD \qquad (4\text{-}18)$$

式中：OEW 为飞机使用空重（磅）；AS 为飞机可用座位数（个）；LF 为客座率；FPD 为航段飞机燃油/滑油消耗量（加仑/航段）。

货机起飞质量（$TOGW$）计算方法为

$$TOGW = OEW + 2000 \times AT \times LF + 1.5 \times 6.5 \times FPD \qquad (4\text{-}19)$$

式中：AT 为飞机可用业载量（吨）。

飞机巡航阶段燃油/滑油消耗量（$CGPD$）计算方法为

$$CGPD = \frac{W_{\text{Initial}}(1 - e^{-k})}{6.5} \qquad (4\text{-}20)$$

且有

$$K_{jet} = \frac{R \times SFC}{(V \times L / D)_{\text{Average}}} \qquad (4\text{-}21)$$

$$K_{prop} = \frac{R \times SFC}{(375 \times \eta_P \times L / D)_{\text{Average}}} \qquad (4\text{-}22)$$

式中：R 为飞机的平均航段距离（英里/航段）；SFC 为飞机巡航时磅小时推力（磅/小时/磅推力）；V 为飞机平均巡航速度（英里/小时）；L/D 为飞机升阻比；η_P 为螺旋桨飞机平均推进效率。

巡航开始阶段飞机重量计算公式为

$$W_{\text{Initial}} = TOGW - 6.5 \times NCGPD \qquad (4\text{-}23)$$

计算燃油/滑油消耗量时，需要进行迭代计算：

① 在初始迭代时，令 $TOGW$ 为飞机的最大起飞质量（$MTOGW$）（磅），转步骤②；

② 根据式（4-16）或式（4-17）计算非巡航阶段飞机燃油/滑油消耗量，转步骤③；

③ 根据式（4-23）计算巡航开始阶段飞机质量，转步骤④；

④ 根据式（4-20）计算巡航阶段燃油消耗量，转步骤⑤；

⑤ 将非巡航阶段飞机燃油/滑油消耗量与巡航阶段燃油消耗量相加，求出飞机航段燃油消耗量，代入式（4-18）或式（4-19），计算飞机起飞质量，转步骤⑥；

⑥ 判断在步骤⑤中得出的飞机起飞质量是否小于本次迭代所使用的飞机起飞质量，若是，则停止，否则，转步骤②。

（3）保险费模型为

$$IE = 0.0056 \times CI \tag{4-24}$$

式中：IE 为机队保险费用（美元）；CI 为当年机队资本投入（美元）。

（4）租金模型为

$$RE = 0.0836 \times CIBLC \tag{4-25}$$

式中：RE 为机队租金费用（美元）；$CIBLC$ 为飞机租赁公司当年机队资本投入（美元）。

（5）其他飞行运营成本为

$$OFOE = 0.04 \times (FCC + FC + IE + RE) \tag{4-26}$$

式中：其他飞行运营成本（$OFOE$）包括非工资性税收、专业与技术服务费用、兑换等（美元）。

（6）维护成本模型为

$$FEME = AFM + EM \tag{4-27}$$

式中：$FEME$ 为机队维护成本（美元）；AFM 为机队机体维护成本（美元）；EM 为机队发动机维护成本（美元）。

$$AFM = K\{W_{\text{ref}}^{0.72118} \times FH^{0.46050} \times DP_S^{0.32062} \times NAC^{0.20700} \times (1 + IAFR)^{-0.43177}\} \tag{4-28}$$

$$EM = K\{Thrust^{0.89650} \times N_{\text{E}}^{0.92340} \times FH^{0.15344} \times DP_S^{0.37535} \times NAC^{0.4429} \times (1 + OER)^{-0.34704}\} \tag{4-29}$$

且

$$K = ST[1.73 \times CF \times MF \times ET] \tag{4-30}$$

式中：N_{E} 为飞机发动机数目（个）；W_{ref} 为飞机机体质量，等于飞机使用空重减去发动机干重（磅）；FH 为机队空中飞行时间（小时）；NAC 为机队中飞机数目（架）；$LAFR$ 为机队机体公司内部维修比例；OER 为机队中发动机外包维修比例；ST 为服务类型因子；ET 为发动机类型因子；MF 为飞机模型因子。

$$ST = \begin{cases} 1.0, & \text{客机} \\ 1.325\ 3, & \text{货机} \end{cases}$$

$$ET = \begin{cases} 1.0, & \text{涡扇发动机} \\ 1.264\ 4, & \text{涡轮螺旋桨发动机} \end{cases}$$

$$MF = \begin{cases} 1.0, & \text{最早期机型} \\ 0.710\ 4, & \text{早期机型} \\ 0.514, & \text{近期机型} \\ 0.426\ 0, & \text{较新机型} \\ 0.35, & \text{最新机型} \end{cases}$$

$$CF = \begin{cases} 0.447\ 0, & \text{非常低} \\ 0.833\ 9, & \text{低} \\ 1.0, & \text{平均值} \\ 1.301\ 9, & \text{高} \\ 0.35, & \text{最新机型} \end{cases}$$

（7）折旧与分摊成本计算模型为

$$DAE = EI \times \frac{1-RV}{DP} \tag{4-31}$$

式中：DAE 为飞机折旧与分摊成本（美元）；RV 为残值比例；DP 为折旧年限（年）。

（8）旅客服务成本模型为

$$PSE = 1.6 \times 55\,500 \times No.FAs \tag{4-32}$$

式中：PSE 为旅客服务成本，包括空乘成本、餐食与机供品费用以及其他空中费用（美元）；$No.FAs$ 为空乘总人数（人）。

空乘总人数 $No.FAs$ 的计算公式为

$$No.FAs = \left(\frac{BHY}{AHY} \times \frac{1}{50} \times AS \times NAC \right)(1.364\,7 + 0.023\,51 \times BH) \tag{4-33}$$

式中：BHY 为飞机年轮挡飞行小时（小时）；AHY 为空乘年轮挡飞行小时（小时）；BH 为飞机航段平均轮挡飞行小时（小时/航段）。

（9）起降费模型为

$$LE = 0.001\,47 \times ST \times RF \times MLW \times DP_s \tag{4-34}$$

式中：LE 为机队的起降费（美元）；ST 为服务类型因子；RF 为航线类型因子；MLW 为飞机最大着落质量（磅）。

$$ST = \begin{cases} 1.0, & \text{客机} \\ 0.89, & \text{货机} \end{cases}$$

$$RF = \begin{cases} 1.0, & \text{国内航线} \\ 2.36, & \text{大西洋航线} \\ 1.64, & \text{拉丁美洲航线} \\ 4.28, & \text{太平洋航线} \end{cases}$$

（10）其他间接运营成本模型为

$$RoAOOE = AF \times \{11\,604 \times No.OEs + 71\,186 \times Pax + 161\,768 \times Cgs\} \tag{4-35}$$

式中：$RoAOOE$ 为其他间接运营成本，包括航线服务与控制、机票预定和销售、广告和推广、行政管理、地面设备维修和折旧、维修设备折旧等（美元）；AF 为航空公司因子；$No.OEs$ 为机队管理人员数目（人次）；Pax 为机队总载运旅客人数（人次）；Cgs 为机队总载运货物质量（吨）。

$$AF = \begin{cases} 0.8, & \text{低} \\ 0.6, & \text{很低} \\ 1.0, & \text{平均值} \\ 1.2, & \text{高} \\ 1.5, & \text{很高} \\ 1.6, & \text{非常高} \end{cases}$$

另外，有

$$No.OEs = CSF \times AF \times 56.95 \times NAC \qquad (4\text{-}36)$$

式中：CSF 为承运人服务因子；AF 为航空公司因子。

$$AF = \begin{cases} 0.9, & 低 \\ 0.7, & 很低 \\ 0.5, & 非常低 \\ 1.0, & 平均值 \\ 1.1, & 高 \\ 1.3, & 很高 \\ 1.5, & 非常高 \end{cases}$$

$$CSF = \begin{cases} 1.0, & 客机 \\ 0.4, & 货机 \end{cases}$$

（11）与交通有关成本模型为

$$TRE = 1.035 \times RoAOOE \qquad (4\text{-}37)$$

式中：TRE 为与交通有关成本（美元）。

4.2.3.2　案例分析

根据上述 NASA 05 的成本计算模型，需要对拟运营航线所处的财务、价格、税收等外部环境做出必要的模拟，同时还需要对航空公司维修管理、飞机性能、人力资源等进行必要的给定。具体而言，假设条件如下所示。

（1）财务与经济环境假定。假设航空公司 B737-800 飞机机队贷款比例为 100%，单架飞机的购机价格为 84 400 000 美元，飞机折旧方式为直线折旧，且残值比例为 15%，折旧年限为 20 年，美元兑换人民币汇率为 6.28，燃油/滑油价格为 2.05 美元/加仑[①]。为了简单起见，这里忽略引机的增值税和关税。

（2）航空公司内部环境假定。假设航空公司拟运营的航线为国内航线，航段距离为 500 英里，且运营能力处于行业的平均水平。该公司拟采用 B737-800 机型飞机执飞，且在该航线上的轮挡时间预计为 1.5 小时，过站时间为 0.5 小时，地面滑行时间为 0.25 小时。据预计，该公司全年在这条 500 英里航线上的轮挡小时数为 3 200 小时，执行航班量为 2 133 架次，平均客座率为 81%，平均载货率为 60%。该机型飞机的机体内部维修比例、发动机外部维修比例均为 100%。关于 B737-800 机型飞机的性能参数见表 4-3。

---

① 加仑，英美制容量单位，1 美制加仑 = 3.785 升。

表 4-3　B737-800 机型飞机性能参数值

性能参数	指标值	性能参数	指标值
座位数/个	160	单台发动机未安装海平面静推力/磅	27 300
最大无燃油质量/磅	134 482	单架飞机发动机数量/个	2
最大起飞质量/磅	174 200	起飞时磅推力小时耗油量/磅/小时/磅推力	0.38
最大着陆质量/磅	146 300	起飞时总推力/磅	54 600
使用空重/磅	90 710	巡航时磅推力小时耗油量/磅/小时/磅推力	0.60
单台发动机干重/磅	5 257	机身质量/磅	80 196

根据 NASA 05 运营成本计算模型，获取的具体计算结果见表 4-4。

表 4-4　NASA 05 运营成本预测

假设，Assumptions	说明	B738
平均航线距离/英里	—	500.00
BH，平均轮挡时间/小时	—	1.50
平均过站时间/小时	—	0.50
BH_s，总轮挡小时/小时	—	3 200
DP_s 起飞数量/架次	—	2 133
S，可用座位数/个	—	160
LF，平均上座率	—	81%
飞机最大商载/吨	最大商载＝MZFW（Boeing737-800 飞机的 MZFW 为 61 吨）－OEW，可用货载＝最大商载－旅客人数×每客质量（按 0.1 吨计算）	7.000
$MTOGW$，最大起飞总重/磅	—	174 200
MLW，最大着陆质量/磅	—	146 300
OEW，使用空重/磅	—	90 710
单台发动机干重/磅	—	5 257
$SLST$，单台发动机未安装海平面静推力/磅力	—	27 300
N_E，每架飞机的发动机数/个	—	2
飞行机组成本，Flight Crew Cost	说明	
FCC，空勤成本/美元	$FCC = AF \times K \times BH_s \times (MTOGW)^{0.4}$	787
FCC，空勤成本/(美元/轮挡小时)	$FCC = AF \times K \times (MTOGW)^{0.4}$	524
K，航线因子	支线 2.75；国内航线二人机组 5.25；国际航线三人机组 6.5	5.25
AF，航空公司因子	平均值取 0.80；低取 0.63；较低取 0.44；极低取 0.34。高取 1.00；较高取 1.30；极高取 1.60。例如，美西南航是 0.608；美利坚航空公司是 1.063	0.8

燃油和滑油成本，**Fuel & Oil Cost**	说明	
FC，机队燃油和滑油成本/美元。	$FC = FCPG \times (NCGPD + CGPD) \times DP_s$	1 923.63
$FCPG$，燃油价格/美元/加仑。	—	2.05
$TOGW$，起飞总重计算/磅	$TOGW = OEW + 225 \times S \times LF + 1.5 \times 6.5 \times BF$	129 018.98
LF，平均上座率	—	81%
OEW，使用空重/磅	—	90 710
BF，轮挡耗油/(加仑/航段)	$BF = NCGPD + CGPD$	938.36
$NCGPD$，非巡航段耗油/(加仑/航段)	$NCGPD = 0.001\,713(SFC \times Thrust)_{\text{Takeoff}}$ $(Thrust/TOGW)^2_{\text{Takeoff}}$	198.34
SFC_{Takeoff}，起飞时磅推力小时耗油/(磅/小时/磅推力)	—	0.38
$Thrust_{\text{Takeoff}}$，起飞总推力/磅	—	54 600
$CGPD$，巡航段耗油/(加仑/航段)	$CGPD = W_{\text{Initial}} \times (1 - e^{-K})/6.5$	740.01
W_{Initial}，巡航初始质量/磅	$W_{\text{Initial}} = TOGW - NCGPD \times 6.5$	127 694.76
K，基于"布列盖方程"	$K = R \times SFC_{\text{Cruise}}/(V \times L/D)_{\text{Average}}$	0.04
SFC_{Cruise}，巡航时磅推力小时耗油/(磅/小时/磅推力)	—	0.60
$(L/D)_{\text{Average}}$	—	14.90
R，平均航距/英里	—	500.00
V_{Average}，平均巡航速度/(英里/小时)	总飞行距离除以总轮挡飞行时间	527.00
预定 $TOGW$	起飞总重和轮挡耗油的计算需要迭代，迭代可以起始于最大起飞总重 $MTOGW$	128 984
保险费，**Insurance Expense**	说明	
IE，保险金/美元	$IE = 0.005\,6 \times CI \times$ 航段轮挡小时数/年总轮挡小时数	222
CI，机队投资总额采购价格/采购当年的美元	单架飞机采购价为 84 400 000 美元（来源于波音2011 年平均采购价）	84 400 000
其他飞行运营成本，**Other Flying Operation Expense**	说明	
$OFOE$，其他飞行运营成本，包括：非工资性税、专业和技术服务费、兑换和其他成本/美元	$OFOE = 0.04 \times (FCC + FC + IE + RE)$	249
维修成本，**Maintenance Cost**	说明	
MC，机队维修成本/美元	$FEME = (AFM + EM) \times$ 航段轮挡小时数/年总轮挡小时数	723
AMC，机队机体维修成本/美元	$AFM = K\{(W_{\text{REF}})^{0.721\,18}(FH)^{0.460\,50}(DP)^{0.320\,62}(NAC)^{0.207\,00}(1 + 公司内维修比例)^{-0.431\,77}\}$	903 111
EM，机队发动机维修成本/美元	$EMC = K\{(Thrust)^{0.896\,50}(N_{\text{E}})^{0.923\,40}(FH)^{0.153\,44}(DP)^{0.375\,35}(NAC)^{0.442\,9}(1 + 公司外维修比例)^{-0.347\,04}\}$	638 807

维修成本，Maintenance Cost	说明	
K，常数	$K = ST \times 1.73 \times (CF)(MF)(ET)$	0.74
ST，服务类型	客机取 1，货机取 1.325 2	1
ET，发动机类型	涡扇取 1，涡桨取 1.264 4	1
MF，飞机型别因子	B737-800 取 0.43	0.43
CF，航空公司成本因子	很低取 0.447 0；低取 0.833 9；平均取 1.0，高取 1.301 9	1
W_{REF}，参考质量/磅	W_{REF} 等于飞机使用空重减去发动机干重	80 196
FH，机队年总飞行小时数	—	3 200
DP_s，机队年总起飞次数	—	2 133
NAC，机队的飞机数	当 $NAC=1$，FH 和 DEP 仅对应于一架机时，维修成本 MC 的计算结果就对应于一架机的全年维修成本	1
CF，航空公司成本因子	很低取 0.447 0；低取 0.833 9；平均取 1.0，高取 1.301 9	1
$Thrust$，飞机单台发动机推力（海平面，标准大气）	—	27 300
N_E，飞机发动机台数	—	2
机体公司内维修比例	公司内维修比例越高，维修成本越低	100%
发动机公司外维修比例	公司外维修比例越高，维修成本越低	100%
折旧和分摊成本，Depreciation & Amortization Expense	说明	
DAE，折旧成本/美元	$DAE =$ 航段轮挡小时数/年总轮挡小时数 $\times CI \times (1 - RV)/DP$	1 681.41
CI，机队投资总额采购价格，单位：采购当年的美元	单架飞机采购价为 84 400 000 美元（来源于波音 2011 年平均采购价）	84 400 000
RV，残值（Residual Value）	典型值是 15%	15%
DP，折旧年限（Depreciation Period）	典型值是 20 年	20
旅客服务成本，Passenger Service Expense	说明	
PSE，旅客服务成本。旅客服务成本包括：空乘成本，餐食费和其他空中费用/美元	$PSE = 1.6 \times 126 \times (No.FAs) \times$ 航段飞行小时数/年总轮挡小时数	624.38
$No.FAs$，空乘数	$No.FAs =$（年轮挡小时）/（空乘年飞行小时）$\times$（FAA 要求座位数/50 座）$\times$ 飞机座位数 $\times$ 机队飞机架数 $\times$（1.364 7 + 0.235 1 $\times$ 航段平均轮挡小时）	15

旅客服务成本，Passenger Service Expense	说明	
常数 55 500	在 1999 年，每个空乘的平均年成本是 55 500 美元。空乘成本包括：工资、途中费用、管理和培训费等	55 500
常数 1.6	旅客服务总成本正比于空乘成本，是空乘成本的 1.6 倍	1.60
空乘年飞行小时	—	1 234
起降费，Landing Fees	**说明**	
LE，着陆费/美元	$LF = 0.001\,47\,(ST)\,(RF)\,(MLW)\,(DPs) \times$ 航段飞行小时数/年总轮挡小时数	215
ST，服务类型因子	客机取 1，货机取 0.89	1
RF，航线因子	国内航线取 1.0；大西洋航线取 2.36；拉美航线取 1.64；太平洋航线取 4.28	1
其他间接成本，Other Indirect Operating Expense	**说明**	
$RoAOOE$，其他间接成本/美元。其他间接成本包括：航线服务和控制、机票预定和销售、广告和推广、行政管理等	$RoAOOE = AF\,(\,(\,11\,604\,(No.OEs) + 71.186\,(Pax) + 161.768\,(Cgs)\,) \times$ 航段飞行小时数/年总轮挡小时数	196
AF，航空公司因子	平均值取 1.0；低取 0.8；很低取 0.6；高取 1.2；很高取 1.5	1
Pax，旅客数	$Pax =$ 飞机座位数×上座率×起飞数	276 480.00
Cgs，货物重量	$Cgs =$ 飞机可载货吨数×货运率（假设载货率为 60%）×起飞数	8 960.00
$No.OEs$，管理职员数	$No.OEs = 56.95\,(SF)\,(AF)\,($飞机架数$)$	57
SF，服务类型因子（用于计算管理职员数）	客机取 1，货机取 0.4	1
AF，航空公司因子（用于计算管理职员数）	平均值取 1.0；低取 0.9；较低取 0.7；极低取 0.5；高取 1.1；较高取 1.3；极高取 1.5	1
与交通有关的成本，Transport Related Expense	**说明**	
TRE，与交通有关的成本/美元	$TRE = 1.035\,(RoAOOE)$	203
AF，航空公司因子	客机公司取 1.035，货机公司取 1.5~2.0	1.04
概述，Summary	**说明**	
成本构成/美元		
折旧成本	—	1 681
保险金	—	222
空勤成本	—	787
燃油和滑油成本	—	1 924

概述，Summary	说明	
维修成本	—	723
其他飞行运营成本	包括：非工资性税、专业和技术服务费、兑换和其他成本	249
旅客服务成本	包括：空乘成本，餐食费和其他空中费用	624
起降费	—	215
其他间接成本	包括：航线服务和控制、交通服务、机票预定和销售、广告和推广、行政管理、地面设备维修和折旧、维修设备折旧	196
与交通有关的成本	—	203
直接运行成本/(美元/航线)	—	5 336
间接运行成本/(美元/航线)	—	1 489
总运行成本/(美元/航线)	—	6 825
DOC/ASM/(美元/座英里)	—	0.07
TOC/ASM/(美元/座英里)	—	0.09

需要说明的是，NASA 05 运营成本计算模型是以年为单位的运营成本计算模型，因此在获取航线机型运营成本时，需要将部分运营成本按照 4.2.2 小节中的成本分摊方法分摊到航线上（案例中分摊到轮挡飞行小时）。各成本项在总运营成本中的占比如图 4-2 所示，其中，燃油成本为第一大成本项，为 28%；飞机折旧成本为第二大成本项，为 25%。

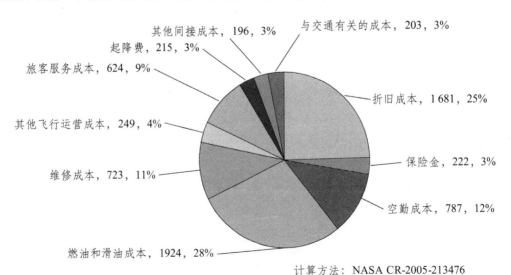

计算方法：NASA CR-2005-213476

图 4-2　各个成本项在航空公司运营成本中的占比情况

4.3　航空公司运营收入

航空公司运营收入同航空公司的运营成本一样，是准确评估航线运营效益的又一重要内容。因此，本小节我们重点介绍一下这方面的内容。

决定每家航空公司收益的因素有很多，表 4-5 列举了通常的收益科目和产生收益的相关业务。收益按来源可分为旅客、货物、超重行李、邮件及其他收益。

表 4-5　航空公司收益类型

收益科目	收益来源
旅客	客运
货物	货运
邮件	企业、政府等的合同
收益科目	收益来源
超重行李	客运
包机	飞机可用时间
免税商品	机上销售
服务	为其他航空公司提供的飞机维修
租赁收益	将设备租赁给其他航空公司

（1）旅客运输。收益率是指航空运输中每单位运输量的收益，表现为每客英里收入。通常，这个数字是通过对整个运营系统进行计算得到的，它分为区域性的数据和城市对的数据。

如果各地区的收益率有显著差别，收益率就应该分地区计算。如果是考察个别航线的收益率，就应该根据城市对计算。

（2）货物运输。在航空公司的收入中，货物运输的地位越来越重要。目前，大型飞机的载运能力强，货物运输的预期增长率也超过客运增长率。货物运输的收入用吨英里收益来表示。邮件收入和货物收入的计量方式相同。

（3）超重行李收入。超重行李收入在国际航空公司的运营中显得格外重要，可以用旅客收入百分比表示。

（4）其他收入。这个项目包括了包机运营、专机、地面运输服务和维修服务、租赁、机上商品销售、合同维修、培训以及其他产生利润的服务项目。

4.4　航线运营效益分析方法

一条航线的开辟在经济上是否有利可图，需要对航线运营效益进行分析。这种分析可能是短期的经济效益分析，也有可能是中、长期的经济效益分析，因此，本节我们将分别从短期、中期和长期三个方面对航线运营效益分析方法进行介绍。

4.4.1 短期效益分析法

短期效益分析法是指在航班计划当期，航班已排定、公布，航线权/起降权既定，飞机已租赁/买进，这些很难在短期内更动，此时的飞机所有权成本（折旧、租金和飞机保险和利息）视作固定，所采用的指标主要是边际贡献。对于单个航班而言，航班的开辟或取消取决于该航班的边际贡献是否为正，若是，则开辟；否，则取消。

【例题 4-4】 某航空公司拟在 9:00—12:00 北京—绵阳航线上新开辟一个航班，拟采用的执飞机型为 A321，每天执飞一班，可用座位数为 190 个，预期的平均票价水平为 1 000 元，客座率为 85%，航班机型的变动成本为 14.4 万元，请问：该航班是否应该开辟？

解：北京—绵阳航班边际贡献 = 1 000×190×85% − 14.4×10 000 = 17 500（元），因此，应该开辟。

然而，在特殊情况下，航班边际贡献并不能成为判断航线/航班开辟或取消的唯一标准。有时候，航线规划人员会遇到这样的情况：需在拟开辟的两个航班之间进行选择，但两者的边际贡献又类似，那么应该怎么办呢？

【例题 4-5】 某航空公司在北京首都机场只有 9:00 的一个起飞时刻资源，该公司拟开辟北京—绵阳（9:00—12:00），或者北京—呼和浩特（9:00—10:30）的航班，每天执飞一班，采用的执飞机型为 A321。在这两个航班上，预计可用座位数均为 190 个，平均票价水平分别为 1 000 元和 800 元，预期的客座率分别为 85% 和 59%，变动成本分别为 14.4 万元和 7.2 万元，请问：应该开辟哪一个航班？

解：北京—绵阳航班边际贡献 = 1 000×190×85% − 14.4×10 000 = 17 500 元；

北京—呼和浩特航班边际贡献 = 800×190×59% − 7.2×10 000 = 17 680 元；

由于两个航班的边际贡献类似，因此，根据边际贡献无法进行判断。通过分析可以发现，一方面，从两个航班的飞行时间来看，前者要高于后者。在其他条件相同的情况下，选择飞行时间较长的航班可以提高飞机的日利用率，而飞机日利用率的提高可以降低小时飞机摊销的固定成本（如例题 4-6 所示）。另一方面，如果选择北京—呼和浩特航班，为了保证飞机日利用率，势必需要再考虑选择执行其他航班（可能边际贡献为负）。因此，可以考虑开辟北京—绵阳的航班。

【例题 4-6】 表 4-6 为两个小型航空公司的日航班计划。两家企业均采用 1 架 A319 机型飞机执飞，该飞机在统计期内的飞机可用率为 100%（即能够用于生产飞行的飞机数占总飞机数的百分比），且摊销的每日固定成本为 2 000 元，请分别计算这两个航班计划方案的小时飞机固定成本。

表 4-6　两个小型航空公司的日航班计划

航空公司 A		航空公司 B	
起飞地—目的地	起飞时刻—到达时刻	起飞地—目的地	起飞时刻—到达时刻
1—2	9:00—11:00	3—4	9:00—11:00
1—3	9:30—11:30	3—5	9:30—12:30

解：航空公司 A 飞机的日飞行小时数 =（11 − 9）+（11.5 − 9.5）= 4（小时）；

航空公司 B 飞机的日飞行小时数 =（11 - 9）+（12.5 - 9.5）= 5（小时）；

航空公司 A 摊销的日小时固定成本 = 2 000/（11 - 9）+（11.5 - 9.5）= 500（元/小时）；

航空公司 B 摊销的日小时固定成本 = 2 000/（11 - 9）+（12.5 - 9.5）= 400（元/小时）。

可以发现，在飞机数量和飞机可用率相同的前提下，飞机日飞行小时越多，飞机的日利用率就越高。

上述判断航班是否开辟或取消都是对于单个航班而言的。那么，如果航班之间旅客存在中转衔接关系，那么又应该如何判断呢？

这一类问题通常有以下两种做法：

（1）将流经效益待分析航班的旅客收益量按照比例（如航班飞行时间或距离）分摊到其所流经的所有航班上，然后利用单一航班的效益分析法进行评估。此方法的缺点也较为明显，即忽略了各个航班之间在承运中转衔接旅客上的关系。

（2）按照式（4-38）计算网络边际贡献，若中转衔接旅客的边际贡献和待效益评估航班的边际贡献之和为正，则说明开辟该航班有利可图，否则就不应该开辟。

$$网络边际贡献 = 航班边际贡献 + 中转衔接旅客收入 - 中转衔接旅客变动成本 \qquad (4\text{-}38)$$

式中：航班边际贡献是指本地旅客所产生的收入减去航班变动成本；中转衔接旅客的收入是指流经该待效益评估航班所有中转衔接旅客的收入；中转衔接旅客变动成本是指流经该待效益评估航班的中转衔接旅客，在所有上下游航班上所产生的变动成本。此法的难点在于如何准确计算中转衔接旅客流经的上下游航班所产生的变动成本。参考办法之一就是按照流经该待效益评估航班的中转衔接旅客流量，在各个上下游航班客流量中所占的比例进行分摊变动成本，并将这些分摊后的变动成本进行累加获取中转衔接旅客变动成本。

【例题 4-7】　某航空公司拟开辟广汉—北京航班，采用的执飞机型为 A321，每天执飞一班，可用座位数为 190 个，预期本地旅客的平均票价水平为 800 元，人数为 40 人，变动成本为 14.4 万元。另外，该航班预计每天还有 50 个人从北京转机去美国西雅图，平均票价水平为 5 000 元，分摊的下游航班的变动成本为 10 万元，请问是否应该开辟这个航班？

解：广汉—北京航班边际贡献 = 800 × 40 - 14.4 × 10 000 = -112 000（元）；

中转衔接旅客收入 = 50 × 5 000 = 250 000（元）；

中转衔接旅客变动成本 = 100 000（元）；

网络边际贡献 = -112 000 + 250 000 - 100 000 = 38 000（元）。

因此，可以考虑开辟这个航班。

4.4.2　中期效益分析法

中期效益分析采用的指标是边际贡献扣除飞机所有权成本后的盈余，简称"盈余"。所谓的"中期"是指航班计划未定、飞机引进方案（如引机方式、各机型飞机数量等）未定前提下的航线效益评估问题。

在这个时期，不能只根据边际贡献来判断航线/航班的进退情况，否则会出现飞机进得越多航线效益越差的现象。对于扣除飞机所有权成本后没有盈余或盈余很少的航线/航班，可以做如下调整：

（1）将飞机调整至盈余较高的航线上，或者开辟新航线。盈余较少的航线意味着该航线抵扣飞机所有权成本的能力较差，长此以往，将无法在飞机折旧期内将所有的引机成本进行抵消，且无法形成必要的利润，从而必然产生亏损。通过这种调整，可以提高盈余的能力，以此减少飞机所有权成本带来的运营压力。

（2）租赁期到期的飞机退租。租赁飞机退租意味着租赁方式获得飞机的租金将不复存在，这种方式将减少飞机租赁费用带来的运营成本压力。

（3）延缓新订购飞机的交货期。延缓飞机交货期意味着飞机折旧费用不会在当期进行计提，这种方式可以减少飞机新增固定成本带来的运营成本压力。

4.4.3　长期效益分析法

从长期来讲，航空公司的所有运营成本都是变动成本，衡量航线业绩的最终指标就是利润水平。一般来讲，一家不能产生利润的航空公司只有两个结局：

（1）倒闭。

（2）减薪裁员，改变财务结构。西方航空公司通过申请破产保护，实质上就是财务结构的改变。

因此，对于航线而言，长期效益的衡量应该在盈余的基础上进一步扣除摊销的一般行政支出和管理费用。

上述不同时间跨度的航线效益分析指标，应该根据具体情况和时间跨度综合应用，不可偏废。

4.5　本章小结

航线规划过程中的任何一个决策都需要进行必要的效益分析，以判断决策在经济上的合理性，而这种判断需要建立在航空公司运营成本和收入基础之上。由于航线规划时间跨度较大，所涉及的决策容量多而复杂，因此，航线运营效益分析的关键在于正确的区分航线决策问题所涉及的成本科目。通过本章的学习，希望读者能够正确地划分航空公司的运营成本，并能够对航线机型的运营成本进行科学分析，从而为航线规划人员正确开展航线决策活动提供依据。

思考题

1. 名词解释

（1）收入客公里　　　　　（2）收入座公里收益　　　　　（3）盈亏平衡客座率

（4）变动成本和固定成本　（5）直接运营成本和间接运营成本

2. 简答题

（1）介绍几种常用的固定成本分摊方法。

（2）从时间维度上看，航线运营效益分析有哪几种方法，各有什么特点？

（3）列举航空公司收入的主要来源。

3. 计算题

某航空公司运营一条广州—成都航线，采用的执飞机型为 B737-800 飞机，必要的内外部环境假定如下：

（1）财务与经济环境假定。假设航空公司 B737-800 飞机机队贷款比例为 100%，单架飞机的购机价格为 84 400 000 美元，飞机折旧方式为直线折旧，且残值比例为 15%，折旧年限为 20 年，美元兑换人民币汇率为 6.28，燃油/滑油价格为 2.05 美元/加仑。为了简单起见，这里忽略引机的增值税和关税。

（2）航空公司内部环境假定。假定航段距离为 864 英里，且执飞航空公司的运营能力处于行业的平均水平。在该航线上，飞机的轮挡飞行时间为 2.0 小时，过站时间为 40 分钟，地面滑行时间为 20 分钟。据预计，该公司全年在这条航线上的轮挡小时数为 4 000 小时，执行航班量为 2 000 架次，平均客座率为 85%，平均载货率为 40%。该机型飞机的机体内部维修比例、发动机外部维修比例均为 100%，B737-800 机型飞机的性能参数见表 4-3。

请利用 NASA 05 计算模型，计算广州—成都—北京航线上的航线机型成本。

第5章 战略规划和战术计划

航线网络规划通常被划分为两个层次，即战略层次和战术层次，并在相应层次上采用不同的策略开展网络管理工作。因此，本章在分析战略战术规划内容及其相互关系基础上，从规划数据、规划过程、战术计划调整等方法对航线网络规划工作进行详细阐述。

5.1 网络战略战术规划内容

航线网络的战略规划与战术计划是极为密切不可分割的两块内容，它们之间存在着明显的上下层次关系。网络战略确定了航空公司的竞争战略和产品定位；网络计划能够使航空公司在竞争环境从战术层面做出响应。

5.1.1 战略规划内容

通常情况下，网络战略涉及航空公司至少未来 1 年以上的航空市场覆盖范围和航线开辟的问题，具体包括网络内通航点的数量及其性质（即一级、二级还是三级城市，探亲、商务还是旅游目的地）、连接通航点的航线和提供的产出（航班频率和执飞机型）。事实上，航空公司的服务模式（如点对点还是枢纽航线网络）、竞争战略和产品定位等都建立在网络战略的基础之上。例如，瑞安航空公司作为欧洲著名的低成本航空公司，它在规划自己的航线网络时，一般选择能够以低成本模式进入的地方（例如二线机场），这些地方不仅可以支持波音 737 窄体飞机以合理的频次投入运营，而且还能够覆盖富有价格弹性的重要辐射区域或潜在的重要细分市场，如英国—爱尔兰，或英国—意大利的探亲访友旅客，又比如偏爱城市旅游的休闲旅客等。

下面介绍一些成功的枢纽网络战略。

在美国国内市场，尽管美国西南航空公司和一些传统航空公司成立的低成本航空公司运营点对点航线网络模式保持着持续地、大幅度增长。但是在美国，枢纽依然是满足航空运输需求的主要方式。在不久的未来，枢纽仍然将继续处理美国国内 70%甚至更多的客流量。但是，随着新一代客机航程能力的提升以及机型座位级的相对减少，航空公司能够采用这一类客机"绕过枢纽"直接在全球二线城市之间进行航班飞行，这也许是 "绕开枢纽"现象增加的一个重要因素。

在欧洲境内，由于该区域内航线航距较短且客流密度较大，因此能够支撑航空公司高频率的非经停航班运营，这也导致枢纽并不能在中心大城市之间起到中转客流的作用。另外，由于受到基础设施限制、部分机场运营小型支线飞机的座公里成本过高、欧洲境内高速铁路网络的发展，以及受到低成本航空公司、包机航空公司、联运模式的竞争，都限制了欧洲内部航空枢纽的形成。

对于长距离国际市场而言，出现了经营第三、第四航权的国内—国际航线枢纽，如美国联合航空公司为该航空公司在华盛顿枢纽出发的长航距出港航线输送国内旅客。另外，还出现了基于第五航权的枢纽，如美国西北航空公司和美国联合航空公司获得了大量经东京的第五航权，它们从美国国内经过东京成田机场飞到亚洲的多个目的地，又从亚洲各地经过东京成田机场飞回美国。但是，波音 777 和空客 A340 的远程能力加上北极航线的开放，这些使得美国出现了绕开成田机场执飞南亚、东南亚的直飞航线，削弱了作为第五航权的东京成田机场的枢纽地位。最后，第六航权枢纽的出现，这种模式允许航空公司从外国经由本国枢纽将旅客运送到另外一个国家，如迪拜、首尔等。还有一种不得不提的是联运和联盟枢纽，航空公司之间的联运协议和国际航空运输协会（IATA）完善的规则促成了各航空公司之间的航线网络在某些机场交汇并实现客流的中转。除了"联运枢纽"，还有一部分枢纽是随机形成的，航空公司在这些枢纽并没有紧密的合作，这种枢纽往往会演变为"联盟枢纽"。这类枢纽通过两家或两家以上的航空公司之间紧密的市场营销联系，并采取航班计划协调、代码共享、舱位整合以及联合促销等手段形成联盟关系。

5.1.2　战术计划内容

航线网络的战术计划时间跨度比起严格的管制市场环境，在没有管制的竞争环境中，航空公司的航线网络几乎没有是专有的，因此迅速变化的竞争环境要求航空公司在战术层面做出响应。通常情况下，网络战术计划涉及航空公司未来 1 年以内的航空市场覆盖范围和航线开辟的问题，具体包括了航班频次的增加或减少、飞机在航线上的增减、飞机总数不变的情况下更换机型、航线进退以及航班起降时刻的调整。

下面介绍两种较为普遍的枢纽网络战术，即如何进攻枢纽和如何应对枢纽挑战者。

（1）如何进攻枢纽。

拥有连接一个或多个复合型的枢纽高频率航班的网络可以提供多种航空产品，因此竞争对手很难与其直接竞争。另外，支线航空公司被所有权、航线经营权、紧密的代码共享协议紧紧锁定，并为枢纽提供持续稳定的客流，因此留给竞争者的客流是极为有限的。上面两点使得进攻枢纽的航空公司一般会避开面对面的对抗，而采取以下几种迂回对抗策略。

① 对于需求密度较大且不需要网络输送也能生存的市场，可以开辟直达航线。值得注意的是，由于低成本航空公司能够创造出大量新兴客源（一般为价格敏感性旅客），可以以大城市的二级机场为基地进攻枢纽，比如易捷和瑞安航空公司在伦敦地区采取的就是这种策略。

② 选择以挑战者的枢纽经停航班，或以不经停航班绕开枢纽两种方式，实现从一个或者多个轮辐城市分类旅客。

③ 将挑战者自身的枢纽和它进攻的目标枢纽相连接，这样就可以实现该挑战者网络在这些枢纽之间相互得到平衡。

④ 和枢纽航空公司联运旅客。竞争者将自身的航班通过与枢纽航空公司签订联运协议的方式，实现扩张自身网络的目的。

（2）对挑战者的回应。

应对挑战者回应的战术，要充分考虑到该挑战者所拥有的生产资源及其能力状况，以及有关市场客流量和利润水平。具体而言，策略主要有如下 3 种方式。

① 封锁。使挑战者进入市场变得不可能，具体方式有：抢占起降时刻和候机楼空间、在竞争中增加运力或降低票价等。

② 撤退。如果某些航线不能创造利润，或产生很少的高价值客流或中转客流，且可以利用这些航线上的运力在其他市场能够产生更好的利润，最为重要的是，撤退并不会壮大挑战者和未来挑战者的能力来攻击现有网络，那么撤退也是一种选择。

③ 竞争。一方面，可以采用针对性的低价策略来应对挑战者的竞争；另一方面，也可以采取一些非价格战的回击方式，如增加常旅客奖励、加强客票销售代理人的激励、变更航班计划等措施。在这当中，最具攻击性的回击方式包括倾斜性的投入、侵略性的航班计划和重组航线。

5.1.3　相互关系

战略规划和战术计划相互衔接、密不可分。从时间维度上来看，战略规划的规划期一般是 1 年以上，其至是 5～10 年，而战术计划规划期一般低于 1 年，其中：1 个月以上且低于 1 年的，航空公司称之为长期网络战术计划；1 个月的称之为网络中期战术计划；超过 3 天，且规划期低于 1 个月的，航空公司称之为短期战术计划。战略规划和战术计划的关系如图 5-1 所示。

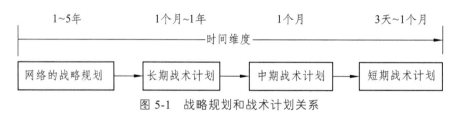

图 5-1　战略规划和战术计划关系

从两者的层次关系来看，战略规划本质上解决的是航空公司航线网络的构型问题，即通航点的地理位置及其性质，以及连接通航点的航线，还包括了网络类型的选择和枢纽战略等；而战术计划的制定是基于战略规划方案的基础上，面对市场竞争所采取的一系列策略，如起降时刻变更、机型更换、航班频次调整等。

5.2　如何利用航权应对市场竞争

航线是航空公司开展市场运输的基本生产资源，**客流经过航线实现空间位移**。然而，不同的航线类型/组合，所产生的客流行程路径也是不尽相同的，并对航线客流量有着极大的影响。在国际上，一个国家境内是否允许上下客货要受到严格的管制。本小节主要介绍如何利用航线的组合来应对市场的竞争。

5.2.1　航权

在国际上，将航空运输中的过境权利和运输业务权利称为航空权（简称"航权"），或国际航空运输业务或空中自由权。在国际航空运输中，交换这些权益时一般采取对等原则，有时候某一方也会提出较高的交换条件或收取补偿费以适当保护本国航空企业的权益。航权具体包括了以下 9 种。

第一航权（领空飞越权）。飞出国界的第一个问题就是要飞入或飞越其他国家的领空，允许不允许就形成了第一种权利。在不着陆的情况下，本国飞机可以在协议国领空上飞过，前往其他国家目的地，如图 5-2 所示。例如，北京—旧金山，中途飞越日本领空，那就要和日本签订领空飞越权，获取第一航权，否则只能绕道飞行，增加燃料消耗和飞行时间。

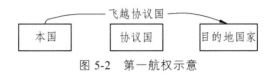

图 5-2　第一航权示意

第二航权（技术经停权）。航空公司飞远程航线，由于距离太远无法从始发地直接飞到目的地，需要选择一个地方中途加油或者清洁客舱等技术工作，那么在这个地方的起降就叫作技术经停。技术经停权仅允许用于做非商业的技术处理，也就是不允许在当地上下客货，如图 5-3 所示。比如，中国飞美国的航班，曾经在美国安克雷奇做技术经停。本国飞机可以因技术需要（如添加燃料、飞机故障或气象原因备降）在协议国降落、经停，但不得做任何业务性工作，如上下客、货、邮。例如，北京—纽约，如果由于某飞机机型的原因，不能直接飞抵，中间需要在日本降落并加油，但不允许在该机场上下旅客和货物，此时就要和日本签订技术经停权。

图 5-3　第二航权示意

第三航权（目的地下客权）。本国飞机可以在协议国境内卸下乘客、邮件或货物，如图 5-4 所示。例如，北京—东京，如获得第三航权，中国民航飞机承运的旅客、货物可在东京进港，但只能空机返回。

图 5-4　第三航权示意

第四航权（目的地上客权）。本国飞机可以在协议国境内载运乘客、邮件或货物返回，如图 5-5 所示。例如，北京—东京，如获得第四航权，中国民航飞机能载运旅客、邮件或货物搭乘原机返回北京。

图 5-5　第四航权示意

第三、第四航权是一对孪生兄弟。航空公司要飞国际航线，就是要进行国际客、货运输，将本国的客货运到其他国家，将其他国家的客货运到本国，这种最基本的商业活动权利就是第三、第四航权。

第五航权（中间点权或延远权）。可以先在第三国的地点作为中转站上下客货，第五航权是要和两个或两个以上的国家进行谈判。例如，新加坡—厦门—芝加哥，新加坡航空获得第五航权，可以在新加坡—芝加哥航线上在厦门经停，上下客货。获得第五种权利（第三国运输权）的承运人，可以前往获得准许的国家，将从第三国载运的客货卸到该国，或者从该国载运客货前往第三国。

（1）承运人本国为第一国始发地，中途经停第三国，目的地国为第二国。承运人从本国运输客货到另一国家时中途经过第三国（也就是始发地国家和目的地国家以外的其他国家），并被允许将途经第三国拉的客货卸到目的地国。这种权利是第五航权的一种，如图 5-6 所示。

图 5-6　第五航权（中间点）示意

（2）承运人本国为第一国始发地，目的地国为第二国，以远点为第三国。第五航权的第二种是以远点国家的运输，承运人将自己国家始发的客货运到目的地国家，同时又被允许从目的地国家上客货，并被允许运到另一国家，如图 5-7 所示。

图 5-7　第五航权（以远点）示意

可以看出只有在同时具有这两种第五航权时，承运人才可以完整地使用这些权利，否则，即便获得了其中之一也很难进行操作。

第五航权是针对两个国家的双边协定而言的，在两国的协定中允许对方行使有关第三国运输的权利。但是在没有第三国同意的情况下，这个权力等于没有。因此航空公司在用这个权力的时候，必然同时要考虑中国与这个"第三国"有没有相应的权利。

第五航权之所以复杂，就是因为它涉及多个双边协定，并且在不同的协定中意味着不同种类的航权。第五航权的开放意味着外航不仅要分享对飞国之间的市场，同时还要分享中国到第三国的市场资源。

第六航权（桥梁权）。某国或地区的航空公司在境外两国或地区间载运客货且中途经其登记国或地区（此为第三及第四自由的结合）的权利，如图 5-8 所示。例如，伦敦—北京—首尔，中国国际航空公司将源自英国的旅客运经北京后再运到韩国。

图 5-8　第六航权示意

第七航权（完全第三国运输权）。某国或地区的航空公司完全在其本国或地区领域以外经营独立的航线，在境外两国或地区间载运客货的权利，如图 5-9 所示。例如，伦敦—巴黎，由德国汉莎航空公司承运。

图 5-9　第七航权示意

第八航权（连续的国内运输权）。某国或地区的航空公司在他国或地区领域内两地间载运客货的权利（境内经营权），如图 5-10 所示。例如，北京—成都，由日本航空公司承运。

图 5-10　第八航权示意

第九航权（非连续的国内运输权）。本国飞机可以到协议国作国内航线运营。所谓第九航权是指将第八航权分为连续的和非连续的两种，如果是"非连续的国内载运权"即为第九航权。值得留意的是第八航权和第九航权的区别，虽然两者都是关于在另外一个国家内运输客货，但是第八航权只能是从自己国家的一条航线在别国的延长。但是第九航权可以是完全在另外一个国家开设航线，如图 5-11 所示。

图 5-11　第九航权示意

5.2.2　应对市场竞争策略

通过积极开展双边或者多边谈判，实现航权的合理利用，可以为航空公司应对市场竞争提供极为有用的帮助，下面举一个例子来说明这一情况。

例如，瑞士国际航空公司在苏黎世—东京航线上，苏黎世—东京方向上的客流量由于受到第三和第四航权，或者第五航权的竞争而急速下滑，瑞士国际航空公司拟采取如下方法应对这样的竞争。

方法一，采用第五航权中的中间点权，在苏黎世—东京之间增加一个通航点（如新加坡），使得原本的苏黎世—东京航线，转变为苏黎世—新加坡和新加坡—东京航线，并分别至少获取了苏黎世—新加坡和新加坡—东京两个航空市场的客流量，如图 5-12 所示。

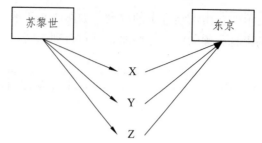

图 5-12 采用中间点权形式获取竞争优势

方法二，采用第五航权中的以远点权，在东京后面增加一个航点（如檀香山），使得流经苏黎世—东京航线上的客流，至少增加了苏黎世—檀香山方向的客流量，如图 5-13 所示。

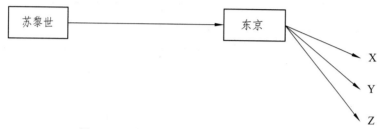

图 5-13 采用以远点权形式获取竞争优势

方法三，采用第六航权，通过增加始发站苏黎世前站站点（如都柏林），使得流经苏黎世—东京航线上的客流至少增加了都柏林—东京方向的客流量，如图 5-14 所示。

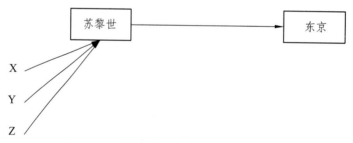

图 5-14 采用第六航权形式获取竞争优势

方法四，采用任意前站站点（如都柏林）和以远点组合（如檀香山），使得流经苏黎世-东京航线上的客流至少增加了都柏林—东京方向以及苏黎世—檀香山方向上的客流量，如图 5-15 所示。

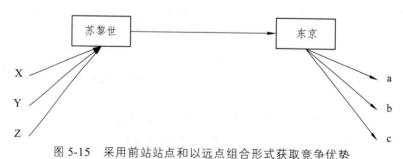

图 5-15 采用前站站点和以远点组合形式获取竞争优势

5.3　规划中的数据问题

无论采用何种航线组合方式开展航线规划，在设定的市场情景下获取必要的经济效益是根本重要前提，而这一步骤是以大量数据为基础的，因此，我们必须要对数据的类型及其来源进行必要的说明。

5.3.1　数据类型

对于航空客运业而言，旅客流量是航线规划的重要基础性数据之一。然而，在航空运输业，旅客流量的类型是多种多样的。从旅客的起止点视角，我们可以将旅客流量称为 OD 旅客流。图 5-16 给出了一个起止点 OD 旅客流的示意图，对于旅客而言，总共有 3 条旅客路线可供选择，而流经这 3 条客流路径上的所有旅客流量的总和被视为该 OD 对的旅客流量。

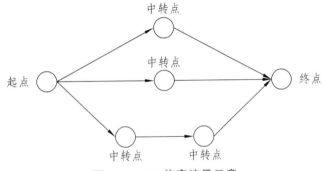

图 5-16　OD 旅客流量示意

从是否流经航节（飞机执行航班任务过程中一次正常的起降活动）的角度，我们可以将旅客流量视为航节旅客流量。图 5-17 给出了一个航节旅客流量的示意图，图中，航节 A—B 上的旅客流量不仅包含了 A—B 的本地旅客（即旅客的起止点为 A、B)，还包括了 A—C、A—D、A—E 和 A—F 上流经航节 A—B 上的 OD 旅客流量。

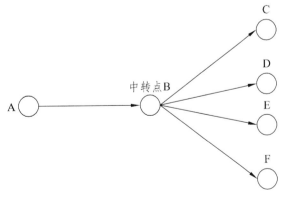

图 5-17　航节旅客流量示意

从航线的角度，我们可以将旅客流量视为航线流量。例如，A—B—C 是一条在 B 点经停的航线，该航线上的客流量就是 3 种旅客流（即 A—B、A—C 和 B—C）共同决定的。

机票数据是开展航线规划的第二类重要数据。通过获得机票数据，可以获悉旅客购买机票的出票地点、出行的原始发地点、购买机票的舱位等级、旅行路线、提前购票期，以及目的地停留时间等信息，这些信息对于判断旅客类型、购票行为、购买能力等具有重要作用。不仅如此，上述数据还可以给出每一个指定国家内，按地区分布出发旅客流的地理分布特点，并反映出每一个目的地国家之间客流在地理分布中的变化情况，而且还可以评估出每个国家目的地中机场辐射区的重要性，并确定出同一个地区不同机场之间的竞争程度，以及这些竞争是如何从一个目的地国家改变到另外一个国家的。

航空公司运输能力（简称"运能"）数据是开展航线规划的又一重要数据。这里的运能是指航空公司航班计划中的航线、航班频次、航班时刻和选用机型。这些数据不仅包括了航空公司定期航班数据，还包括了包机航空公司的不定期航班数据。

评估航线/网络的效益是进行航线规划的重要依据，因此航空公司的运营成本是必须要获得的数据。关于航空公司运营成本的科目，我们在前面章节已经阐述过，这里就不再赘述。需要注意的是，正确分析航线/网络的效益的前提，是必须要理解哪些成本是变动的、哪些成本是固定的，并且在何时这些成本科目是变动和固定的。例如，在航班已经排定和公布、航权/飞机起降权既定、飞机已经租赁/买进并在短期内很难变动的情况下，那么此时飞机折旧/租赁就被视为固定成本。但是，当开展机队规划时，飞机引进成本就是变动的部分。因此，所谓的成本固定和变动都是相对的，关键在于所开展的决策问题。

通过对比供需两方面的数据，可以为航线规划人员发现运营机会提供重要参考。

5.3.2 获取渠道

需求侧数据获取的渠道主要包括以下 4 个方面。

（1）MIDT 数据。该数据是旅行代理人使用计算机订座系统（Computer Reservation System）所产生的订座数据，其所提供的信息与航空公司客票信息大体是一致的。MIDT 数据不仅给出了旅客旅行起点和目的地、OD 旅客票价类型及其价格等信息，而且还给出了中间流经机场信息，因此 MIDT 数据也被称为 OD MIDT 数据。但是，这类数据是基于订座信息，而并不是基于客票的出票信息，因此会存在客票销售代理人的重复订座、虚假订座信息。另外，该类数据也并不像航空公司的机票数据一样，按客票的出票地点来细分旅客的旅行地点。如图 5-18 是成都双流机场至北京首都机场的 MIDT 数据格式。

（2）BSP 数据。BSP 数据是旅游代理人佣金系统。数据内容主要包括了出票地、原始出发地、舱位等级、票价类别、旅客旅行月份和出票月份、目的地停留期和旅客全航程信息（即包含"中转地"信息）。该数据的优点是可靠、综合性高，能够给出每个指定国家内按地区分布的出发客流的地理分布，并反映出每一个目的地国家质检的地理分布中的变化情况，以此可以评估每个国家目的地中机场辐射区的重要程度，以及确定同一地区机场竞争程度，但该类数据十分昂贵且覆盖面有限，比如不含净价销售以及航空公司直销和包机信息。

Travel Month	Dom Mkt A	AI 1	AI 2	AI 3	Dom Op A	Op AI 1	Op AI 2	Op AI 3	Orig Country	Orig	Stop #1	Stop #2	Dest Country	Dest
Jan 2016	3U	3U			3U	3U			China	CTU			China	PEK
Jan 2016	3U	3U	3U		3U	3U	3U		China	CTU	KMG		China	PEK
Jan 2016	AC	AC			CA	CA			China	CTU			China	PEK
Jan 2016	CA	CA			CA	CA			China	CTU			China	PEK
Jan 2016	CA	CA			CA	CA			China	CTU	MIG		China	PEK
Jan 2016	CA	CA	CA		CA	CA	CA		China	CTU	CGO		China	PEK
Jan 2016	CZ	CZ			CZ	CZ			China	CTU	YCU		China	PEK
Jan 2016	CZ	CZ	CZ		CZ	CZ	CZ		China	CTU	KWE		China	PEK
Jan 2016	DL	DL			CZ	CZ			China	CTU			China	PEK
Jan 2016	HU	HU			HU	HU			China	CTU			China	PEK
Jan 2016	MF	MF			MF	MF			China	CTU			China	PEK
Jan 2016	MU	MU			CZ	CZ			China	CTU			China	PEK
Jan 2016	MU	MU	MU		MU	MU	MU		China	CTU	SHA		China	PEK
Jan 2016	SK	SK			CA	CA			China	CTU			China	PEK
Jan 2016	UA	UA			CA	CA			China	CTU			China	PEK
Jan 2016	ZH	ZH			CA	CA			China	CTU			China	PEK
Feb 2016	3U	3U			3U	3U			China	CTU			China	PEK

Reported Pax	Reported + Est. Pax	Pax Share	% POO Orig	% POO Dest	% POO Other	Fare	Rev	Yield
13,783	76,002	0.0	45.5	54.2	0.2	145	11,017,810	0.15
0	29	0.0	44.7	55.1	0.2	154	4,469	0.16
1	1	0.0	94.8	4.5	0.7	128	128	0.13
85,575	147,154	0.0	48.6	50.9	0.5	170	25,070,161	0.18
1	2	0.0	2.8	96.8	0.4	211	421	0.22
1	2	0.0	2.8	96.8	0.4	187	374	0.19
1	3	0.0	2.8	96.8	0.4	238	713	0.25
11,509	68,638	0.0	49.3	50.4	0.3	176	12,048,470	0.18
3	8	0.0	37.1	62.6	0.3	155	1,236	0.16
2	2	0.0	97.6	2.1	0.4	159	318	0.16
10,240	43,470	0.0	49.9	49.8	0.3	145	6,311,656	0.15
145	148	0.0	24.3	75.7	0.0	141	20,800	0.15
54	182	0.0	54.5	45.1	0.3	151	27,534	0.16
1	2	0.0	2.6	97.1	0.3	175	349	0.18
4	4	0.0	2.8	96.8	0.4	380	1,521	0.39
2	2	0.0	94.8	4.5	0.7	159	318	0.16
597	1,024	0.0	46.6	52.9	0.5	145	148,459	0.15
11,122	72,332	0.0	48.9	50.8	0.4	150	10,823,278	0.15

图 5-18　成都双流机场—北京首都机场的 MIDT 数据格式示意

（3）机场调查数据。通过定期的客户调查（样表如图 5-19 所示），可以从机场客户那里收集到广泛的信息（如经济特点、人口结构、商务需求），且能够获取所有旅客流量数据，但是得到这类数据代价较大，且往往信息不完整。

（4）其他渠道获取的数据。政府部门（如海关和移民局的档案数据）可以获取旅客出入境数据；航空公司（如向局方提交的报告）这类渠道获取成本低、数据信息可靠，但数据往往具有一定的滞后性，无法细分到航线或者航段上，且不能保证随时获取。

按照承运人类型不同，我们可以将供给侧数据（主要为座位数、航班频次和时刻等）获取的渠道分为 3 类，即定期航班承运人、低成本定期航班承运人和包机承运人。从航班时刻来看，定期航班承运人和低成本定期航班承运人的时刻相对稳定；但包机承运人的航班是不定期的，因此带有很强的不稳定性。从销售渠道来看，定期航班承运人的销售渠道是最为宽泛的，包括了全球分销系统/计算机订座系统、直销和旅游代理人销售；低成本定期航班承运人为了削减开支，机票销售一般采用电子商务模式的直销方式；包机公司的销售一般在旅游代理商或写字楼内。

1.您的年龄：	8.本次购票时的票款来源：

1.您的年龄：

□25岁及以下 □26~35岁 □36~45岁

□46~55岁　　□55岁以上

2.您过去一年内乘机的次数是（单程）

□4次以下 □4~12次 □13~24次

□25~48次 □48次以上

3.您最常乘坐的国内航空公司是：

□国航 □海航 □南航 □东航 □山东航

□深航 □厦航 □吉祥 □春秋 □其他____

是因为这家公司（限选两项）：

□班次多 □时刻合适 □机上服务好

□机型好 □票价低 □常旅客计划好

□品牌形象好 □单位指定

4.您本次的出行目的是：

□公商务出差 □探亲访友 □度假旅游

□其他_____

5.您本次购票是出发前：

□当天 □1~3天 □4~7天 □8~14天

□15~30天 □30天以上

6.您本次的购票渠道是：

□航空公司官方网站 □航空公司热线电话

□航空公司售票处 □销售网站（如携程）

□代理人电话 □代理人销售处

7.您在本机场是：□始发 □飞机转飞机

符合以下哪些条件，您会考虑选择中转航班？

□票价便宜 □航班衔接时间 □中转手续简便

□行李直达 □时间合适 □赠送礼品或奖励里

程 □其他_____ □不考虑中转航班

8.本次购票时的票款来源：

□单位支付 □自费 □常旅客旅程兑换机票

□免费机票或赠票

9.您本次购票的支付方式是：

□现金或支票 □银行刷卡 □电话支付

□网上银行 □其他_____

10您购票时是否需要下列服务：

□预定酒店 □ 旅游度假安排 □租车服务

□指定座位 □其他_____ □不需要

11.您了解航空旅行信息的主要途径是（可多选）：

□航空公司网站 □其他网站 □户外广告

□ 杂志报纸/电视/广播 □电话/客服热线

□旅行社及代理 □其他_____

12.您使用最多的常旅客卡（含联名卡）是：

□国航知音卡 □海航金鹏卡 □南航明珠卡

□东航万里行 □深航尊鹏卡 □厦航白鹭卡

□其他_____ □我没有常旅客卡

13.您的年收入（人民币：元）：

□5万以下 □5万~10万 □10万~20万

□20万~40万 □40万~60万 □60万以上

14.您所在的行业是：

□政府机关/社会团体 □商业/贸易 □服务业 □加工制造业 □金融业 □IT/通信行业 □科教文卫 □建筑/房地产 □能源业 □交通运输业 □国防业 □农林畜牧业 □其他____

图 5-19　机场调查问卷示意图

关于航班计划信息，获取的渠道主要包括了 OAG 公司的航班计划数据、Innovata 公司的航班计划参考服务数据（Schedule Reference Service Data），其格式如表 5-1 所示，其中 Charter Seats 代表了包机航空公司提供的座位数）和 Back Aviation。值得注意的是，获取不定期航班信息具有一定的挑战性，获取的渠道主要包括了机场和国家民航局。

表 5-1 蒙特利尔出港直达各个机场所提供的座位数情况

总座位数：蒙特利尔				
目的地	目的地城市	直达的计划 航班座位数	包机航班 座位数	总座位数
YYZ	TORONTO CANADA	2 627 040	0	2 627 040
CDG	PARIS FRANCE	802 644	149 000	951 664
ORD	CHICAGO USA	771 680	0	771 680
YHZ	HALIFAX CANADA	722 280	0	722 280
LGA	NEW YORK USA	673 504	0	673 504
YQB	QUEBEC CANADA	457 496	0	457 496
YVR	VANCOUVER CANADA	441 480	8 840	450 320
YYC	CALGARY CANADA	412 568	0	412 568
LHR	LONDON ENGLAND	393 016	0	393 016
DTW	DETROIT USA	357 656	0	357 656
YOW	ATTAWA CANADA	340 080	0	340 080
EWR	NEW YORK USA	331 032	0	331 032
PHL	PHILADELPHIA USA	328 016	0	328 016
ATL	ATLANTA USA	315 952	0	315 952
ICT	HAMILTON CANADA	266 760	0	266 760
BOS	BOSTON USA	262 288	0	262 288
IAD	WASHINGTON USA	254 800	0	254 800
ZRH	ZURICH SWITZERLAND	229 320	0	229 320
FRA	FRANKFURT GERMANY	215 488	0	215 488
YWG	WINNIPEG CANADA	203 840	0	203 840
MIA	MIAMI USA	202 384	0	202 384
CVG	CINCINNATI USA	176 800	0	176 800
AMS	AMSTERDAM NETHERLANDS	152 880	0	152 880
MSP	MINNEAPOLIS USA	145 600	0	145 600
YQM	MONCTON CANADA	122 824	0	122 824
YYT	ST.JOHNS CANADA	114 816	0	114 816
DCA	WASHINGTON USA	109 200	0	109 200
JFK	NEW YORK USA	107 744	0	107 744
CMN	CASABLANCA MOROCCO	95 680	0	95 680

总座位数：蒙特利尔				
目的地	目的地城市	直达的计划 航班座位数	包机航班 座位数	总座位数
DFW	DALLAS USA	93 912	0	93 912
CLE	CLEVELAND USA	92 040	0	92 040
MEX	MEXICO CITY MEXICO	90 272	0	90 272
YVP	KUUJJUAQ CANADA	89 648	0	89 648
YFC	FREDERICTON CANADA	88 920	0	88 920
PIT	PITTSBURGH USA	88 712	0	88 712
YBG	BAGOTVILLE CANADA	88 504	0	88 504
SFO	SAN FRANCISCO USA	87 600	0	87 600

5.4 战略规划中的关键步骤

通过分析航空市场需求和航空公司运力之间的关系，可以发现市场机会，为开展航线规划提供依据。这里，我们介绍一种从宏观到微观的航线规划方法，这种航线规划方法大致会经历市场客流增量预测、市场机会分析、市场份额预测、机型及频次选择、航线效益评估等5个步骤。下面就针对这些步骤进行必要的说明。

5.4.1 市场客流增量预测

市场客流变化是开展航线规划的重要依据。通常而言，市场客流预测是一种增量预测，即以规划基准年为基准的客流量增长率的预测。这种增量预测的好处在于能够让规划人员清楚地知道未来潜在的市场在哪里，且能够测算未来需要引进飞机的总数量和各机型飞机数量的比例，并明确航空公司未来运力需要投入的重点区域。

下面介绍一种从宏观至微观层层下拨的市场客流增量预测方法，主要步骤如下：

（1）各地理区域间的客流预测。将全球市场划分为国际市场与国内市场两类，其中：国际市场又细分为北美市场、欧洲市场、亚洲市场等；国内市场又细分为华北、华东、西南、中南等。以此形成中国—北美、中国—欧洲等国际区域市场，以及华北—西南、华北—中南等国内区域市场。根据各个区域之间的历史客流数据，对各个区域之间客流增量（不同方向）进行预测。预测采用的方法可以是定性技术，如德尔菲法、管理层的判断等，也可以是定量技术，如趋势外推法、指数平滑移动法、因果回归法等，还可以是定性和定量的结合。

（2）确定区域间通航点以及相应的客流增量。在两个特定区域（如中国—北美国际市场）之间，分别罗列出两个区域内各子区域上主要的城市和机场，以及在这两个区域之间，客流进出相应机场所占有的市场份额，以此将第（1）点中区域间的市场客流量增量细分至两两机场之间，以此代表各个市场客流的增量。

图 5-20 给出了一个两个区域之间分配客流量的例子。经过预测发现两个区域之间的客流增量为 5%，数据显示，区域 X 内的机场 A 和 B 的分担率分别为 60% 和 40%，因此分配至 A—C 和 B—C 上的客流增量分别为 60%×5% 和 40%×5%。

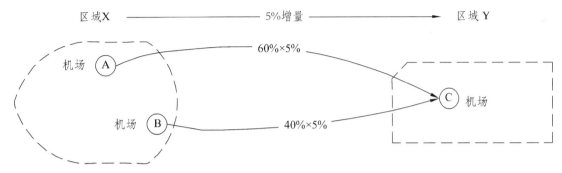

图 5-20 区域客流量分配至机场示意图

5.4.2 市场机会分析

事实上，航线规划并不是在一个封闭的市场环境下进行的。恰恰相反，天空开放政策使得航空公司之间的航线与市场既有竞争，又存在着互补关系。因此，对于大部分航空公司而言，航线规划的前提是需要快速地发现市场机会。

市场机会分析本质上是通过对特定航线上的供需关系进行分析，以达到发现市场机会、设计有针对性产品的目的。市场机会分析大致可以概括为如下几个步骤。

（1）OD 市场分析。取近几年（一般为 2～3 年）OD 市场数据，这样的数据不仅包括了直达客流路线，还应该包括经第三方最终到达目的地的旅客路线，分析直达客流和中转客流的变化情况。

（2）流经航线客流分析。航线客流分析不仅包括了直达旅客流，还应该包括了 5.2.3 小节中第 2～4 种方式流经待分析航线的客流量，以求得流经待分析航线的直达旅客和中转旅客流量的变化情况。

（3）分析可供座位数。分析航线上可供座位数和流经航线客流量进行对比，结合市场客流的变化情况，以此求得增加/减少航班频次，以及更换机型座位级决策的目的。

下面是多伦多皮尔逊机场—伦敦希思罗机场航线，以及在该航空市场上分析过程的一个说明性案例。表 5-2 给出了原始始发地为多伦多，最终目的地在伦敦，在不同客流路径（包括在第三地中转）上客流量的统计数据。

表 5-2 多伦多—伦敦市场客流量　（单位：人次）

最终目的地 伦敦	直达	巴黎	阿姆斯特丹	波士顿	纽约	蒙特利尔	其他	总计
第一年	670 000	8 000	7 500	8 500	9 000	5 000	8 000	716 000
第二年	680 000	11 500	13 300	15 200	11 800	7 000	12 800	751 600

相对应地，表 5-3 是流经皮尔逊—伦敦希思罗航线以远点的客流量。

表 5-3　流经多伦多皮尔逊—伦敦希思罗航线至以远点的客流量 　　（单位：人次）

	都柏林	里昂	罗马	特拉维夫	贝鲁特	开罗	其他	总计
第一年	21 500	23 000	28 500	53 000	62 500	58 000	52 000	298 500
第二年	26 000	30 200	38 500	56 500	65 500	63 000	55 000	334 700

　　分析多伦多—希思罗市场之间两年的数据，如表 5-4 所示，可以发现，增长总人数为 35 600 人次，其中 10 000 人次为直达旅客（增长率为 1.49%），如表 5-4 所示。

表 5-4　多伦多—希思罗市场上客流变化情况 　　（单位：人次）

	直达	巴黎	阿姆斯特丹	波士顿	纽约	蒙特利尔	其他	转机总计	总计
第一年	670 000	8 000	7 500	8 500	9 000	5 000	8 000	46 000	716 000
第二年	680 000	11 500	13 300	15 200	11 800	7 000	12 800	71 600	751 600
变化	10 000	3 500	5 800	6 700	2 800	2 000	4 800	25 600	35 600
变化率	1.49%							55.65%	4.97%

　　从市场客流转机情况来看，第一年从皮尔逊机场通过第三地转机到希思罗机场的客流为 46 000 人次，第二年增长至 71 600 人次，增长率为 55.65%。结合直达旅客变化情况来看，这说明多伦多—伦敦市场客流大幅增长，但更多的旅客选择了转机方式到达伦敦，可以考虑增加皮尔逊—希思罗航线上的航班频次或采用大座级飞机执飞。

　　从流经皮尔逊—希思罗航线至以远点的客流变化情况（见表 5-5）来看，增加该航线客流的主体主要为前往以远点都柏林、里昂、罗马、特拉维夫、贝鲁特和开罗的客流量。

表 5-5　流经多伦多—希思罗航线至以远点客流的变化情况 　　（单位：人次）

	都柏林	里昂	罗马	特拉维夫	贝鲁特	开罗	其他	总计
第一年	21 500	23 000	28 500	53 000	62 500	58 000	52 000	298 500
第二年	26 000	30 200	38 500	56 500	65 500	63 000	55 000	334 700
变化							3 000	36 200

　　从客流总量来看，第一年共有 968 500 个旅客流经皮尔逊—希思罗航线，第二年共有 1 014 700 个旅客，增长率为 4.8%（46 200 人次），并在增加的 46 200 人次中有 36 200（46 200 ~ 10 000）人次是前往以远点的旅客（见表 5-6）。这一数据说明希思罗以远点上的客流增长是造成皮尔逊—希思罗航线上客流增加的主要原因，可以考虑开辟皮尔逊—希思罗以远点的直达航班。

表 5-6　流经多伦多—希思罗航线上的客流路径构成及变化情况 　　（单位：人次）

	直达	转机	总计
第一年	670 000	298 500	968 500
第二年	680 000	334 700	1 014 700
变化	10 000		46 200
变化率	1.49%		4.8%

进一步分析第二年的情况，可以发现皮尔逊—希思罗航线上的直达旅客数量为 680 000 人次，而经过希思罗机场转机的旅客数量为 334 700 人次，假如能够争取到其中 90%经第三地中转到希思罗机场的旅客则为 90%×71 600＝64 440 人次，那么这三者相加，我们就可以得到 1 079 140 人次的客流量，如表 5-7 所示。

表 5-7　皮尔逊—希思罗航线上的供需分析　　　　　（单位：人次）

	直达希思罗旅客	经希思罗转机	经第三方转机至希思罗	争取到的新增客源	总　计	总座位数	客座率
第二年	680 000	334 700	71 600	64 440	1 079 140	1 100 000	98%

从供给侧来看，皮尔逊—希思罗航线上的航班情况如下：4 个往返航班/天，即 AC101-102/A330-200/360 座位；AC201-202/B747-400/392 座位；BA101-102/BA201-202/ B777-200/377 座位。全年提供的总座位数为 1 100 000 个，航线客座率为 98%（ 1 079 140/1 100 000），如表 5-7 所示。

综上所述，如果预计皮尔逊—希思罗航线上未来两年客流增长率分别为 10%和 5%，那么，航空公司可以考虑适当增加航班密度或采用更大座级机型执飞，同时，还可以分析从皮尔逊机场开通直达航班进入重要的中转市场（如贝鲁特、开罗）的可能性。

5.4.3　市场份额预测

那么，到底应该如何把握市场机会呢？或者说如何设计航线产品呢？首先要做的第一步就是评估航空公司能够获得的预期的市场份额。所谓的市场份额，是指在某一个市场上一个航空公司锁定的市场需求总量的比例。市场份额可以用航空公司运输的旅客份额来表示，也可以用航空公司市场营业客公里数（收益客公里"RPK"）份额或营业收入份额来表示。航空公司市场份额的影响因素众多，如航班频次、可供座位数、航班类型、时刻等，但航班频次和可供座位数是最主要的。在航空运输业中，计算航空公司市场份额最常用的模型是服务质量指数模型（Quantity Service Index），该模型不仅考虑了航空市场上的竞争关系，而且还模拟了旅客选择航空运输服务的选择行为。

下面就根据航班频次和可供座位数两个因素来介绍服务质量指数模型的计算过程。

（1）航班频次。航班频次在决定航空公司市场份额中是最主要的因素，并且估算航空公司市场份额最简单的方法就是计算航班频次份额，如式（5-1）所示。

$$S_i = \frac{\sum_{j=1}^{n} W_j F_{ij}}{\sum_{i=1}^{m} \sum_{j=1}^{n} W_j F_{ij}}, i = 1, 2, \cdots, m \qquad (5\text{-}1)$$

式中：S_i 为航空公司 i 在某一航空市场上的频次份额；F_{ij} 为航空公司 i 在服务类型 j 上提供的飞行频次；W_j 为服务类型 j 的服务权重，表示不同服务类型对于旅客的吸引程度，分别为直达和中转。直达服务类型又细分为不经停、1 次经停和 2 次经停（一般最多经停 2 次）；中转服务类型又细分为航空公司内部 1 次中转和 2 次中转、航空公司之间 1 次中转和 2 次中转

（一般最多中转 2 次）。对于旅客而言，非中转（无须中途上下飞机）的一定比中转的要更有吸引力，经停/中转次数少的一定比次数多的更有吸引力，同一航空公司内部中转的一定比不同航空公司之间中转的更有吸引力。不同服务类型服务权重的推荐比例见表 5-8。

表 5-8　不同服务类型的服务权重

服务类型		参考权重	
无经停	非中转	1	同一航空公司
1 次经停		0.5	
2 次经停		0.2	
航空公司内 1 次中转	中转	0.15	不同航空公司
航空公司内 2 次中转		0.05	
航空公司间 1 次中转		0.1	
航空公司内 2 次中转		0.03	

表 5-9 给出了四个航空公司在一个共同市场上各自航班频次份额的计算结果。

表 5-9　频次市场份额计算示意表

航空公司 二字码	频次 ①	经停次数 ②	服务类型 ③	权重 ④	加权频次 ⑤＝①×④	频次市场份额
CA	1	1	航空公司间中转	0.1	0.10	2.8%
CP	6	1	无经停	0.5	3.00	84.7%
UA	7	2	航空公司内中转	0.05	0.35	9.9%
NW	3	2	航空公司间中转	0.03	0.09	2.6%
总计					3.54	100.0%

（2）可供座位数。可供座位数是又一决定航空公司市场份额的主要因素。具体而言，它是指某条航线上航空公司所提供的座位总数，即航班频次和选用机型座位级的乘积。座位份额的计算公式和式（5-1）极为类似，唯一的差别在于频次份额计算公式中的飞行频次，被换成了可供座位数，如表 5-10 所示，这里就不再赘述。

表 5-10　座位份额计算示意表

指标	航空公司二字码				
	CA	CP	UA	NW	总计
频次①	1	6	7	3	
经停次数②	1	1	2	2	
服务类型③	航空公司间中转	无经停	航空公司内中转	航空公司间中转	
权重④	0.1	0.5	0.05	0.03	
加权频次⑤＝①×④	0.1	3	0.35	0.09	3.54

指标	航空公司二字码				
	CA	CP	UA	NW	总计
频次份额⑥	2.8%	84.7%	9.9%	2.6%	100.0%
座位数⑦	400	200	200	100	900
加权座位数⑧＝⑤×⑦	40	600	70	9	719
座位份额⑨	5.6%	83.4%	9.7%	1.3%	100.0%

（3）市场份额计算。航空公司市场份额的计算由频次份额和座位份额共同决定，所采用的方法是加权求和的方式，如式（5-2）所示。

$$MS_i = WF_i \times F_i + WC_i \times C_i, \quad i = 1, 2, \cdots, m \tag{5-2}$$

式中：MS_i 为航空公司 i 的市场份额；F_i 和 C_i 分别为航空公司 i 的频次份额和座位份额；WF_i 和 CF_i 分别为航空公司 i 的频次份额和座位份额的各自权重，且 $WF_i + CF_i = 1$。显然，这一方式的关键在于频次份额和座位份额各自的权重分配。根据航空公司实践经验，在分配权重过程中有以下几条原则需要把握：

① 国际新运营市场，频次份额和座位份额重要性相当；

② 由于商务旅客更在乎出行的便捷性，而基本不会过多地在意出行的价格，因此商务运输市场具有较高的频次份额权重，而具有较低的座位份额权重；

③ 由于休闲旅客更在乎出行的机票价格，而基本不会过多地在意出行的便捷性，因此休闲运输市场具有较高的座位份额权重，而具有较低的频次份额权重；

④ 在国内市场上，由于航程相比于国际航线短得多，因此频次对于市场份额的影响会更大，即频次份额权重较大；

⑤ 运输旺季期间，座位份额权重较高，反之在运输淡季则频次份额权重较高。

综上所述，若该市场是国际新运营市场，那么各个航空公司的市场份额计算结果如表 5-11 所示。

表 5-11 航空公司市场份额计算结果

指标	航空公司二字码				
	CA	CP	UA	NW	总计
频次份额⑥	2.8%	84.7%	9.9%	2.6%	100.0%
座位份额⑨	5.6%	83.4%	9.7%	1.3%	100.0%
市场份额⑩	4.2%	84.1%	9.8%	1.9%	100.0%

针对特定的航空市场，利用服务质量指数模型的难点在于该市场上所有相关航空公司（包括航空公司本身以及竞争航空公司）所投入的航班频次、选用机型座位级和市场服务类型都是预先假定的，而这些恰恰又是航线规划的重点内容，也就是说，航空市场上机型及频次的选择，以及服务类型这三个决策问题与航空公司市场份额结果相互关联，因此，上述三个问题的决策需要和航空公司市场份额反复分析计算才能获取较为准确的结论。

5.4.4 机型及频次选择

预估航空公司能够获取的市场份额后，需要设计有针对性的运输产品，以求得供需之间的匹配。这里所谓的运输产品，主要指的是航线类型/航线组合（即 5.4.3 小节的服务类型）、航线选用机型及其飞行频次。在应对航空市场客流变化（增长，或减少）时，5.2.3 小节给出了应对市场竞争的若干种服务类型选择的策略，这里就不再赘述。

在本小节中，我们主要对航线上选用何种机型，以及航线上飞行的频次进行必要的说明。航线上选用何种机型，不仅需要考虑特定机型的座位级和舱位布局是否与航空市场特点相互匹配，同时还必须要考虑在多大程度上能够获得财务优势，以及这种机型飞机的技术性能特点能否适应航线的技术要求。

5.4.4.1 航线机型选择

航线机型选择主要是分析航线和机型之间的相互适应能力，这包括了技术和市场适应性两个方面。

（1）航线机型技术适应性分析。

该分析又包括了航线机型技术适应性和机场机型技术适应性两方面。航线机型技术适应性分析是指具体机型在拟运营的航线上是否满足运行性能要求；而机场机型技术适应性分析是指机场的地理位置、设施、设备是否满足航班/机型运行的要求。

航线机型技术适应性分析的内容主要包括：

① 巡航性能中的飞机升限、巡航速度、燃油里程等性能参数对航线运行的影响；

② 航线是否涉及高原运行，若涉及高原运行，飞机的飘降供氧能力是否满足航线高原运行要求；

③ 航行通告是否满足航路运行的要求；

④ 气象信息包括高空风图、重要天气图是否能够满足航路运行要求；

⑤ 航线是否涉及缩小最小垂直间隔（RVSM）、区域导航（RNAV）、所需导航性能（RNP）运行，以及机型是否满足涉及的运行要求；

⑥ 航线是否涉及延伸跨水运行、磁不可靠区域运行、极地运行、延程运行（ETOPS），以及机型是否满足特殊运行区域运行的要求；

⑦ 是否可以执行二次放行；

⑧ 飞机的通信设备是否满足航线运行的通信要求；

⑨ 载量航程能否覆盖航线运行的需要。

机场机型技术适航性分析的内容主要包括：

① 机场运行能力分析，包括了使用机场等级基准代号、跑道限制、噪音限制、温度限制、机场开放时间、机场海关时间、机场有无空中交通管制限制、机场起飞天气最低标准等；

② 机场保障能力分析，包括了机场消防等级、机场燃油等级、航行通告能力、气象信息能力等。

③ 机场起飞性能分析。根据该机场的标高、气象条件、跑道的可用起飞距离（TOD）、可用起飞滑跑距离（TOR）、可用加速停止距离（ASD），起飞离场航段的障碍物分布，机型

的轮胎限速速度、最大刹车能量速度（VMBE），以及起飞构型设定，需要对机型在该机场的起飞限重进行分析。

④ 爬升性能分析。爬升性能主要影响飞机的超障能力，以及爬升到巡航高度所需的时间，爬升性能越好则对飞机的机场运行限制（尤其是起飞质量）越少。航线分析中需要对所选机型在预期的重量、温度和高度等运营环境下，对在所运行机场的起飞爬升超障能力进行检查，满足超障要求的机型才能列入备选机型。

⑤ 着陆性能分析。依据机场的标高、气象条件，跑道的可用着陆距离（LDA）、进近复飞爬升梯度和着陆复飞爬升梯度的要求，以及进近着陆构型设定，对机型在该机场的着陆起飞限重进行检查，确定所选机型在该机场的最大着陆限重。

（2）航线机型市场适应性分析。

该分析是研究特定机型飞机的载量航程是否与航线的需求相匹配，特定机型飞机的客舱布局能否与旅客特点相适应，特定机型飞机在航线上运营能否满足旅客的需求，以及特定机型飞机在航线上飞行的经济性水平如何。

① 机型载量航程能力分析。特定机型的载量和航程能力，反映的是特定机型飞机的商载能力和最远可飞行距离的能力。

② 机型航线的运营经济性分析。该分析主要包括了机型航线运行成本分析、收益水平分析、盈亏平衡分析、边际贡献（率）分析等。

③ 客舱布局的航线适应性分析。不同的航线上所载运旅客的类型是有差异的，例如，在飞往北京、上海、广州、深圳等地的航线上商务旅客的比重非常高，他们在乘坐飞机时更关心的是选坐的飞机能否为其提供舒适的环境（座椅间距、是否提供头等舱和商务舱等）、优质的机上服务，但对机票的价格不是特别在意；而以成都—九寨航线为代表的旅游航线上休闲旅客比重较大，且他们更加关心机票的价格，因此必须为具体的航线配备适合的客舱布局，如采用标准的三舱结构（头等舱、商务舱、经济舱）还是全部经济舱结构。

5.4.4.2　飞行频次选择

机型选择确定了航线上可用的备选机型，各备选机型的座位级、经济性等都存在差异性，因此需要对航线上飞行频次进行选择。航线上飞行频次的选择受到诸多限制条件的影响，如国与国之间的双边或多边协议，以及机场时刻资源限制等。通常情况下，航空公司首先会预估航线的平均客座率，然后利用供需关系模型，即航线期望载运客流量必须超过航线实际客流量，以此获得该航线上的飞行频次，如式（5-3）所示。

$$D_j \leqslant \sum_{i=1}^{m} ALF_j \times Cap_{ij} \times F_{ij}, \ j=1,2,\cdots,n \qquad （5\text{-}3）$$

式中：ALF_j 为航线 j 上的平均客座率水平；Cap_{ij} 为航线 j 上采用机型 i 飞机执飞的可用座位数；F_{ij} 为航线 j 上采用机型 i 飞机执飞的频次。

关于航线平均客座率的计算。该指标是指航空运输量和航空公司生产量之间的比值，它代表航空公司售出或消耗的生产量的比例。对于直达不经停航线而言，该指标被定义为该类航线上的载运旅客人数除以提供的总座位数量。但是，由于大多数航空公司都运营着非经停航线，因此为了平均客座率能够更好地表达消耗的生产量的比例，该指标被定义为收益客公里（*RPK*）和可用座公里（*ASK*）之比。

正如 5.4.3 小节所述，航线提供的飞行频次的多少实际上对航空公司市场份额的影响是巨大的。在其他条件不变的前提下，航空公司在一条航线上提供的飞行频次越多，旅客计划出行的延误时间就会越短，计划出行延误时间越短，那么乘坐该航空公司航班的可能性就越大，进而航空公司的市场份额就会越大。因此，在选择飞行频次的过程中，航空公司还可以以计划延误时间最少为目标函数，进行飞行频次的选择，若假设旅客理想出行时间在一段假定的时间 T 内呈现均匀分布，那么该问题可以用式（5-3）~（5-5）进行描述。

$$\min \ SD_j = \frac{T}{4} \cdot \frac{D_j}{F_j}, \ j = 1, 2, \cdots, n \qquad (5\text{-}4)$$

$$\text{s.t.} \ D_j \leqslant \sum_{i=1}^{m} ALF_j \times Cap_{ij} \times F_{ij}, \ j = 1, 2, \cdots, n \qquad (5\text{-}3)$$

$$F_{ij} \text{为整数，且} F_{ij} \geqslant 0. \qquad (5\text{-}5)$$

式中：SD_j 为目标函数，是航线 j 上的计划延误时间；其他符号说明与式（5-3）一致。式（5-4）为计划延误时间最短；式（5-5）为决策变量的类型和取值范围。

5.4.5 航线效益评估

航线效益评估是判断航线机型及其频次选择能够在多大程度上获得必要的经济效益，尤其对于以利润最大化为目标的竞争环境内运营的航空公司而言，更加如此。通过对于某一条特定航线平均客座率、市场份额、客流量、运营成本、票价水平、选用机型及其频次计划等的假设，就可以评估航线的经济效益，以此判断航线类型、机型及其频次选择是否合理。

图 5-21 描述的是蒙特利尔—罗马航线，计划采用公务舱和经济舱混合布局的 210 座波音767-300ER 飞机执飞，每天一班不经停直达服务的年营业收入的计算结果。

年客流量和票价估计	年客流量	摊销的单程平均营业收入/美元	总营业收入/美元
蒙特利尔-罗马本地客流量（双向）/人次	102000		
每天一班的预期市场份额/%	70.00%		
航空公司捕获的蒙特利尔-罗马本地客流量/人次	71400	$450	32130000
增加的客流量			
蒙特利尔前站往返罗马的客流量/人次	24000	$425	10200000
罗马以远点往返蒙特利尔的客流量/人次	12000	$400	4800000
蒙特利尔前站往返罗马以远点的客流量/人次	4500	$375	1687500
蒙特利尔-罗马航线总客流量（双向）/人次	111900		48817500
增加的货运营业收入	10%的客运收入		4881750
		总营业收入	53699250

图 5-21 蒙特利尔—罗马航线营业收入计算示意

结果表明，这条航线的年营业利润估计为 240 万美元，即 4.8% 的营业利润率。需要说明的是，图 5-21 提供了客流量和营业收入的计算细节，这里的客流量不仅包括了该航线本地市场的客流量，还包括了多种流经该航线的客流量。对于非本地客流的营业收入，我们按比例进行了分摊。为了保证效益评估的准确性，图 5-21 还给出了客货营业收入部分。在航线效益分析初步评估时，规划人员一般都采用客流收入的一个百分比作为货运营业收入。

图 5-22 给出了这个例子各种输入和计算获取的衡量指标值，并将它们与预期的运营成本进行挂钩，以此获取营业利润。按照国际惯例，航线运营成本被划分为直接运营成本和间接运营成本两大类。两类成本的输入依据是取自于美国航空公司在 2007 年实际报告中的 FORM 41 数据（或按照第 4 章中运营成本计算模型获取）。其中，直接运营成本中与轮挡飞行小时直接相关的指标，我们直接给出了相应的轮挡飞行小时成本值，如机组成本、燃油/滑油成本；而对于不与轮挡飞行小时直接相关的指标，如所有权成本、维修成本，我们按照轮挡飞行小时进行了分摊。对于间接运营成本中的各个成本项，分摊的方式如图 5-22 所示。根据年运营成本和航线运营利润，这条航线将以 74.4% 的平均客座率运营，并产生 4.8% 的营业利润率。

输入和假设条件		计算得出的年衡量指标值	
飞机机型	B767-300ER	年航班次数/次	716
座位数量/个	210	年轮挡时间/小时	6068
年总航班次数	358	营业客英里数	457223400
蒙特利尔-罗马轮挡飞行小时数/小时	8	客运收益率/%	0.1068
罗马-蒙特利尔轮挡飞行小时数/小时	9	可用座英里	614370960
		离港航班总座位数/个	150360
蒙特利尔-罗马不经停直达距离/英里	4086	登机旅客人数/人次	111900
		平均客座率/%	74.42%
飞机轮挡小时直接运营成本:			
机组成本	$890	直接运营成本	$34994500
燃油/滑油成本	$3280	旅客服务	$6858351
所有权成本	$870	交通运输量服务	$2461800
维修成本	$710	飞机服务	$1288800
轮挡小时总成本	$5750	促销	$4393575
		一般管理	$1228742
间接运营成本:			
旅客服务	$0.015/客英里		
交通运输量服务	$22/登机旅客	运营成本	$51225768
飞机服务	$1800/出发航班		
促销	9.00%的营业收入	营业利润	$2473482
一般和行政管理	$0.002/可用座英里	营业利润	4.8%

图 5-22　蒙特利尔—罗马航线运营和利润计算示意

根据上述一定的输入和假设条件，就可以获得选用各类机型及其飞行频次所获取的经济效益，借此判定哪一个决策更佳，以及市场份额预测步骤中的假设条件的合理性。

5.5　战术计划

航线规划也可能是一个比较短期的战术过程（一般 1 年以内），因为随着市场环境的变化，航空公司经常出现一些未曾预料到的市场机遇。例如，一家航空公司破产，或某一个竞争者退出某条航线，又或与另一个国家新谈成的双边协议，这些都是在几个月甚至几个星期内必须采用行动以把握市场机遇的时候。

5.5.1 调整策略

那么，如何采取行动呢？或者说，采取什么样的策略以期把握这样的市场机会呢？一般而言，网络战术计划的策略主要包括了如下 5 种。

（1）航线上飞行频次的增减。根据航线客流量、航空公司在航线上的可供座位数、机型属性和经济性等因素，确定航线上一个星期/一天的航班频次。

（2）航线上飞机数量的增减。根据航线上产量（RPK）和产能（ASK）的关系，测算航线上所需飞机的总数量，以此确定是否需要增加或减少飞机数量。

（3）航线执飞机型的分配和更换。根据航线客流量和机型的技术经济性能特点，为航线上每一个航班分配一种机型飞机执飞称为"机型分配"；为航线上航班所计划采用的执飞机型进行更改称为"更换"。

（4）航线上起降时刻的调整。根据旅客出行对于时间的偏好、航班之间的中转衔接关系，对航班的起降时刻进行必要的调整。

（5）航线进退。根据航线的经营效益评估结果，对于经济效益较差且扭转无望的航线，应考虑退出，从而集中更多的力量来巩固效益好的航线；对于预期可获得经济效益的航线，则应该考虑进入该航线。

5.5.2 频次增减

航线可供座位数（或称为"运力"）是航空公司宝贵而有限的资源，因此进行网络战术技术调整时，需要将运力在航线上进行合理配置。由于每条航线都有着自身的特点，因此对航线进行运力配置时，既要全盘考虑，也要具体分析。飞行频次是决定航线可供座位数的一个重要因素（还有一个为选用机型）。航线上飞行频次的增减主要遵循以下几条原则。

（1）旅客流量大，则应当增加航线的飞行频次，因为飞行频次过低可能造成旅客溢出，这不仅增加了航空公司的机会成本，而且影响了航空公司市场形象；反之，则应适当减少航线上的飞行频次。另外，对于旅客而言，航线上的飞行频次越高越好，这样可以降低旅客计划延误和随机延误成本；但从航空公司的角度来看，当市场需求一定时，航线上的飞行频次过多就会造成客座率下降，增加运行成本，影响航空公司经济效益。

（2）航空公司运力供给充足时，应增加航线上飞行的频次，充分利用运力。飞机是一种非常昂贵的资源，航空公司一般不备份不必要的运力，不让飞机停在机库或停机坪上。

（3）在航线客流量一定的情况下，所选机型越大，则航线上的飞行频次就应低些；反之，所选机型越小，则航线上的飞行频次就应高些。

（4）减少低边际贡献率航线的飞行频次/可供座位数的投入，增加高边际贡献率的航线的飞行频次/可供座位数的投入。对于机型座位级已经较小、客座率较低的航线，可以减少每周飞行频次数量；对于机型座位级较大、客座率较低的航线，可以先保持航线上飞行频次的数量，改用座位数较少的机型飞机执行。

（5）分析远程航线/航班上的客源情况，根据 OD MIDT 数据找出能为远程航线/航班提供较多中转联程旅客的航线，新开该类航线或增加该类航线上的飞行频次。与中短程航线相比较，远程航线上每一个飞行频次所占的飞行小时数较多，运营成本较高，同时进行调整的难度也会更大，但却对航空公司的盈利起着至关重要的作用。

例如，在广汉—北京航线上，若每天增加一班班次且投入 100 个座位，航班客座率只有 50%，边际贡献率仅为 20%，显然这属于亏损航线。但是，该航线上增加的这一班次，使得广汉—北京航线上的 50 个人中有 30 人到北京转机去美国。那么，增加这样的班次，显然对于网络的收益贡献是有利的。

（6）如果存在时刻资源紧缺或者时刻资源不足的情况，那么在经济效益相同或相差无几的情况下，应该减少在短航线上飞行频次的投入，并增加在长航线上飞行频次的投入。这是由于在其他条件相同的情况下，长距离航线上的飞行可以提高飞机的利用率，以此能够更好地分摊固定成本。例如，在首都机场，中国国际航空公司每天在北京只有一个时刻，由于北京—乌鲁木齐飞行时间更长，因此航线规划人员一般会选择北京—乌鲁木齐，而非选择北京—呼和浩特。

5.5.3　飞机增减

几乎所有的航空公司都会遇到这样一个情景：在未来的几个月甚至在几周内，航空公司的某条航线上的客流量快速增长，航空公司现有可供座位数无法满足快速增长的客流量的要求，又或者是航空公司为了提高市场份额，以求获取更多的航线运营利润。面对上述情景，航空公司可能会考虑增加航线上的可供座位数，以实现供需之间的匹配。然而，有时候仅仅利用现有的飞机来增加飞行频次，或更换更大座位级机型的飞机执飞原有的航班是无法完成该项目标任务的。

图 5-23 描述的是一架 B777-300ER（共 311 个座位）飞机在周一执行北京—洛杉矶（客座率为 85%）以及在周四执行洛杉矶—北京（客座率为 78%）航班计划的示意图。

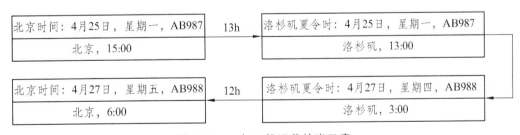

图 5-23　一架飞机运营航班示意

在未来一个月，预计该航线上每周客流量增长 60%（假设忽略其他航空公司对于这部分客流的竞争），根据航线/航班的经济效益分析以及机队中的机型特点，航空公司打算在该航线上引进额外的 B777-300ER 执飞周三北京—洛杉矶（客座率为 68%）以及在周六洛杉矶—北京（客座率为 63%）的航班计划，如图 5-24 所示。

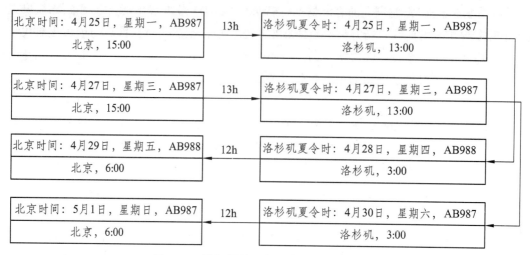

图 5-24　增加额外一架飞机运营航班示意

在上述案例中，未来客流量的增长量以及机队中机型技术性能特征，再加上航班计划的特点，这些因素导致该航空公司无法利用这一架 B777-300ER 飞机执飞更多的航班，因此在航班机型经济效益允许的前提下，引进额外飞机执飞增加的航班就变得必然。

那么，如何计算出某一条航线上需要引进的特定机型飞机的数量呢？在航空公司市场份额已经确定、飞机利用率可以估计、航速和最大业载已知的情况下，以某种机型机队在航线上的期望产量等于实际产量这样的平衡等式为依据，对某条航线上是否需要引进额外机型的飞机，以及引进多少数量就可以进行计算。以一天为例，计算方法如式（5-6）所示。

$$v_i \times T_i \times z_i \times ALF_i \times x_i = RPK_i \qquad (5\text{-}6)$$

式中：v_i 为第 i 种机型飞机在航线上的平均航速；T_i 为第 i 种机型飞机在航线上的利用率；z_i 为第 i 种机型飞机在航线上的可用座位数；ALF_i 为第 i 种机型飞机在航线上的平均客座率；x_i 为第 i 种机型飞机在航线上所需的数量；RPK_i 为第 i 种机型飞机在航线上产量。

5.5.4　机型分配和更换

从市场角度来看，航空公司关注于机队中某种机型飞机主要的特征，包括机型座位级、舱位布局、运营成本和变动成本等指标。通过监控航空市场的发展变化，利用这些指标值的结果，进而为航班机型的分配或更换提供决策依据。

5.5.4.1　航班机型分配

航空公司每天会运营很多的航班，尤其是国内大型航空公司日航班量超过 2 000 个，在航线网络中如何为每一个航班分配合适的机型飞机，是航空公司在网络战术计划中考虑的重要问题之一。

通常情况下，该问题的复杂性在于：各种机型有着不同的座位级和运营成本，同一架机型飞机执飞不同的航班必须要满足时间和空间上的要求，即时间上要求前一个航班到达时刻和后面一个航班的起飞时刻之间需要有必要的过站时间，以用于客货的上下和飞机内部的清扫等常规性工作；空间上要求前一个航班的到达机场是后面一个航班的起飞机场。

如果给出的航班机型分配方案能够满足上述时空的要求，我们一般认为是一种可行的航班机型分配方案。进一步地，若能够实现航班机型分配边际贡献最大或运行成本最小，那么就是最优的航班机型分配方案。

下面介绍一种航班机型分配的时空网络模型。

在航空公司航班计划中，每一个航班都有计划的出发时刻和到达时刻，以及出发机场和到达机场。在时空网络中，横坐标代表了时间维度，纵坐标代表了空间维度（即机场）。根据每一个航班上的出发机场和出发时刻，或者到达机场和到达时刻，均将其视为网络中的节点。进一步地，根据每一个航班的出发机场和出发时刻（节点）、到达机场和到达时刻（节点），从前面一个节点出发，指向后面一个节点，形成航班弧；在同一个机场，将相邻节点之间用地面弧进行连接，代表可能在地面等待的飞机流过了一段时间段；在每一个机场维度上，从该机场的尾节点出发，指向至该机场的首节点，形成过夜弧，代表飞机在该机场过夜。形成的航班时空网络如图 5-25 所示。

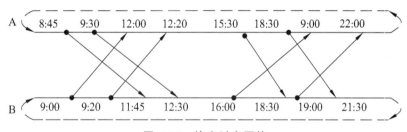

图 5-25　航班时空网络

基于航班时空图，构建的航班机型分配数学模型如式（5-7）~（5-11）所示。

$$\min \sum_{i \in L} \sum_{k \in K} C_{k,i} f_{k,i} \tag{5-7}$$

$$\text{s.t.} \sum_{k \in K} f_{k,i} = 1, \forall i \in L \tag{5-8}$$

$$y_{k,o,t^-} + \sum_{i \in I(k,o,t)} f_{k,i} - y_{k,o,t^+} - \sum_{i \in O(k,o,t)} f_{k,i} = 0, \forall k,o,t \tag{5-9}$$

$$\sum_{o \in A} y_{k,o,t_m} + \sum_{i \in CL(k)} f_{k,i} \leqslant N_k, \forall k \in K \tag{5-10}$$

$$f_{k,i} \in \{0,1\}, \forall k \in K, \forall i \in L \tag{5-11}$$

$$y_{k,o,t} \geqslant 0, \forall k,o,t \tag{5-12}$$

式中：$C_{k,i}$ 为已知参数，表示航班机型运行成本（即变动成本）；$f_{k,i}$ 为 0-1 型决策变量，表示航班 i 是否用机型 k 执飞；L、K 和 A 分别为航班集合、可用机型集合以及机场集合，且有 $i \in L$、$k \in K$ 和 $o \in A$；T 为时刻集合，且有 $t^-, t^+, t_m \in T$，t^-, t^+, t_m 分别表示进入、离开时刻 k，以及下一轮时间线开始前的最后一个时刻；y_{k,o,t^-} 和 y_{k,o,t^+} 均为非负实型决策变量，分别表示机型 k 飞机在机场 o 的时间节点 t 前和 t 后的飞机数量；$I(k,o,t)$ 和 $O(k,o,t)$ 为集合，分别表

示机型 k 飞机在机场 o 的时间节点 t 时进入该节点和离开该节点的航班集合；$CL(k)$ 为跨越截止时间线时刻，用机型 k 飞机执飞的红眼航班的集合；N_k 为已知参数，表示机队中机型 k 飞机的可用数量。

式（5-7）表示航班机型分配的总运行成本最小；式（5-8）表示任一航班有且仅有一种机型飞机执飞；（5-9）表示机型 k 飞机在任一机场 o 任一时刻 t 进、出的飞机数量（包括地面等待的飞机）总是相等的；（5-10）表示在所有机场过夜的机型 k 飞机数量和超越时间截止线红眼航班上正在用机型 k 飞机执飞的数量之和不超过机队中机型 k 飞机的可用数量。

在上述航班机型的分配过程中，学者和工程实践者们发现，将连续的到达和连续的出发共用一个节点，可以减少网络中节点和连接弧的数量，即"节点汇聚"，如图 5-26 所示。

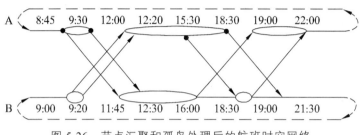

图 5-26　节点汇聚和孤岛处理后的航班时空网络

另一方面，在一些航班量较少的小机场，经常相当长的一段时间内都没有飞机在地面停留。为了使到达航班数量和离开航班数量相一致，将这些地面等待弧删除会产生一个零航班流动的地面弧，而将地面弧删除后，在时间线上就形成了类似于岛屿上的"孤岛"，即"孤岛处理"，如图 5-26 所示。通过利用"节点汇聚"和"孤岛处理"两类技术，大大地减少了时空网络中地面等待弧的数量。

然而，上述航班机型分配技术并没有考虑到航班之间客流的相互作用关系，即某一个航班客流的增减会导致后续衔接航班上客流的变化，这种现象在具有大量中转衔接航班的枢纽航线网络中尤为明显。

针对这一问题，下面我们介绍一种基于旅客行程路线的航班机型分配数学模型。

$$\min \sum_{i \in L} \sum_{k \in K} C_{k,i} f_{k,i} + \sum_{p \in P} \sum_{r \in P} (fare_p - b_p^r fare_r) t_p^r \qquad （5-13）$$

$$\text{s.t.} \sum_{k \in K} f_{k,i} = 1, \forall i \in L$$

$$y_{k,o,t^-} + \sum_{i \in I(k,o,t)}^{j} f_{k,i} - y_{k,o,t^+} - \sum_{i \in O(k,o,t)} f_{k,i} = 0, \forall k, o, t $$

$$\sum_{o \in A} y_{k,o,t_m} + \sum_{i \in CL(k)} f_{k,i} \leqslant N_k, \forall k \in K$$

$$\sum_{k \in K} SEATS_k f_{k,i} + \sum_{r \in P} \sum_{p \in P} \delta_i^p t_p^r - \sum_{r \in P} \sum_{p \in P} \delta_i^p b_r^p t_r^p \geqslant Q_i, \forall i \in L \qquad （5-14）$$

$$\sum_{r \in P} t_p^r \leqslant D_p, \forall p \in P \tag{5-15}$$

$$f_{k,i} \in \{0,1\}, \forall k \in K, \forall i \in L$$

$$y_{k,o,t} \geqslant 0, \forall k, o, t$$

$$t_p^r \geqslant 0, \forall p, r \in P \tag{5-16}$$

式中：P 为旅客行程路线集合，且有 $p, r \in P$；$fare_p$ 为已知参数，表示旅客行程路线 p 上的平均收益水平；b_p^r 为已知参数，表示旅客行程路线 r 从行程路线 p 上的旅客获取率，有 $b_p^p = 1$ 成立；t_p^r 为决策变量，表示旅客行程路线 p 转移至行程路线 r 上的旅客数量；式（5-13）中的第二项，表示旅客行程路线 p 转移至行程路线 r 上的旅客数量，导致的收益损失量；$SEATS_k$ 为已知参数，表示机型 k 飞机的可用座位数；δ_i^p 为示性算子，表示航班 i 包含旅客行程路线 p 则为 1，否则为 0；Q_i 为已知参数，且有 $Q_i = \sum_{p \in P} \delta_i^p D_p$，$D_p$ 为旅客行程路线 p 上的旅客数量，因此 Q_i 表示航班 i 上旅客的总数量（包括流经航班 i 的所有旅客行程路线上的旅客数量）；式（5-14）表示航班 i 上所提供的座位数能够满足流经该航班上的旅客数量（考虑了与航班 i 有关的所有旅客行程路线上转进、转出旅客的数量）；式（5-15）表示从旅客行程路线上转出去的旅客数量不能超过其自身的旅客数量。其他符号和公式已在式（5-7）～（5-12）中给予说明，这里不再赘述。

5.5.4.2 飞机交换

在航线网络中，航班机型分配方案的确定并不意味着航空公司到最后执行的计划和航班机型分配方案完全一致。这是由于随着离港时间的临近，航线/航班上的旅客数量会由于航空市场环境、市场竞争关系发生变化，或受到管理决策者本身预测能力限制等因素，航线/航班上的需求量和机型的座位级之间的供需关系会发生变化。在这种情况下，寻找不同机型飞机之间交换调整的机会就成为必然。

航空公司航班的组织方式，很大程度上取决于航线网络的构型，大量的航线/航班往往和基地/枢纽相连接，尤其是在枢纽航线网络中，航班之间的中转衔接大量地产生于枢纽机场，有利于航班之间交换执行飞机的机会。实现航班之间飞机的交换，首先必须满足时间和空间上的要求，如 5.5.4.1 小节中所述，然后还要尽可能满足机型座位级容纳乘机旅客人数的要求（因为会产生不必要的拒载成本和航空公司信誉的损失）。

图 5-27 给出了一个航空公司在机场 O_1 某一段时间内到达航班和出发航班的计划情况。按照航空公司原定的运行计划，执飞航班 f_1 的飞机 T_1 到达机场 O_1 后，经过必要的过站时间，然后执行航班 f_3；执飞航班 f_2 的飞机 T_2 到达机场 O_1 后，经过必要的过站时间，然后执行航班 f_4。从图 5-27 可以发现，航班 f_2 和 f_3 之间满足最小过站时间（MCT）的要求，因此，产生了飞机交换的机会，即考虑用机型 1 飞机执飞航班 f_3、用机型 2 飞机执飞航班 f_4，如图 5-28 所示。

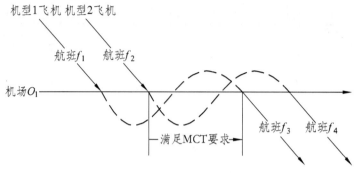

图 5-27 飞机交换前的航班计划

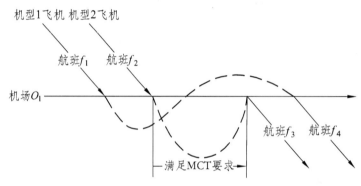

图 5-28 飞机交换后的航班计划

那么，是否应该交换飞机呢？显然，这需要关注 4 个航班的经济效益。表 5-12 给出了飞机 T_1 和 T_2、航班 f_1、f_2、f_3 和 f_4 旅客数量和平均票价信息。航班边际贡献（即航班营业收入减去变动成本）为 136 200 元，具体计算结果见表 5-12。

表 5-12　交换飞机前 4 个航班的经济效益情况

航班编号	机型	座位数/个	飞行时间/小时	变动成本/元	旅客人数/人	平均票价/元	边际贡献/元
f_1	T_1	128	1.0	44 000	100	800	36 000
f_2	T_2	165	2.0	92 000	120	1 000	28 000
f_3	T_1	128	2.0	88 000	112	1 100	35 200
f_4	T_2	165	3.0	138 000	125	1 400	37 000
共计							136 200

由于满足飞机交换的基本条件，且考虑到航班 f_4 飞行时间更长，采用大座级飞机执飞会产生更高的变动成本，因此交换飞机的实施方案为：用小座级机型 T_1 飞机执飞航班 f_4，用大座级机型 T_2 飞机执飞飞行时间较短的航班 f_3，以减少航班 f_4 上不必要的变动成本，交换后产生的航班边际贡献为 138 200 元。可以发现，仅因这次飞机交换所获得的收入的增加量为 2 000 元（按每天 60 次交换机会估算，产生的日收入增加量为 12 万元），具体计算明细见表 5-13。

表 5-13　交换飞机后 4 个航班的经济效益情况

航班编号	机型	座位数/个	飞行时间/小时	变动成本/元	旅客人数/人	平均票价/元	边际贡献/元
f_1	T_1	128	1.0	44 000	100	800	36 000
f_2	T_2	165	2.0	92 000	120	1 000	28 000
f_3	T_2	165	2.0	92 000	112	1 100	31 200
f_4	T_1	128	3.0	132 000	125	1 400	43 000
共计							138 200

5.5.5　时刻调整

航班时刻在国内通常指起飞时刻，它是航空公司特有的资源（特有资源还包括航线经营权、机场设施使用权等）。在美国，时刻资源被称为着陆权。

一个合理的航班时刻应满足大部分旅客的出行愿望，它在航空公司客运竞争中起到相当重要的作用。同等条件下，较好的时刻能够吸引更多的旅客。

考虑到枢纽航线网络一个最主要的特征是中转航班波，而中转航班波的关键是如何科学合理地安排好进出港的航班时刻，以形成高质量的航班间的衔接，因此本小节在讲述影响航班时刻因素的基础上，分析了点对点航线网络结构下的航班时刻的确定经验，并重点讲述了枢纽航线网络结构下的航班波设计与评估的过程。

5.5.5.1　内外部影响因素

影响航班时刻的因素众多，我们可以从内、外两个方面来分析这些因素。

（1）外部因素。

① 机场容量限制。航班时刻是一种有限的资源，根据中国民航局规定，每一个机场都有航班总量的限制，因此造成了对航班时刻的限制。近年来，国内航空运输市场保持了快速发展，北京、上海、广州等繁忙机场的起降架次屡创新高，非常有限的航班时刻资源与快速增长的市场需求之间的矛盾愈显突出。

② 航空管制限制。航班时刻也是一种公共资源，各航空公司应该在"公平、公正、公开"的原则下，科学地分配航班时刻。

《民航航班时刻管理暂行办法》明确规定了"政府管理为主，多方参与"的航班时刻管理体制，即由中国民航局制定统一的时刻管理政策，负责全国民航时刻管理工作，由中国民航局空管局、地区管理局、各航空公司、机场多方参与协调，合理分配航班时刻资源。同时，该《暂行办法》也详细规定了航班时刻的申请、协调程序以及航班时刻的退出机制等。

③ 旅客出行时刻要求。从旅客的角度讲，航班时刻越多，就越能减少旅客的计划延误。但是时刻（时槽）受到严格管制，因此安排尽可能满足大多旅客出行要求的时刻更有利于提高竞争能力，扩大航空公司的市场份额。

（2）内部因素。

① 航班结构调整。事实上，航空旅客出行具有明显的时空特性，即航空旅客的流量、流

向会随时间动态地变化，这意味着航空公司会根据市场的变化情况调整航班结构，包括航班密度、时刻等调整。

② 航班衔接的影响。航班衔接指航段之间在时空关系上的链接。例如，一架飞机执行上海—北京的航班，假设该飞机 16 时到达北京，经过必要的过站准备时间（假设最小过站时间为 45 分钟），应该安排一个约 16 时 45 分从北京出发的航班。

5.5.5.2 时刻调整的基本原则

航班时刻的安排可以根据对客流的定性认识，也可以根据客流的定量分布来确定。根据对客流分布的定性认识，可以按照以下几个基本原则安排航班时刻：

① 根据当天的航班数量，均匀地安排航班时刻；

② 根据对客流分布的定性认识，将航班时刻尽量移到其附近的高峰点；

③ 根据可能获得的时槽（Slot）调整航班时刻。

5.5.5.3 航班波的设计与评估

中转航班波是枢纽航线网络运行过程中的一个重要特征，再出色的枢纽航线网络也离不开高效的中转航班波来实现客货的运输任务。没有高效的中转航班波运行枢纽航线网络，枢纽航线网络的优势将不复存在，因此，如何构造高效的枢纽中转航班波是枢纽网络运行的关键，而构造航班波的主要策略就是调整航空公司一天内在枢纽机场的起降时刻的分布情况。所谓的航班波，是指枢纽机场进港航班和出港航班相对分离，即一个时间段内全部安排进港航班，相隔一个时间段后再全部安排离港航班，从而在空间上实现进离港航班相隔，在时间上实现进港航班和离港航班的有效衔接。在"航班波"的一个周期内，一段时间内全部进港航班的集合称为"进港波"；经过一定中转停留时间，相隔另一段时间内全部离港航班的集合称为"离港波"，如图 5-29 所示。

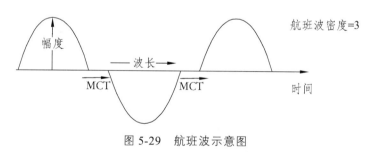

图 5-29 航班波示意图

（1）航班波基本结构。

在图 5-29 的航班波中，有几个描述航班波特征的重要参数必须要给予说明，以此为后面介绍如何构造航班波打下基础。

① 最短航班衔接时间（Minimum Connecting Time，MCT）。该指标是指出港航班波中的第一个航班的起飞时刻和前面进港航班波（用于与该出港航班波衔接）的最后一个到达航班时刻之间的时间间隔，如图 5-29 中所示。显然，在其他条件一定的前提下，MCT 越短，中转的效率就越高。但实际上，设计航班波时，并不能一味地缩短 MCT 时间，这是由于旅客

在中转过程中需要必要的准备时间，如从进港航班出口到达转机航班的登机口需要的必要的地面交通时间、旅客行李从进港航班转至出港航班所需时间等。另一方面，旅客能够接受的最长等待转机时间，由航班波内最早进港航班到达时刻和离港航班波中最晚一个离港航班出发时刻之间的时间间隔决定。

② 航班波密度。该指标是指一天中航班波的数量，由航空公司在枢纽机场可利用的航班时刻数量决定。在其他条件一定的前提下，航空公司在枢纽机场可利用的航班时刻数量越多，航班波的密度就可能越大（还要考虑可用航班时刻在一天中时间分布情况）。

③ 航班波波幅。该指标是指一个进港或出港航班波中的航班数量。航班波波幅越高，说明在这段时间内机场相应的设施设备（如跑道、滑行道、停机位、特种车辆等）的占用率越高。过高的航班波波峰，对于机场的峰值容量和综合保障能力提出了很高的要求，而每一个机场在一段时间段内能够处理的航班容量总是有限的，超出机场的极限处理能力，或当发生恶劣天气、空中交通流量控制、设备故障导致航班处理能力下降时，将会出现大范围的航班延误，甚至出现枢纽运行瘫痪的结局。针对这一问题，在生产实践中航空公司采用"削峰填谷"的思想来消减过高的航班波波峰，并将一部分航班转移至某一波谷时间段内。目前，航空公司常采用"滚动航班波"的模式来减少过高波峰造成的机场资源不足的现象。滚动航班波是指出港航班波的最后一个航班一起飞，进港航班波的第一个航班就到达了。20 世纪 90年代，美国航空公司（AA）就采用这种方式使其在达拉斯沃斯堡机场的资源使用更加均衡了。

④ 航班波波长。该指标是指一个进港或出港航班波的持续时间。在其他条件一定的前提下，航班波波长占用时间过长，意味着在该机场上航班波密度就越小。

（2）航班波设计的基本原则。

航班波分为进港和出港航班波两类。对于单个航班波而言，设计过程中需要掌握以下 3个原则。

① 长航程航班应该放置于进港航班波的开始和出港航班波的末端，如图 5-30 所示。

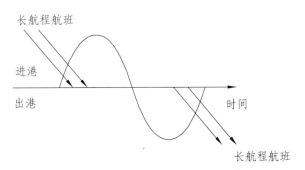

图 5-30 长航程航班在航班波中的位置

和中短航程航班相比较，长航线航班采用的机型座位级会更大，因此转场时间会更长。另一方面，长航线航班的旅客在转机过程中心理上能够接受更长的转机时间。

需要说明的是，长航程航班是指飞行距离超过 5 556 千米的航班；中航程航班是指飞行距离在 2 224～5 556 千米之间的航班；短航程航班是指飞行距离低于 2 224 千米的航班。

② 适当安排航班波的方向性，则航班的衔接数量能够提高，如图 5-31 所示。

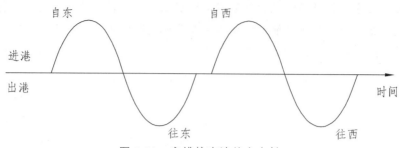

图 5-31　安排航班波的方向性

从飞机运行的角度来看，自东而来的到达航班波将旅客放在枢纽机场后，搭乘上一个自西而来航班波中前往东边的旅客返回东边城市；而这些自东而来的旅客经过短暂的等待时间后，搭乘往西的飞机前往西边的城市。与自东而来的飞机在枢纽机场经过短暂停留后再向西边飞去的模式相比较，这样的具有一定方向性的航班波模式，不仅提高了航班衔接的质量，而且还能够提高飞机的利用率，降低枢纽运行的成本。

③ 进出港航班波的重叠，如图 5-32 所示。

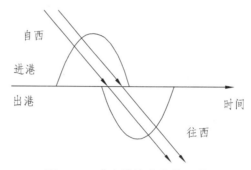

图 5-32　进出港航班波的重叠

将进港和出港航班进行必要重叠，不会过多地牺牲航班衔接数量，这是因为从西边飞过来的航班上再往回去西部的旅客相对较少，更多的旅客旅行方向一般是往正东、东南或东北等方向，因此在自西、向西两个航班波进行部分重叠不会影响旅客的中转衔接。不仅如此，这种重叠还缩短了航班平均 MCT 时间，提高了飞机的利用率，并使得飞机的起降更为有序，由此提高空域的使用效率。

（3）航班波设计过程。

航空公司航班波的设计往往需要在枢纽机场现有航班时刻基础上进行调整时刻的配对。设计时可以以一天为一个周期。航班波设计一般分为以下 3 个步骤。

① 计算航班波特征参数。枢纽机场跑道容量、航班起降架次、旅客处理能力及机场中转能力等是航班波设计需要考虑的重点因素。根据这些因素可以计算出航班波的特征参数：航班波的密度、波幅、波长和 MCT 时间。

② 航班波分布时段优化。分析现有航班时刻中进出港集中时段的分布和特点，着重考虑进港航班波和出港航班波的衔接状况。设计时可以先固定某一个航班波的时间段，反推与之衔接的相应航班波的时间段，确保合适的 MCT 时间（根据中国民用航空局规定，各类航线

上航班间的最低中转时间的标准如图 5-33 所示），从而合理安排航班波内最后一个进港航班和最早一个出港航班。

③ 航班时刻调整。主要依据航班波的分布，通过对时刻池中航班的调整来确定波内航班、波外航班，以及这些航班在波内、外的时刻分布。在对航班时刻进行调整前，应先确定时刻保持不变的航班类型，包括了客座率较高，且已被旅客认可的航班、航线另一端机场时刻资源极为紧张的航班等。航班波内的航班数量在调整后不应该超过航班波的最大波幅。

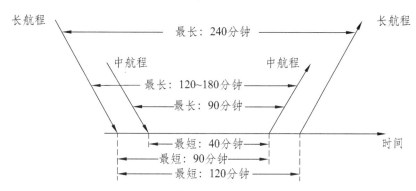

图 5-33　各类航线航班间的中转时间规定

可以说，航班波设计的关键在于航班时刻的调整，而这种调整往往会涉及航空公司之间，或航空公司内部时刻的交换、获取等问题。从我们国家目前航班时刻管理办法来看，交换时刻和新增时刻是时刻调整的两种主要方法。处于枢纽机场高峰时段的航班波，在对时刻进行调整时应该以时刻交换为主，目的是通过时刻交换使得中转需求较小的航班被剔除出航班波，取而代之的是中转需求较大的航班，同时确保机场的起降更为有序，提高跑道、停机位等空侧资源的利用效率，这一方法特别适合某一航空公司在特定枢纽机场航班时刻份额较大的情况。处于枢纽机场非高峰时段的航班波在对时刻进行调整时，可以采用新增时刻和交换时刻相结合的方法优化航班波。旅客中转是否便利并非是时刻调整的唯一目标，还应该考虑时刻调整可能给航空公司带来的额外成本和收益，应对航空公司从中转效率提升中获得收益和时刻调整的成本之间进行权衡，使两者相协调，否则时刻调整的过高成本会成为航班波设计的巨大阻力。

（4）航班衔接水平评估。

那么，又如何评价枢纽机场航班衔接水平呢？我们认为，这样的评价应该至少包括两方面的因素：相互衔接航班之间的绕航程度有多大（用"绕航系数"来表示）；相互衔接航班使得旅客的中转时间有多长（用"中转时间"来表示）。这里给大家介绍一种量化的评价方法。

评估枢纽机场衔接水平涉及的因素很多，而机场航班运行网络分布和航班时刻资源的编排是最为本质的因素。航线网络和航班时刻是机场实现货物流动功能最重要的媒介。旅客通过机场的航线网络布局情况可获得机场的通航情况，了解是否可到达目的地；通过航班时刻的编排情况，可得到航班执行的具体时刻和所需花费的时间。枢纽机场的衔接能力设计时需要考虑枢纽机场为旅客提供中转时，航线网络在空间的布局所造成的绕航必须在旅客可接受的范围内，中转机场能否为旅客提供快速的中转服务，旅客在中转机场的等待时间必须满足机场正常运作所需的最小中转时间和最大中转时间。航班时刻编排合理，能够大大提高机场的中转质量，在枢纽机场打造高质量的航班波，不仅能为旅客提供更为便捷的中转服务，还能提高机场的运营效率。

① 绕航系数评价函数。由于两个小机场并没有直达航线，这时就需要通过一个中转机场来实现交通流的转移。而绕航系数的高低不仅影响旅客的飞行时间，而且直接影响着航空公司的运营成本。绕航系数的计算方法为：始发机场飞往中转机场的距离与中转机场飞往目的机场的距离之和与始发机场与目的机场的直达飞行距离之间的比值。绕航系数的大小直接关系着旅客在飞行中所损耗的时间。绕航系数越小，损耗时间就越少，枢纽机场的衔接水平就越高，因此，绕航系数评价函数是绕航系数的反函数。

$$RI_{ij} = 1 - (R_{ij} - 1) \tag{5-17}$$

$$R_{ij} = (A_i + D_j) / D_{ij} \tag{5-18}$$

$$1 \leqslant R_{ij} \leqslant 1.4 \tag{5-19}$$

式中：R_{ij} 为航班 i 与航班 j 的绕航系数；A_i 为航班 i 的始发机场与中转机场之间的距离；D_j 为航班 j 的目的机场与中转机场之间的距离；D_{ij} 为航班 i 的始发机场与航班 j 的目的机场之间直达距离。

式（5-17）表示绕航系数评价函数，由于绕航越多，衔接水平越低，故以 1 为标准，减去中转绕航航段占直达航段的百分比 $(R_{ij} - 1)$。式（5-18）表示绕航系数的计算方法。式（5-19）表示 R_{ij} 需要满足一定的绕航条件，一般认为 R_{ij} 不宜大于 1.25。

② 中转时间评价函数。旅客选择通过中转的方式到达目的地机场时，通常在中转机场需要一定的等待时间。首先，从始发地到达中转机场后，旅客需要一定的时间上下飞机，飞机需要装卸一定的货物或者进行检查；其次，旅客达到中转机场后，在下一航班起飞之前，需要等待一定时间，且这个时间不能超过旅客所能接受的范围。中转时间是旅客到达枢纽机场所停留的损耗时间，是反映枢纽机场衔接效率最为直接的评估指标，同时也是航班时刻编排合理度的评价指标。中转时间的评价函数表达式如下：

$$TI_{ij} = 1 - T_{ij} / M_{ct} \tag{5-20}$$

$$T_{ij} = t_j - t_i \tag{5-21}$$

$$m_t \leqslant T_{ij} \leqslant M_{ct} \tag{5-22}$$

式中：T_{ij} 为航班 j 与航班 i 之间衔接所需的时间，即旅客中转等待时间；t_j 为航班在枢纽机场的离港航班；t_i 为航班 i 在枢纽机场的进港航班；m_t 为枢纽机场最小的中转时间；M_{ct} 为旅客所能接受的最大中转时间。

式（5-20）为中转时间评价函数，旅客在中转机场的等待时间越长，衔接水平越低。故以 1 为标准，减去中转等待时间所占最长中转时间的百分比 (T_{ij} / M_{ct}) 来评估中转时间对枢纽机场中转水平的影响程度。式（5-21）表示中转时间。式（5-22）表示中转时间需满足最小中转时间和最大中转时间。

③ 加权衔接水平评估函数。本章分别构建绕航系数和中转时间两个评价函数，并建立加权的衔接水平评估模型，如式（5-23）所示。

$$WI_{ij} = (\alpha TI_{ij} + \beta RI_{ij})/(\alpha + \beta) \tag{5-23}$$

式中：RI_{ij} 为对中转航班绕航情况的评价函数，它与绕航系数成反比，绕航系数越小，评价函数值越高；TI_{ij} 为对中转航班在枢纽机场损耗的时间的评价函数，是对中转时间的评价值，它与中转时间成反比，中转时间越小，评价函数值越高；α 和 β 分别为中转时间加权系数和绕航加权系数，由于旅客对中转时间的敏感程度高于绕航所带来的影响，故 α 取值高于 β，根据经验取值 $\alpha = 2.4$，$\beta = 1$。

式（5-23）为构建的枢纽机场衔接水平表达式，WI_{ij} 为枢纽机场进港航班 i 与离港航班 j 的衔接水平，是对绕航系数评价和中转时间评价的加权平均值。

④ 枢纽机场的可行航班衔接次数和衔接水平评估函数。所谓的可行航班衔接是指枢纽机场的进离场航班的衔接同时满足绕航系数和中转时间的限制条件，即枢纽机场所能提供给旅客的中转机会。

若 R_{ij} 满足式（5-19）和 T_{ij} 满足式（5-22），则 $NI_{ij} = 1$，否则 $NI_{ij} = 0$，$WI_{ij} = 0$。

$$N = \sum NI_{ij} \tag{5-24}$$

$$W = \sum WI_{ij} \tag{5-25}$$

式中：NI_{ij} 用于判断枢纽机场进港航班 i 与离港航班 j 是否为可行的航班衔接；W 为枢纽机场一天的衔接水平，是对枢纽机场所有进离场航班衔接的衔接水平总和；N 为枢纽机场一天的可行航班衔接次数，是对枢纽机场所有进离场可行航班衔接的合计。

上述衔接水平和可行衔接航班是对枢纽机场 4 种衔接的总体评价，并未区分国际—国际、国际—国内、国内—国际和国内—国内 4 种模式各自的衔接水平和可行航班衔接的次数。故选用参数 $K = 1$，2，3，4，分别表示国际转国际、国际转国内、国内转国际、国内转国内的可行航班衔接，λ_k 为对不同类型衔接航班的价值系数，W_{kij} 为 k 种衔接的衔接水平，W_k 为 k 种衔接的总衔接水平。

W_{kij} 的计算方法与 WI_{ij} 一致。枢纽机场一天不同中转模式下的衔接水平，以及整体衔接水平的计算如式（5-26）、式（5-27）所示。

$$W_k = \sum_i \sum_j W_{kij} \tag{5-26}$$

$$W = \sum_{k=1}^4 \lambda_k W_k \tag{5-27}$$

这里我们假设一个说明性案例，图 5-34 是一个航空公司的枢纽航线网络，其中 A、B、F、G 是国内机场；C、E 是国外机场。因此，国际—国际的衔接水平 W_1 需计算 C—H—E 的衔接水平。

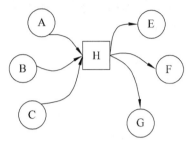

图 5-34　枢纽机场中转实例的空间地理布局

首先，需要验证绕航系数与衔接时间是否满足要求：从 C 机场出发到达枢纽 H 的进港时间为 7:30，从枢纽 H 出港到 E 机场的出港时间是 8:40，因此中转等待时间是 1 小时 10 分钟，满足最短中转时间（60 分钟）和最长中转时间要求（120 分钟）；C—H 航线距离 550 千米（见表 5-14）、H—E 航线距离 400 千米（见表 5-14）、C—E 直达距离假定为 850 千米，那么，绕航系数应该为（550 + 400）/850 = 1.12，满足绕航条件（见式 5-19），此时 $NI_1 = 1$。然后，利用式（5-17）和式（5-20），分别求得绕航系数评价函数值为 0.88、中转时间评价函数值为 0.42，代入式（5-23），得到 C—H—E 这一中转衔接的衔接水平为 0.56（α=0.3，β=0.7）。由于只有一个国际转国际的航班衔接，因此 $WI_1 = 0.56$。国际转国内的衔接水平则需要计算 C—H—F 和 C—H—G 的衔接水平之和。同理，国内转国内的衔接水平和国内转国际的衔接水平的计算方法一致，这里不再赘述。最后，枢纽机场总衔接水平为四种中转模式衔接水平之和。

表 5-14　枢纽机场中转实例的进离港时间与距离信息

出发机场至枢纽	进港时间	至枢纽距离/千米	枢纽至到达机场	出港时间	至枢纽距离/千米
A—H	7:25	500	H—E	8:40	400
B—H	7:30	600	H—F	8:40	500
C—H	7:30	550	H—G	9:45	800

通过上述指标定义及分析枢纽机场的可行衔接航班次数和衔接能力，可侧面评估机场航线网络和航班时刻的编排是否科学合理。分析枢纽机场不同中转模式下的衔接水平有助于探究机场的功能定位，可有针对性地优化机场的航线网络和航班时刻。

5.5.6　航线进入和退出

对于点对点航线网络而言，由于没有中转衔接旅客，因此，评估一条航线是否应该进入或者退出相对简单。通常情况下，评估所用的常用指标为边际贡献、边际贡献率、飞机利用率等。采用评估的主要原则如下：

（1）如果一条航线的边际贡献为负值，则说明运营该条航线所获得的营业收入无法抵消因为运营该条航线所产生的成本,更别说去抵消一部分因机队所有权而所产生的固定成本了。

（2）如果一条航线的边际贡献为正值,则说明运营该条航线所获得的营业收入能够完全覆盖因为运营该条航线所产生的成本,并能够抵消一部分因机队所有权而所产生的固定成本,应该考虑开辟该航线。那么,如果两条航线的边际贡献相似,但航空公司获得的机场时刻资源只能保证执飞一条航线时,应该如何选择呢?这种情况下会选择长航距的航线,这是因为在边际贡献类似的情况下,长航距航线飞行时间更长,飞机的利用率更高,这样可以更好地摊销固定成本,或者可以说,若选择开辟短航距航线,不仅飞机利用率上不去,而且还可能会选择执飞另外一条航线航班或开辟另外一条航线,这种情况下可能新开辟的航线或执飞的航班的边际贡献本身就是负的,影响运营效益。

（3）在航线运营效益相同或者相差不大的情况下,应该扩宽航线网络的覆盖面、增加通航点,以此提高航空公司的抗风险能力。

如果航空公司是一个枢纽航线网络,那么航线的开辟或者退出就变得相对复杂。这时的航线评估更多地采用网络营业收入边际贡献,即评估某一条航线运营效益的时候,不仅仅需要估计流经这条航线的客流边际贡献,还必须评估服务于同一个市场其他航线上的运营效益。更为复杂的是,按照一定的比例分摊到各个航线上的中转联程旅客的营业收入,虽然有助于衡量它们在给定航段上的网络边际贡献,但该航线上的利润的最终估计值却包含了中转联程旅客的营业收入部分,它们对其他衔接航线也有贡献,如果将网络边际贡献的航线利润估计值相加,可能会导致中转联程旅客营业收入在不同航线上的重复记账。

最后需要说明的一点是,战术计划是中短期的网络管理问题,因此,与战略规划问题不同的是,在战术计划中的成本仅仅包括了航空公司运营成本的一部分（被视为"变动成本"）,如果运营某条航线只有几个月的时间,就不应当将一般和行政管理成本包括在内。另外,如果这条航线开辟涉及短期使用该航空公司的闲置飞机,可以选择在评估中排除飞机所有权成本。

5.6　本章小结

战略规划和战术计划是开辟航线网络规划的核心内容。本章首先讨论了两者的主要内容,以及它们之间的相互关系;然后,对战略规划中的所需要的数据及其获取渠道,战略规划中的几个关键,即客流预测、市场机会分析、市场份额预测、机型及其频次选择进行了必要的说明;最后,本章对于战术计划中的内容,即频次增减、飞机增减、机型分配与交换、时刻调整以及航线进退策略进行了分析,尤其是对于枢纽航线网络中的航班波设计与质量评估进行了详细阐述,以此希望读者尽可能地熟悉航空公司的航线网络规划。

思考题

1. 名词解释

（1）最短航班衔接时间　　（2）航班波密度　　　（3）航班波波幅

（4）航班波波长　　　　　（5）航班波　　　　　（6）长、中、短航程航班

（7）绕航系数　　　　　　（8）旅客中转时间

2. 简答题

（1）介绍几种航空公司的枢纽战略。

（2）请给出进攻枢纽和应对枢纽挑战者的策略。

（3）利用航权应对市场竞争的方式有哪几种？

（4）航线规划时需要获取的数据类型及其渠道有哪些？

（5）请解释从宏观—微观的市场客流预测的步骤。

（6）请说明市场机会分析的总体步骤。

（7）请说明航线机型分析的具体内容。

（8）请总结航线效益评估的步骤。

（9）请简述时刻调整的内外部因素。

（10）请分析航班波设计过程中的基本原则。

（11）简述航班波设计的过程。

3. 计算题

（1）假设有一个国际新运营市场，有 4 家航空公司运营，各家航空公司所提供的服务信息如表 5-15 所示，请按照市场份额预测方法计算各家航空公司的市场份额。

表 5-15　航空公司提供的服务信息

航空公司二字码	频次 ①	经停次数 ②	服务类型 ③	提供的座位数 ④
CA	2	2	航空公司间中转	400
CP	5	1	无经停	200
UA	4	2	航空公司内中转	200
NW	4	1	航空公司间中转	100

（2）图 5-27 给出了一个航空公司在机场某一段时间内到达航班和出发航班的计划信息，预计的航班经济效益信息如表 5-16 所示，请问是否应该交换飞机，应该如何交换才能保证经济效益最佳？

表 5-16　各个航班的经济效益信息

航班编号	机型	座位数/个	飞行时间/小时	小时变动成本/元	旅客人数/人	平均票价/元
f_1	T_1	128	1.0	44 000	125	800
f_2	T_2	165	2.0	46 000	116	1 000
f_3	T_1	128	2.0	44 000	120	1 100
f_4	T_2	165	3.0	46 000	115	1 400

（3）若有一个航空公司的枢纽航线网络如图 5-35 所示。

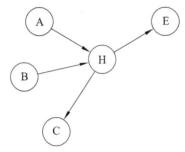

图 5-35　枢纽机场中转空间地理布局

其中 A、B 是国内机场；C、E 是国外机场。根据民航当局规定：枢纽机场的最短中转时间为 60 分钟；最长中转时间为 120 分钟。请计算枢纽机场的衔接水平。注：（$\alpha=0.3$, $\beta=0.7$），其他相关数据如表 5-17、表 5-18 所示。

表 5-17　枢纽机场中转实例的进离港时间与距离信息

出发机场至枢纽	进港时间	至枢纽距离/千米	枢纽至到达机场	出港时间	至枢纽距离/千米
A—H	7:25	500	H—C	7:30	550
B—H	7:30	600	H—E	8:40	400

表 5-18　机场之间的直达飞行距离　　　　　　　（单位：千米）

	A	B	C	E
A	0	1 000	950	800
B	1 000	0	1 050	900
C	950	1 050	0	850
E	800	900	850	0

第6章　航线网络规划的优化决策

　　航空公司是典型高收入、高成本和低利润的企业，建立行而有效的航线网络，可以有效降低运营成本，使航空公司在竞争中立于不败之地。然而，不管航空公司选择何种网络形态来搭建自身的航线网络，当航空公司服务范围到达一定程度的时候，依靠手工计算是无法确定最优航线网络方案的，因此需要依靠数学模型和计算机程序来辅助做出决策。即使是对于规模不太大的问题，人工也往往只能给出可行解，难以给出最优解。为此，本章首先分析基地（枢纽）机场选址和航线规划之间的相互关系，并将基地（枢纽）机场选址和航线规划两个决策问题统一开展优化（学术界将其称为设施选址问题），并对不同网络形态的航线网络决策从不同角度开展问题建模、求解等一系列讨论，以加强读者对于航线网络规划优化决策问题的思考和认识。

6.1　基地（枢纽）选择与航线规划的相互关系

　　考虑到枢纽航线网络中枢纽机场的选择，要比从点对点航线网络中基地机场的选择更为复杂、更具有代表性，因此本节选取枢纽机场来说明这一问题。

　　枢纽选择和航线规划两个决策之间的关系是极为密切的，这种密切关系不仅体现在枢纽地理位置选择与航线规划决策之间，而且还体现在枢纽数量和航线规划决策之间。

　　对于枢纽机场地理位置选择与航线规划之间的影响关系，用如下例子说明。图 6-1（a）是枢纽机场选择在机场 B 的单枢纽航线网络。为了实现航线网络范围内市场的全覆盖，航线规划时应该直接开辟航线 A—B、B—C 和 B—D，并通过枢纽机场 B 的航班波实现各个市场之间的运输。

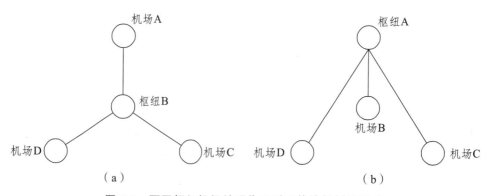

图 6-1　不同枢纽机场地理位置对于航线规划的影响

图 6-1（b）是枢纽机场选择在机场 A 的单枢纽航线网络。为了实现航线网络范围内市场的全覆盖，航线规划时应该直接开辟航线 A—B、A—C 和 A—D，并通过枢纽机场 A 的航班波实现各个市场之间的运输。

显然，图 6-1 中的两种不同方案都实现了市场的全覆盖，但是航线规划的方案却出现了截然不同的结果。图 6-1（b）的市场 B—D 和市场 B—C 之间，需要通过枢纽机场 A 进行转运，但是可以发现，这样的衔接关系使得两个市场运输的绕航（边 B—A 和 D—A 之间，以及边 B—A 和 C—A 之间的夹角均过小）程度过大，对于客货运输时间和航空公司运输效率都不是最佳方案。航空公司针对这种情况，可能会考虑开辟两个市场之间的直达航线以应对这一问题。

对于枢纽机场数量与航线规划之间的影响关系，我们举例如图 6-2 所示。

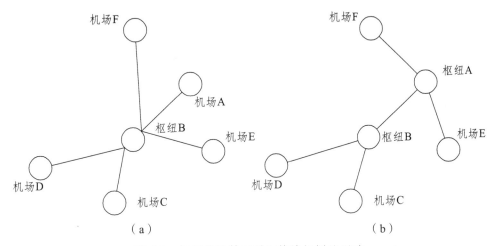

图 6-2 枢纽机场数量对于航线规划的影响

图 6-2 给出了两种不同的航线网络规划方案。图 6-2（a）由于仅有一个枢纽机场 B，因此航线规划时必须要开辟航线 B—F 和 B—E 以实现航空运输市场的全覆盖；图 6-2（b）给出了双枢纽运行下的航线规划方案，与图 6-2（a）中开通航线 B—F 和 B—E 相比较，图 6-2（b）选择了与枢纽机场 A 相连接。

6.2 航线网络规划问题分类

对于航空运输生产，航线网络上存在 3 种流：旅客或货物流、飞机流及机组流，航线网络规划要解决旅客或货物流的路线优化问题。

（1）航线规划问题优化配置以下资源，并使运输总成本最小：

① 航线容量（包括机场容量和航路容量）；

② 预算（市场开发预算）；

③ 市场需求（OD 流）。

（2）解决以下问题的规划：

① 枢纽（基地）机场的定位；

② 航线网络的构型（OD 流路线的选择，包括经停航线的选择）。

其中：最重要的是航线网络构型的选择。

（3）进行航线网络规划需要知道如下数据：

① OD 流需求；

② 航线运行成本；

③ 飞机固定成本（小时成本）；

④ 飞机运行成本（座公里成本）；

⑤ 旅客时间成本（计划延误、随机延误、途中时间）；

⑥ 航线、基地机场建立成本，有时存在总投资限制；

⑦ 航线容量。

航线网络规划在以上数据的基础上建立数学模型，寻求合适有效的算法进行求解，给出航线网络的最优方案。其中，计划延误是指旅客想要的出行时刻与航班计划的航班时刻之差。它与航班频率有关，航班频率越大，计划延误时间越短。如果旅客需求在时间上均匀分布，则旅客计划延误时间等于前后两航班之间的时间间隔的 1/4。随机延误是指由于航班座位已售完旅客不得不购买下一个航班而引起的时间延误，它等于航班满座的概率乘以航班之间的时间间隔。航班满座的概率与航班期望客座率有关，期望客座率越高，航班满座的概率越大。

6.2.1　枢纽与非枢纽航线网络规划

在航线网络中，根据是否在若干个特定机场采用航班波的形式转运旅客，可以将航线网络分为枢纽航线网络和非枢纽航线网络两类，因此下面将对这两类航线网络规划问题的优化决策展开讨论。

6.2.1.1　枢纽航线网络规划

枢纽航线网络规划的优化决策是已知所有的城市分布、未来的各城市间航空客货流需求、未来的航线成本以及航线机场的容量限制等信息，决定枢纽机场个数和位置、枢纽机场和非枢纽机场之间的连接方式以及客货流路线。枢纽航线网络规划问题可以有多种分类：

（1）根据是否已确定枢纽的个数，可以分为枢纽个数确定的枢纽航线网络规划的优化决策问题（通常这类问题称为 p 枢纽网络设计问题，限定枢纽个数为 p）和枢纽个数未知的枢纽航线网络规划的优化决策问题。

（2）按照非枢纽机场和枢纽机场连接方式的不同，可以分为单分配枢纽航线网络规划的优化决策问题和多分配枢纽航线网络规划的优化决策问题。

（3）依据机场、航线是否有容量的限制，可以分为有容量限制的枢纽航线网络规划的优化决策问题和无容量限制的枢纽航线规划的优化决策问题。其中，容量限制是指航线或经过枢纽机场的客、货流有总量上的限制。

（4）根据非枢纽机场之间是否允许直连，可以分为严格的枢纽航线网络规划的优化决策问题和非严格的枢纽航线网络规划的优化决策问题。

（5）根据是否考虑枢纽、航线的开辟成本，又可以分为含有开辟成本的枢纽航线网络规划的优化决策问题和不考虑开辟成本的枢纽航线网络规划的优化决策问题。

6.2.1.2 非枢纽航线网络规划

与枢纽航线网络相对立的是城市对航线网络，即各组成航线都是从各城市自身的需求出发、建立的城市与城市两点间的直达航线。城市对航线是在起讫点城市之间空运市场需求的客观基础上自然形成的，即有需求就开通航线。城市对航线网络可以发展出线性航线网络，即指飞机从始发地至目的地的途中经一次或多次停留，在中途机场补充旅客以弥补起止机场间的客源不足。我们可以认为城市对航线网络和枢纽航线网络是两种典型的航线网络，而线形航线网络则是介于这两者之间的中间型网络，因此，这里将这两种有别于枢纽航线网络的网络形态统称为"非枢纽航线网络"。该问题的优化是指：已知所有的城市分布、未来的各城市间航空客货流需求、未来的航线成本以及航线机场的容量限制等信息，决定基地机场个数和位置、机场和机场之间的连接方式以及客货流路线。

6.2.2 确定性和不确定性航线网络规划

根据航线网络优化决策信息的可知程度，我们可以将航线网络优化分为确定性和不确定性两类。

确定性航线网络规划优化决策问题的前提是要求航线网络决策所处的环境要素，如航空客货流需求、未来的航线成本以及航线机场的容量限制等信息是已知确定的，或者是可以求得的。

然而，由于航线网络规划本质是一种长期的战略规划，一方面，远期战略环境会受到如政策、经济、技术等诸多因素的影响，导致这些环境要素难以一成不变；另一方面，决策者的预测能力受到其经验、能力、知识范围等多种因素的影响，导致这些环境要素难以精确预测。

上述原因导致航线网络设计环境要素（如需求和成本）具有不确定性，并且往往无法获得需求和成本各种可能取值发生的概率分布，因此在需求和成本确定情形下构建的航线网络，当需求和成本发生变化后不再是最优的网络方案，甚至与最优的网络方案有很大的偏差，构建的航线网络总成本与需求和成本变化后最优的总成本的偏差超出了可以接受的范围。为减少成本就必须对构建的枢纽航线网络进行调整，从而造成不必要的损失，不确定性网络优化技术因此而生。

目前，针对不确定性枢纽网络规划的优化决策问题主要采用以下两种优化技术：鲁棒优化和期望优化。鲁棒（Robustness）是从自动控制领域引申来的概念，鲁棒优化的含义是在环境的不确定条件下，通过对系统进行优化处理，期望能够有效地将系统的风险控制到最低或控制在可接受范围内，提高系统的鲁棒性。本章所提的鲁棒优化主要是指使用鲁棒优化方法来辅助航线网络设计决策，以提高航线网络的鲁棒性，有效地降低未来航线网络运行因参数不确定性所带来的风险；期望值优化是风险中性（risk-neutral）的，它是指在平均条件下具有非常优异的表现。

6.3 非枢纽航线网络规划

对于一般的城市对航线网络，当不考虑开辟航线的成本时，任意一对 O-D 流一定按运输成本最小的路径运输，而运输成本往往和距离成正比，因此任意一对 O-D 流一定是按最短路进行运输。两点之间直线最短，从而任一对 O-D 流必然选择直达航线运输，因此对于这种航线网络的优化非常简单。但是在实际操作时，航线的开辟不可能没有成本，并且航空运输成本和距离成正比的假设也可能不成立。当考虑航线开辟的成本，并以网络的总成本（包括航线开辟的成本和旅客运输的成本）最小为目标进行航线网络规划的优化决策时，问题将变得复杂得多。当航空运输成本和距离不成正比时，可能会衍生出一些其他形式的城市对航线网络，如实际中经常用到的甩辫子航线等。下面我们将对于这种一般的、没有枢纽要求的航线网络进行建模设计。

6.3.1 符号说明

假设某航空公司主要运营 n 个城市之间的客流，其全体记为集合 N，$\|N\|=n$，对 n 个城市进行编号 $1,2,\cdots,n$。该航空公司准备在这 n 个城市的基础上构建自己的航线网络。n 个城市两两相连构成完全图 $G=(N, A)$，$\{i, j\}$ 表示无向边的同时也表示城市对 i, j；(i, j) 和 (j, i) 为相应的有向边，同时也分别表示由 i 到 j 和由 j 到 i 的 O-D 流，A 既表示网络 G 无向边的全体也表示有向边的全体。C_{ij} 表示经过边 (i, j) 运送一个单位航空客流的成本，可以有 $C_{ij}=C_{ji}$，也可以有 $C_{ij}\neq C_{ji}$。W_{ij} 表示城市 i 到城市 j 之间的客流量，即 OD 流需求，一般地有 $W_{ij}\neq W_{ji}$，但在网络优化决策时为便于计算往往假设 $W_{ij}=W_{ji}$。

令 $Q=\{x_{km}^{(i, j)}, \forall (i, j),(k, m)\in A\}$，$x_{km}^{(i, j)}$ 表示 O-D 流 (i, j) 流经边 (k, m) 的流量占 O-D 流 (i, j) 总量的比例。$y_{km}=\begin{cases}1, & 开通航线\ \{k, m\} \\ 0, & 不开通航线\ \{k, m\}\end{cases}$，$y_{km}=y_{mk}$，$Y=\{y_{km}\}$ 叫作边选择变量，又叫作固定成本变量。$Z(Q, Y)$ 表示网络的总成本，F_{ij} 是开辟（选择）航线 $\{i, j\}$ 的成本，此外对于航空运输有 $C_{ii}=W_{ii}=0$，因此对于 (i, j) 认为 $i\neq j$。

6.3.2 数学模型

上述航线网络的优化，可用 Magnanti 普通模型表示：

$$\min Z(Q, Y)=\sum_{(i,j)\in A}\sum_{\{k,m\}\in A}W_{ij}(C_{km}x_{km}^{(i,j)}+C_{mk}x_{mk}^{(i,j)})+\sum_{\{k,m\}\in A}F_{km}y_{km} \tag{6-1}$$

$$\text{s.t.} \sum_{k\in N}x_{km}^{(i, j)}-\sum_{t\in N}x_{mt}^{(i, j)}=\begin{cases}-1, & m=i \\ 1, & m=j \\ 0, & 其他\end{cases}\quad \forall (i, j)\in A, k\in N \tag{6-2}$$

$$\sum_{(i,j)\in A} W_{i,j} x_{km}^{(i,j)} \leqslant D_{km} y_{km}, \forall (k,m)\in A \qquad (6\text{-}3)$$

$$\sum_{(k,m)\in A} F_{km} y_{km} \leqslant B \qquad (6\text{-}4)$$

$$x_{km}^{(i,\,j)},\ x_{mk}^{(i,\,j)} \geqslant 0\ ,\quad y_{km}\in\{0,1\}\ ,\quad (i,j)\in A,\{k,\ m\}\in A \qquad (6\text{-}5)$$

式（6-1）以网络的运输总成本和开辟航线的成本之和最小为目标函数；约束（6-2）是流量守恒方程，保证所有的 OD 流都由起点运到终点；式（6-3）是容量约束条件，它保证只有航线 $\{k, m\}$ 开通时才能有流量通过，并且所有 O-D 流经过边（k, m）的流量之和不超过该边的容量；约束（6-4）是投资总额限制，即所有各条航线投资总和不超过限额 B；另外 $x_{km}^{(i,\,j)}$ 是非负变量，y_{km} 是 0-1 变量。

约束条件（6-3）的左手是对各 O-D 对求和，是关于 O-D 对耦合的，所以叫作捆绑式约束（Bundle Constraint），如果没有容量限制，则该式可表达为

$$x_{km}^{(i,\,j)} \leqslant y_{km},\ x_{mk}^{(i,\,j)} \leqslant y_{km} \qquad (6\text{-}3')$$

如果对航线的开辟没有投入限制，则可删除约束条件（6-4），由此构成的问题叫作固定负荷设计问题（Fixed Charge Design Problem）。

$$\min z = \sum_{(i,j)\in A}\sum_{(k,m)\in A} c_{km}^{(i,j)} x_{km}^{(i,j)} + \sum_{(k,m)\in A} F_{km} y_{km} \qquad (6\text{-}6)$$

$$\text{s.t.}\begin{cases} \displaystyle\sum_{k\in N} x_{km}^{(i,j)} - \sum_{l\in N} x_{ml}^{(i,j)} = \begin{cases} -1, m=i \\ 0, m\neq i,j, \quad \forall (i,j)\in A \\ 1, m=j \end{cases} \\ x_{km}^{(i,j)} \leqslant y_{km}, \quad (i,j)\in A, (k,m)\in A \\ x_{mk}^{(i,j)} \leqslant y_{km}, \quad (i,j)\in A, (k,m)\in A \\ x_{km}^{(i,j)} \geqslant 0, (i,j)\in A;\ y_{km}=0,1;(k,m)\in A \end{cases} \qquad (6\text{-}7)$$

此时是解耦的，可以将上述模型分解成各 O-D 流的相关模型，并分别求解。

如果有投资总额限制但没有边容量限制，则网络优化模型简化为预算设计问题（Budget Design Problem）。

$$\min z = \sum_{(i,j)\in A}\sum_{(k,m)\in A} c_{km}^{(i,j)} x_{km}^{(i,j)} + \sum_{(k,m)\in A} F_{km} y_{km}$$

$$\text{s.t.}\begin{cases} \displaystyle\sum_{k\in N} x_{km}^{(i,j)} - \sum_{l\in N} x_{ml}^{(i,j)} = \begin{cases} -1, m=i \\ 0, m\neq i,j, \quad \forall (i,j)\in A \\ 1, m=j \end{cases} \\ x_{km}^{(i,j)} \leqslant y_{km}, x_{mk}^{(i,j)} \leqslant y_{km}, \quad (i,j)\in A, (k,m)\in A \\ \displaystyle\sum_{(k,m)\in A} F_{km} y_{km} \leqslant B \\ x_{km}^{(i,j)} \geqslant 0, (i,j)\in A;\ y_{km}=0,1;(k,m)\in A \end{cases} \qquad (6\text{-}8)$$

有些预算设计问题在目标函数中可能没有包含第二项，即边选择成本之和，也即只限制边选择成本的总额，不一定把它放入目标函数中追求最小。

6.3.3　案例分析

选择沈阳、北京、青岛、郑州、广州、武汉 6 个城市，在这 6 个城市的基础上构建航线网络，6 个城市之间需求和运输成本如矩阵 C 和 W 所示。模型考虑了开辟航线的成本，为简化模型求解的需要，开辟航线的成本认为是相同的，都取为 1 000 000 元。

$$C = \begin{pmatrix} 0 & 730 & 821 & 1\,339 & 2\,672 & 1\,859 \\ 730 & 0 & 646 & 690 & 1\,967 & 1\,133 \\ 821 & 646 & 0 & 741 & 1\,867 & 1\,117 \\ 1\,339 & 690 & 741 & 0 & 1\,389 & 530 \\ 2\,672 & 1\,967 & 1\,867 & 1\,389 & 0 & 873 \\ 1\,859 & 1\,133 & 1\,117 & 530 & 873 & 0 \end{pmatrix}, \quad W = \begin{pmatrix} 0 & 71 & 13 & 10 & 8 & 4 \\ 71 & 0 & 58 & 29 & 152 & 44 \\ 13 & 58 & 0 & 3 & 12 & 11 \\ 10 & 29 & 3 & 0 & 22 & 4 \\ 8 & 152 & 12 & 22 & 0 & 37 \\ 4 & 44 & 11 & 4 & 37 & 0 \end{pmatrix}$$

首先，给 6 个城市进行编号：1—沈阳；2—北京；3—青岛；4—郑州；5—广州；6—武汉。

然后，对模型（6-1）~（6-5），采用 YALMIP/MATLAB 求解得到的结果为：最优总成本为 6 332 570 元，运输总成本为 1 332 570 元。由于需求和成本具有对称性，因此只列出 $(i, j)\, i < j$ 的结果，该网络的示意图如图 6-3 所示。

$x_{12}^{(1,2)} = x_{12}^{(1,3)} = x_{23}^{(1,3)} = x_{12}^{(1,4)} = x_{24}^{(1,4)} = x_{12}^{(1,5)} = x_{24}^{(1,5)} = x_{46}^{(1,5)} = x_{65}^{(1,5)} = x_{12}^{(1,6)} = x_{24}^{(1,6)} = x_{46}^{(1,6)} = 1$；

$x_{23}^{(2,3)} = x_{24}^{(2,4)} = x_{24}^{(2,5)} = x_{46}^{(2,5)} = x_{65}^{(2,5)} = x_{24}^{(2,6)} = x_{46}^{(2,6)} = 1$；

$x_{24}^{(3,4)} = x_{32}^{(3,4)} = x_{24}^{(3,5)} = x_{32}^{(3,5)} = x_{46}^{(3,5)} = x_{65}^{(3,5)} = x_{24}^{(3,6)} = x_{32}^{(3,6)} = x_{46}^{(3,6)} = 1$；

$x_{46}^{(4,5)} = x_{65}^{(4,5)} = x_{46}^{(4,6)} = 1$；

$x_{56}^{(5,6)} = 1$；

$y_{12} = y_{23} = y_{24} = y_{46} = y_{56} = 1$。

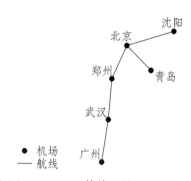

图 6-3　Magnanti 航线网络地理布局示意

结果说明：以 $x_{46}^{(4,5)} = x_{65}^{(4,5)} = 1$ 为例，说明郑州到广州的客流是经过武汉进行一次中转运输，由于采用的是一般网络模型，经过武汉进行中转可以降低网络的总运输成本，但并不代表武汉是枢纽城市。

此外，上述模型考虑了开辟航线的成本，如果不考虑开辟航线的成本来进行一般网络的优化决策，结果是显然的，也即所有的 O-D 流都会直接由起点运到终点（按照最短路运输原则以及两点之间直线最短），此时最优的运输总成本为 1 225 824 元，比上述最优解的运输总成本少了 10 万多元，这是假设运输成本满足三角不等式的直接结果。但运输成本不满足三角不等式时应当另作讨论。

6.4　枢纽航线网络规划

前面已指出，航线网络规划的优化决策是指在航空运输涉及的城市以及城市之间的连线所构成的网络上，以运输总成本最小为目标，对所有的 O-D 流安排具体的运输路径。不同的 O-D 流运输方式将形成不同的航线网络结构。枢纽航线网络是通过枢纽机场汇集客流然后再分运而形成的一种网络结构。枢纽航线网络规划的优化决策问题又称为枢纽选址问题（Hub Location Problem），广泛应用于邮政网络、电信网络以及航空公司航线网络的构建中。枢纽航线网络规划的优化决策问题主要包括以下四个步骤：① 确定枢纽机场的个数；② 确定枢纽机场的具体位置；③ 确定非枢纽机场和枢纽机场具体的连接方式；④ 所有 O-D 流的具体路径安排。

6.4.1　基本假设

（1）枢纽之间由干线完全连接，由于枢纽机场通过汇集客流体现出的规模经济，因此在干线上运输成本往往引入折扣因子 α，枢纽之间的运输称为转运（Transfer）。

（2）非枢纽之间不直接连接，非枢纽之间的客流经过枢纽进行中转运输，并且非枢纽和枢纽之间采用多分配连接的方式。由非枢纽将客流运往枢纽时，在非枢纽和枢纽之间的航线也起到了一定的汇集客流的作用，因此在非枢纽至枢纽的航线运输成本引入折扣因子 χ，非枢纽至枢纽的运输称为汇运（Collection）；同样地，枢纽至非枢纽的航线上引入折扣因子 δ，枢纽至非枢纽的运输称为分运（Distribution）。一般有 $0 \leqslant \alpha < \chi, \delta \leqslant 1$。

（3）任一 O-D 流运输的路径至多包含三条边，也即最多经过两个枢纽进行中转运输。一般地 O-D 流也可以只经过一个枢纽进行中转，即 k 重合 m，或者当 O-D 流的起始城市或目的地城市本身就是枢纽城市，i 和 k 或者 m 和 j 重合。

（4）所有的 O-D 流必须全部由起始城市运到目的地城市，并且 O-D 流进行中转的城市一定是枢纽城市。

6.4.2　四下标数学模型

O'Kelly（1987）首次建立了枢纽航线网络的整数规划模型，但是其建立的模型是二次的，并且主要针对单分配问题，因此并不适合于航空枢纽运输网络的构建。Skorin-Kapov，O'Kelly 以及 Campbell 等人降低了模型的次数，构建了四下标的无容量限制的多分配 p-枢纽中位问题（简记为 UMpHMP）优化模型。所谓 UMpHMP，是指事先确定枢纽的个数是 p，在机场和航线上没有容量的限制并且满足上述的四个要求。

6.4.2.1 符号说明

同一般网络模型类似，某航空公司要在 n 个城市的基础上构建枢纽航线网络，其中枢纽的个数事先确定为 p（$p<n$）；$Y = \{y_k | k \in N\}$，$y_k = \begin{cases} 1, & k\text{是枢纽} \\ 0, & k\text{不是枢纽} \end{cases}$，$H$ 是枢纽的集合，$\|H\| = p$，即 $k \in H$，则 $y_k = 1$；$X = \{x_{ijkm} | i, j, k, m \in N\}$，$x_{ijkm}$ 表示 (i, j) 流经过枢纽 k、m 中转的流量占总 (i, j) 流流量的比例，即 O-D 流 (i, j) 经路径 $i \to k \to m \to j$（其中 k、m 均为枢纽）运输的旅客量占 O-D 流 (i, j) 旅客总量的比例；令 $C_{ijkm} = \chi C_{ik} + \alpha C_{km} + \delta C_{mj}$；$Z(Y, X)$ 表示总成本函数。

6.4.2.2 Campbell 数学模型

Campbell 等人建立的四下标模型是在航空运输成本与距离成正比的假设下构建的。

$$Z^* = \min \ Z(Y, X) = \min \sum_{i=1}^{n} \sum_{j=1}^{n} \sum_{k=1}^{n} \sum_{m=1}^{n} W_{ij} C_{ijkm} x_{ijkm} \tag{6-9}$$

$$\text{s.t.} \quad \sum_{k=1}^{n} y_k = p \tag{6-10}$$

$$\sum_{k=1}^{n} \sum_{m=1}^{n} x_{ijkm} = 1, \ i, j = 1, \cdots, n \tag{6-11}$$

$$\sum_{m=1}^{n} x_{ijkm} \leqslant y_k, \ i, j, k = 1, \cdots, n \tag{6-12}$$

$$\sum_{k=1}^{n} x_{ijkm} \leqslant y_m, \ i, j, m = 1, \cdots, n \tag{6-13}$$

$$y_k \in \{0,1\}, \quad k = 1, \cdots, n ; \ x_{ijkm} \geqslant 0, \ i, j, k, m = 1, \cdots, n \tag{6-14}$$

式（6-9）表示以航空客流的运输总成本最小为目标函数；式（6-10）限定了构建的枢纽航线网络中枢纽机场的个数为 p；式（6-11）保证所有 O-D 流的运量都必须全部由起始城市运到目的地城市；式（6-12）、（6-13）保证了所有的 O-D 流只能通过枢纽城市进行中转运输；式（6-14）要求枢纽机场选择变量是 0-1 变量，其他变量是非负变量。x_{ijkm} 限制了每对 O-D 流流经的路径至多包含三条边。

6.4.2.3 案例分析

案例以上述模型为基础进行枢纽航线网络的构建。选择北京、成都、广州、上海、武汉、沈阳 6 个城市，在这 6 个城市的基础上构建枢纽航线网络，从中选择两个城市作为枢纽城市，

即 $p=2$，6 个城市之间需求和运输成本如矩阵 C 和 W 所示，折扣因子 $\alpha=0.5$。

解：按照枢纽航线网络的设计步骤，首先确定了枢纽的个数为 2，其次需要确定枢纽的具体位置。因此我们给 6 个城市进行编号：1—北京；2—成都；3—广州；4—上海；5—武汉；6—沈阳，建立模型如下所示。

$$C=\begin{pmatrix} 0 & 1\,697 & 1\,967 & 1\,178 & 1\,133 & 730 \\ 1\,697 & 0 & 1\,390 & 1\,782 & 1\,047 & 2\,346 \\ 1\,967 & 1\,390 & 0 & 1\,308 & 873 & 2\,672 \\ 1\,178 & 1\,782 & 1\,308 & 0 & 761 & 1\,364 \\ 1\,133 & 1\,047 & 873 & 761 & 0 & 1\,859 \\ 730 & 2\,346 & 2\,672 & 1\,364 & 1\,859 & 0 \end{pmatrix}, \quad W=\begin{pmatrix} 0 & 232 & 208 & 360 & 69 & 79 \\ 232 & 0 & 129 & 155 & 36 & 48 \\ 208 & 129 & 0 & 218 & 39 & 60 \\ 360 & 155 & 218 & 0 & 450 & 163 \\ 69 & 36 & 36 & 450 & 0 & 33 \\ 79 & 48 & 60 & 163 & 33 & 0 \end{pmatrix}$$

$$Z^* = \min Z(Y,X,s) = \min \sum_{i=1}^{6}\sum_{j=1}^{6}\sum_{k=1}^{6}\sum_{m=1}^{6} W_{ij}C_{ijkm}x_{ijkm}$$

$$\text{s.t.} \sum_{k=1}^{6} y_k = 2$$

$$\sum_{k=1}^{6}\sum_{m=1}^{6} x_{ijkm}=1, \quad i,j=1,\cdots,6$$

$$\sum_{m=1}^{6} x_{ijkm} \leqslant y_k, \quad i,j,k=1,\cdots,6$$

$$\sum_{k=1}^{6} x_{ijkm} \leqslant y_m, \quad i,j,m=1,\cdots,6$$

$$y_k \in \{0,1\}, \quad k=1,\cdots,6; \quad x_{ijkm} \geqslant 0, \quad i,j,k,m=1,\cdots,6$$

将模型应用 YALMIP/MATLAB 软件进行求解，模型中一共有 470 个约束条件，1 302 个变量，运算时间是 3.723 秒。得到的结果为：$y_1=y_5=1$，即以北京和武汉作为枢纽；最优的总成本是 6 178 708 万元；$x_{1411}=x_{1611}=x_{1215}=x_{1315}=x_{1515}=x_{2651}=x_{2355}=x_{2455}=x_{2555}=x_{3651}=x_{3455}=x_{3555}=x_{4611}=x_{4555}=x_{5651}=1$；同时也说明非枢纽上海、沈阳和枢纽北京连接；非枢纽广州、成都和武汉连接，以 $x_{2355}=1$ 为例，非枢纽成都和广州之间的客流经过枢纽武汉进行中转运输，该网络的示意图如图 6-4 所示。

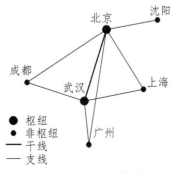

图 6-4 CAMPBELL 枢纽网络地理布局示意

此外还得到 $x_{1166}=1$，这是因为 $W_{ii}=0$ 和要求所有的 O-D 流必须经过中转运输导致的，但对最优目标函数值没有影响。

若运输成本不满足三角形边长不等式,求解上述模型时将导致下述结果的出现:对于 O-D 流 (i, j)，如果 i、j 都是枢纽，有枢纽 k、m 使得:

$$\alpha C_{ik}(s) + \alpha C_{kj}(s) \leqslant \alpha C_{ij}(s),$$ （6-15）

或者

$$\alpha C_{ik}(s) + \alpha C_{km}(s) + \alpha C_{mj}(s) \leqslant \alpha C_{ij}(s)$$ （6-16）

成立，从而按照最短路运输的原则，在约束（6-10）~（6-14）下可能出现枢纽机场之间的旅客也采用中转运输。

若网络设计时不仅要求 O-D 流至多中转两次，而且要求枢纽之间的客流直达运输，则需要在约束（6-10）~（6-14）的基础上再增加下述约束:

$$\sum_{m=1}^{n} \sum_{k=1,k \neq i}^{n} x_{ijkm} + y_i \leqslant 1, \forall i, j = 1, \cdots, n$$ （6-17）

$$\sum_{k=1}^{n} \sum_{m=1,m \neq j}^{n} x_{ijkm} + y_j \leqslant 1, \forall i, j = 1, \cdots, n$$ （6-18）

式（6-15）和（6-16）表示当 O-D 流 (i, j) 的起点和终点有且只有一个为枢纽时，如果需要中转则至多只能中转一次，当起点和终点都为枢纽时则只能采用直达运输。

6.4.3　三下标数学模型

我们所讨论的 UMpHMP 是 NP-hard 问题，求解是非常困难的。Ernst 和 Krishnamoorthy（1998）建立了三下标的数学模型，大大减少了变量和约束的个数，提高了求解的效率。

6.4.3.1　Ernst 数学模型

在航空运输成本与距离成正比时构建模型:

$$\min \sum_{i \in N} [\sum_{k \in N} \chi C_{ik} Z_{ik} + \sum_{k \in N} \sum_{l \in N} \alpha C_{kl} Y_{kl}^i + \sum_{l \in N} \sum_{j \in N} \delta C_{lj} X_{lj}^i]$$ （6-19）

$$\text{s.t.} \sum_{k \in N} y_k = p$$ （6-20）

$$\sum_{k \in N} Z_{ik} = O_i, \quad \forall i \in N$$ （6-21）

$$\sum_{l \in N} X_{lj}^i = W_{ij}, \quad \forall i, j \in N$$ （6-22）

$$\sum_{l \in N} Y_{kl}^i + \sum_{j \in N} X_{kj}^i - \sum_{l \in N} Y_{lk}^i - Z_{ik} = 0, \quad \forall i, k \in N$$ （6-23）

$$Z_{ik} \leqslant O_i y_k, \quad \forall i,k \in N \tag{6-24}$$

$$X_{lj}^i \leqslant W_{ij} y_l, \quad \forall i,j,l \in N \tag{6-25}$$

$$X_{lj}^i, Y_{kl}^i, Z_{ik} \geqslant 0, \forall i,j,k,l \in N \tag{6-26}$$

$$y_k \in \{0,1\}, \quad \forall k \in N \tag{6-27}$$

式中：O_i 表示起始于城市 i 的客流量，且有 $\sum_{j \in N} W_{ij} = O_i$；$Z_{ik}$ 表示起始于城市 i 经航线 $i \to k$ 运输的客流量；X_{lj}^i 表示起始于城市 i，以城市 j 为目的地，经航线 $l \to j$ 运输的客流量；Y_{kl}^i 表示起始于城市 i，经航线 $k \to l$ 运输的客流量；式（6-20）表示构建的枢纽航线网络中共有 p 个枢纽；式（6-21）~（6-23）是客流量守恒方程，保证所有的 O-D 流全部由起始城市运到目的城市；式（6-24）表示对于起始于城市 i 的客流，经航线 $i \to k$ 运输时，k 一定是枢纽城市；式（6-25）表示对于起始于城市 i 并以城市 j 为目的地的客流，经航线 $l \to j$ 运输时，l 一定是枢纽城市；式（6-26）、式（6-27）要求 y_k 是 0-1 变量，其他变量是非负变量。

由航空运输成本与距离成正比的假设以及式（6-25）和式（6-26）可以保证任意一对 O-D 流经过中转城市的一定是枢纽城市，并且至多经过一条干线进行运输，即任一对 O-D 流流经的路径最多包含三条边。

6.4.3.2　案例分析

在 6.4.2.3 小节案例同样的条件下，采用三下标模型进行枢纽航线网络优化决策。构建三下标模型如下：

$$\min \sum_{i=1}^6 \left[\sum_{k=1}^6 \chi C_{ik} Z_{ik} + \sum_{k=1}^6 \sum_{l=1}^6 \alpha C_{kl} Y_{kl}^i + \sum_{l=1}^6 \sum_{j=1}^6 \delta C_{lj} X_{lj}^i \right]$$

$$\text{s.t.} \sum_{k=1}^6 y_k = 2$$

$$\sum_{k=1}^6 Z_{ik} = O_i, \quad i = 1, \cdots, 6$$

$$\sum_{l=1}^6 X_{lj}^i = W_{ij}, \quad i,j = 1, \cdots, 6$$

$$\sum_{l=1}^6 Y_{kl}^i + \sum_{j=1}^6 X_{kj}^i - \sum_{l=1}^6 Y_{lk}^i - Z_{ik} = 0, \quad i,k = 1, \cdots, 6$$

$$Z_{ik} \leqslant O_i y_k, \quad i,k = 1, \cdots, 6$$

$$X_{lj}^i \leqslant W_{ij} y_l, \quad i,j,l = 1, \cdots, 6$$

$$X_{lj}^i, Y_{kl}^i, Z_{ik} \geqslant 0, \quad i,j,k,l = 1, \cdots, 6$$

$$y_k \in \{0,1\}, \quad k = 1, \cdots, 6$$

同样的，将模型用 YALMIP/MATLAB 软件进行求解，得到的结果为：$y_1=y_5=1$，即以北京和广州作为枢纽；最优的总成本是 6 178 708 万元，该网络的示意图如图 6-5 所示，这与四下标模型得到的结果是相同的；其他变量的解如下：

$Z_{11}=948$，$Z_{14}=523$，$Z_{16}=383$，$Z_{25}=600$，$Z_{35}=654$，$Z_{45}=823$，$Z_{55}=63$；$Y_{51}^3=268$，$Y_{51}^4=102$，$Y_{15}^1=509$，$Y_{15}^6=149$；$X_{11}^2=232$，$X_{11}^3=208$，$X_{11}^4=360$，$X_{11}^5=69$，$X_{11}^5=79$，$X_{52}^1=232$，$X_{52}^3=129$，$X_{52}^4=155$，$X_{52}^5=36$，$X_{52}^6=48$，$X_{53}^1=208$，$X_{53}^2=129$，$X_{53}^4=218$，$X_{53}^5=39$，$X_{53}^6=60$，$X_{14}^1=360$，$X_{14}^6=163$，$X_{54}^2=155$，$X_{54}^3=218$，$X_{54}^5=450$，$X_{55}^1=69$，$X_{55}^2=36$，$X_{55}^3=39$，$X_{55}^4=450$，$X_{55}^6=33$，$X_{16}^1=79$，$X_{16}^2=48$，$X_{16}^3=60$，$X_{16}^4=163$，$X_{16}^5=33$。

模型中一共有 334 个约束条件、402 个变量，运算时间是 1.996 秒。与四下标模型比较可以发现，无论是约束条件、变量还是运算时间，三下标模型都要优于四下标模型，这一点当问题的规模进一步扩大后将会更加明显。

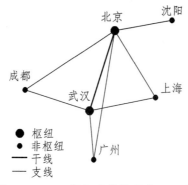

图 6-5　Ernst 枢纽网络地理布局示意

当运输成本不满足三角形边长不等式时，上述模型计算的结果不能保证任意一对 O-D 流流经的路径至多包含三条边，即 O-D 流路径上可能经过了多条干线进行运输。为保证起中转作用的城市一定是枢纽城市、任意一对 O-D 流至多经过三条航线进行中转运输以及枢纽之间的客流采用直达运输的方式，需要加入下述约束：

$$\sum_{l=1}^n Y_{kl}^i \leqslant O_i y_k, \forall i, k \in \{1, \cdots, n\} \qquad (6-28)$$

$$\sum_{k=1}^n Y_{kl}^i \leqslant O_i y_l, \forall i, l \in \{1, \cdots, n\} \qquad (6-29)$$

$$\sum_{l=1}^n Y_{kl}^i \leqslant Z_{ik}, \forall i, k \in \{1, \cdots, n\} \qquad (6-30)$$

$$Z_{ii} \geqslant O_i y_i, \forall i \in \{1, \cdots, n\} \qquad (6-31)$$

$$X_{jj}^i \geqslant W_{ij} y_j, \forall i、 j \in \{1, \cdots, n\} \qquad (6-32)$$

式（6-28）和式（6-29）保证中转的城市一定是枢纽城市；式（6-30）保证所有 O-D 流流经的路径至多包含三条边；式（6-31）和式（6-32）要求当 O-D 流的起点或终点是枢纽时，客流运输路径中必须包括由自身运到自身的部分。

6.4.4　枢纽航线网络模型的进一步讨论

上述构建的 Campbell 四下标数学模型和 Ernst 三下标数学模型是以 6.4.1 小节的假设条件（即多分配枢纽航线网络）为前提的。下面我们放宽/改变部分假设条件，讨论一下几种常见的枢纽网络数学模型。

6.4.4.1　单分配枢纽网络数学模型

单分配枢纽网络要求轮辐机场有且只能和一个枢纽机场相连。基于 Ernst 三下标数学模型，我们令 Z_{ik} 为 0-1 型决策变量，表示节点 i 是否与枢纽节点 k 相连接，显然，当 $i=k$ 时，Z_{kk} 表示节点 k 是否被选择为枢纽。此时，单分配枢纽网络规划数学模型可以表示为

$$\min \sum_{i\in N}[\sum_{k\in N} C_{ik}Z_{ik}(\chi O_i+\delta D_i)+\sum_{j\in N}\sum_{l\in N}\alpha C_{kl}Y_{kl}^i] \tag{6-33}$$

$$\text{s.t.}\sum_{k\in N} Z_{ik}=1,\forall i \tag{6-34}$$

$$Z_{ik}\leqslant Z_{kk},\quad \forall i,k\in N \tag{6-35}$$

$$\sum_{l\in N} Y_{kl}^i+\sum_{j\in N} W_{ij}Z_{jk}-O_iZ_{ik}-\sum_{l\in N} Y_{lk}^i=0,\quad \forall i,k\in N \tag{6-36}$$

$$Y_{kl}^i\geqslant 0,\forall i,k,l\in N \tag{6-37}$$

$$Z_{ik}\in\{0,1\},\quad \forall i,k\in N \tag{6-38}$$

其中：式（6-33）表示航空客流的总运输成本最小；式（6-34）、式（6-35）、式（6-36）分别为（单）分配约束、选择条件（即只有机场 k 选为枢纽机场时，轮辐机场 i 才能通过它转运客流）和流平衡约束；式（6-37）和式（6-38）为变量类型和取值范围。

6.4.4.2　非严格枢纽网络数学模型

非严格枢纽网络是指允许轮辐机场之间直接相连。基于 Campbell 枢纽网络数学模型，首先定义 x_{ij} 为非枢纽城市之间直航的流量占 (i,j) 流总流量的比例，那么，非严格枢纽网络模型可以表示为

$$Z(Y,X)=\min \sum_{i=1}^n\sum_{j=1}^n W_{ij}C_{ij}x_{ij}+\sum_{i=1}^n\sum_{j=1}^n\sum_{k=1}^n\sum_{m=1}^n W_{ij}C_{ijkm}x_{ijkm} \tag{6-39}$$

$$\text{s.t.}\sum_{k=1}^n y_k=p$$

$$x_{ij}+\sum_{k=1}^n\sum_{m=1}^n x_{ijkm}=1,\quad i,j=1,\cdots,n \tag{6-40}$$

$$\sum_{m=1}^n x_{ijkm}\leqslant y_k,\quad i,j,k=1,\cdots,n$$

$$\sum_{k=1}^{n} x_{ijkm} \leqslant y_m, \quad i,j,m=1,\cdots,n$$

$$y_k \in \{0,1\}, \quad k=1,\cdots,n, \quad x_{ijkm} \geqslant 0, \quad i,j,k,m=1,\cdots,n$$

可以发现在上述非严格枢纽航线网络模型中，目标函数中多出了流经非枢纽之间直达的客流量成本，且这部分的比例和经过枢纽转运的流量之和为 1。

请思考，如何用三下标数学模型表示非严格枢纽网络规划问题呢？

6.4.4.3 含开辟成本和有容量限制的数学模型

有容量限制的多分配枢纽选址问题——Capacitated Multiple Allocation Hub Location Problem 简记为 CMAHLP。所谓有容量限制，即在某一个时间段内通过某条航线或某个枢纽机场的客流有数量上的限制。对于无容量限制的枢纽航线网络优化决策问题，在枢纽机场和航线选定后，O-D 流可以按照最短路进行运输，具体的运输路径可以由最短路算法直接求得。当航线或者枢纽机场有容量限制时，O-D 流运输路径的安排将变得非常复杂，不再是简单地按照最短路进行运输。确定情形下，有容量限制的枢纽航线网络优化决策问题一直是航线网络规划研究方面的难点，目前尚未有好的解决方法。

在航空运输成本与距离成正比时构建有容量限制的枢纽航线网络模型如下：

$$\min \sum_{i=1}^{n}\sum_{j=1}^{n}\sum_{k=1}^{n}\sum_{m=1}^{n} W_{ij}C_{ijkm}x_{ijkm} + \sum_{k=1}^{n} F_k y_k \tag{6-41}$$

$$\text{s.t.} \sum_{k=1}^{n}\sum_{m=1}^{n} x_{ijkm} = 1, \quad i,j=1,\cdots,n$$

$$\sum_{m=1}^{n} x_{ijkm} \leqslant y_k, \quad i,j,k=1,\cdots,n$$

$$\sum_{k=1}^{n} x_{ijkm} \leqslant y_m, \quad i,j,m=1,\cdots,n$$

$$\sum_{i=1}^{n}\sum_{j=1}^{n} W_{ij}\Big[\sum_{m=1}^{n}(x_{ijkm}+x_{ijmk})-x_{ijkk}\Big] \leqslant \Gamma_k y_k \tag{6-42}$$

$$y_k \in \{0,1\}, \quad k=1,\cdots,n, \quad x_{ijkm} \geqslant 0, \quad i,j,k,m=1,\cdots,n$$

其中：F_k 是在城市 k 建设枢纽机场的固定成本，Γ_k 是枢纽机场 k 的容量限制，经过枢纽机场的客流包括两部分：由非枢纽机场直接运到枢纽机场 k 的客流以及由其他枢纽机场运到枢纽机场 k 的客流。该模型事先不确定枢纽机场的个数，因此与四下标模型相比减少了约束（6-10），其他的约束类似。对于有容量限制的优化模型，由于尚未得到很好的解决，鉴于其求解的复杂性我们暂不举例求解。

6.5　不确定性航线网络规划

上述数学模型的基本假设是航线网络优化决策环境是确定的，下面介绍几种不确定性航线网络优化问题。

6.5.1　几个基本概念

（1）情景（Scenario）：未来可能发生的一种自然状态。一种情景即为所有参数的一种可能的取值组合。

（2）绝对鲁棒优化（Absolute Robust Optimization）：求得的鲁棒解具有最好的最坏目标值。解的最坏目标值是指比较该解在所有可能发生情景下的目标值，最坏的那个值即为其最坏目标值，同时取得该最坏目标值的情景为此解的最坏情景。

（3）偏差鲁棒优化（Robust Deviation Optimization）：求得的鲁棒解满足在所有可能发生的情景下其目标值与最优目标值的差别的最大值最小。

（4）相对鲁棒优化（Relative Robust Optimization）：求得的鲁棒解满足在所有可能发生的情景下其目标值与最优目标值的差别占最优目标值比例的最大值最小。

6.5.2　几个经典的数学模型

6.5.2.1　符号说明

情景集 S，$\|S\| = t$，t 为常数。S 中每一个元素 s 称为一种可能发生的情景，即需求和成本的一种可能的取值组合。

令 $W_{ij}(s)$，$C_{ij}(s)$ 分别表示在情景 s 下 O-D 流 (i, j) 的客流量和用边 (i, j) 运输一个单位航空旅客的成本，一般有 $C_{ij}(s) = C_{ji}(s)$，$W_{ij}(s) \neq W_{ji}(s)$，$C_{ii}(s) = 0$，$W_{ii}(s) = 0$。

6.5.2.2　绝对鲁棒优化模型

建立枢纽航线网络四下标的绝对鲁棒优化模型：

$$\min T \tag{6-43}$$

$$\text{s.t.} \sum_{i=1}^{n} \sum_{j=1}^{n} \sum_{k=1}^{n} \sum_{m=1}^{n} W_{ij}(s) C_{ijkm}(s) x_{ijkm} \leqslant T, \ \forall s \in S \tag{6-44}$$

$$\sum_{k=1}^{n} y_k = p$$

$$\sum_{k=1}^{n} \sum_{m=1}^{n} x_{ijkm} = 1, \ i, j = 1, \cdots, n$$

$$\sum_{m=1}^{n} x_{ijkm} \leqslant y_k, \ i, j, k = 1, \cdots, n$$

$$\sum_{k=1}^{n} x_{ijkm} \leq y_m, \ \ i,j,m=1,\cdots,n$$

$$y_k \in \{0,1\}, \ \ \ k=1,\cdots,n, \ \ \ x_{ijkm} \geq 0, \ \ i,j,k,m=1,\cdots,n$$

其中：式（6-44）是绝对鲁棒优化的要求，即对于枢纽航线网络的每一种设计都取其在所有可能情景下最大的总成本；其他约束类似于式（6-10）~（6-14）。

6.5.2.3 偏差鲁棒优化模型

建立枢纽航线网络四下标的偏差鲁棒优化模型：

$$\min T$$

$$\text{s.t.} \sum_{i=1}^{n}\sum_{j=1}^{n}\sum_{k=1}^{n}\sum_{m=1}^{n} W_{ij}(s)C_{ijkm}(s)x_{ijkm} \leq T+Z^*(s), \ \ \forall s \in \boldsymbol{S} \qquad （6-45）$$

$$\sum_{k=1}^{n} y_k = p$$

$$\sum_{k=1}^{n}\sum_{m=1}^{n} x_{ijkm}=1, \ \ i,j=1,\cdots,n$$

$$\sum_{m=1}^{n} x_{ijkm} \leq y_k, \ \ i,j,k=1,\cdots,n$$

$$\sum_{k=1}^{n} x_{ijkm} \leq y_m, \ \ i,j,m=1,\cdots,n$$

$$y_k \in \{0,1\}, \ \ \ k=1,\cdots,n, \ \ \ x_{ijkm} \geq 0, \ \ i,j,k,m=1,\cdots,n$$

其中：式（6-45）是偏差鲁棒优化的要求，即对于枢纽航线网络的每一种设计，在所有可能发生的情景下分别计算其与每一个情景下最优设计总成本的偏差，并保证取偏差的最大值作为衡量此种网络设计鲁棒性的标准；其他约束类似于式（6-10）~（6-14）。

6.5.2.4 相对鲁棒优化模型

建立枢纽航线网络四下标的相对鲁棒优化模型：

$$\min T$$

$$\text{s.t.} \sum_{i=1}^{n}\sum_{j=1}^{n}\sum_{k=1}^{n}\sum_{m=1}^{n} W_{ij}(s)C_{ijkm}(s)x_{ijkm} \leq (T+1)Z^*(s), \ \ \forall s \in \boldsymbol{S} \qquad （6-46）$$

$$\sum_{k=1}^{n} y_k = p$$

$$\sum_{k=1}^{n}\sum_{m=1}^{n} x_{ijkm}=1, \ \ i,j=1,\cdots,n$$

$$\sum_{m=1}^{n} x_{ijkm} \leqslant y_k, \quad i,j,k=1,\cdots,n$$

$$\sum_{k=1}^{n} x_{ijkm} \leqslant y_m, \quad i,j,m=1,\cdots,n$$

$$y_k \in \{0,1\}, \quad k=1,\cdots,n, \quad x_{ijkm} \geqslant 0, \quad i,j,k,m=1,\cdots,n$$

其中：式（6-46）是相对鲁棒优化的要求，即对于枢纽航线网络的每一种设计，在所有可能发生的情景下分别计算其与每一个情景下最优设计的总成本的偏差所占最优设计总成本的比例，并保证取此比例的最大值作为衡量该网络设计鲁棒性的标准；其他约束类似于式（6-10）~（6-14）。

6.5.2.5　随机期望优化模型

随机期望优化是指在若干可能发生情景下，使得航线网络拥有最优的期望成本。

考虑含有 n 个节点的无容量限制网络，N 为所有节点的集合，Ω 为所有情景的集合。ω 代表该网络的全部 O-D 流需求量和所有边成本的一种取值组合，称为一种随机情景，且有 $\omega \in \Omega$。在随机情景 ω 下，$w_{ij}(\omega)$ 是从节点 i 出发到节点 j 终止的需求量；$c_{ij}(\omega)$ 是边 ij 的单位流成本；$c_{ikmj}(\omega)$ 是从结点 i 出发，经由枢纽 k、m，到达终结点 j 的单位流成本，且有 $c_{ikmj}(\omega)=\alpha_2 c_{ik}(\omega)+\alpha_1 c_{km}(\omega)+\alpha_3 c_{mj}(\omega)$，其中 $\alpha_1,\alpha_2,\alpha_3$ 的运输成本折扣因子，一般有 $0<\alpha_1<1$ 且 $\alpha_2=\alpha_3=1$；$x_{ikmj}(\omega)$ 是流变量：如果 O-D 流 ij 选择经由枢纽 k、m 中转而到达终点 j，则 $x_{ikmj}(\omega)=1$，否则 $x_{ikmj}(\omega)=0$。如果 k 与 m 相同，则表示经由一个枢纽中转。$x_{ikmj}(\omega)$ 属于运行变量（operational variable），在不同随机情景下，$x_{ikmj}(\omega)$ 的取值相互独立。y_k 是枢纽解变量，在随机优化中又叫做计划变量（planning variable），所有随机情景下的计划变量的值都必须相同。如 k 为枢纽，则 $y_k=1$，否则 $y_k=0$。

本章所提出的随机优化模型的目标是期望能够找到符合式（6-47）的枢纽解和各情景下的最优流变量：

EBRUMpHMP 模型：

$$\min_{y_t,x_{ikmj}(\omega)} Z = E_{\omega}[Z(\omega)] \tag{6-47}$$

其中：$E_{\omega}[\cdot]$ 表示所有的随机情景下的数学期望；$Z(\omega)$ 表示在情景 ω 下网络的总成本，可以通过求解下述优化子问题获得。

$$Z(\omega)=\min_{y_t,x_{ikmj}(\omega)} \sum_{i\in N}\sum_{k\in N}\sum_{m\in N}\sum_{j\in N} w_{ij}(\omega)c_{ikmj}(\omega)x_{ikmj}(\omega) \tag{6-48}$$

$$\text{subject to} \sum_{k\in N} y_k = p$$

$$\sum_{k\in N}\sum_{m\in N} x_{ikmj}(\omega)=1, \quad i,j\in N \tag{6-49}$$

$$x_{ikmj}(\omega)\leqslant y_k, \quad i,j,k,m\in N \tag{6-50}$$

$$x_{ikmj}(\omega) \leqslant y_m \ , \quad i,j,k,m \in \mathrm{N} \tag{6-51}$$

$$x_{ikmj}(\omega), y_k \in \{0,1\} \quad i,k,m,j \in \mathrm{N} \tag{6-52}$$

目标函数、约束条件的含义类似于 6.4.2.2 小节，这里不再赘述。

6.6 几种常用的求解算法

四下标和三下标数学模型是解决枢纽航线网络问题的常用建模方式，因此我们主要针对上述两个有代表性的模型，给出相应的求解算法。

6.6.1 基于四下标模型的禁忌搜索算法设计

禁忌搜索算法是 Glover 于 1986 年提出的一种现代启发式算法，它是对局部邻域搜索的一种扩展，是一种全局逐步寻优算法。禁忌搜索算法通过引入一个灵活的存储结构和相应的禁忌准则来避免迂回搜索，通过特赦准则来赦免一些被禁忌的优良状态，且当前解还可以通过一定方式接受劣解，从而保证多样化的有效探索以最终实现全局优化。关于禁忌搜索算法的详细论述可参阅相关的文献，这里结合网络优化中的最短路算法，利用禁忌搜索算法的优良特性，提出了一种解决 UMApHMP 的启发式方法 TSSPA。

由于在航线网络设计时总假定任一城市对的旅客只能沿着一条运费最少的航线出行，因此 UMpHMP 最优解中决策变量 x_{ijkm} 的值只能取 0 或 1，并且当枢纽选定后，各城市间的连接方式可以通过求所有城市对间的特定 Floyd 最短路问题解决。基于 UMpHMP 的这些特点，我们将利用禁忌搜索方法来选取枢纽，利用特定 Floyd 最短路算法决定各城市间的连接方式，反复迭代，以得到问题最优解或较优解。

（1）初始解的构造。

TSSPA 对初始解具有依赖性，好的初始解可使算法在解空间中高效地搜索到好的解，而较差的初始解则会降低算法的收敛速度。本书借助 UMpHMP 的信息来构造初始解。由于枢纽的选取与流量和距离都有关系，因此在选取初始解的枢纽时用指标

$$Z_i = \sum_{j \in \mathrm{N}} w_{ij} \Big/ \sum_{i \in \mathrm{N}} \sum_{j \in \mathrm{N}} w_{ij} - \sum_{j \in \mathrm{N}} c_{ij} \Big/ \sum_{i \in \mathrm{N}} \sum_{j \in \mathrm{N}} c_{ij} \tag{6-53}$$

对各城市排序，选择加权和最大的 p 个城市作为枢纽，然后根据选定的 p 个枢纽，利用最短路算法求出各城市对间的最佳航线作为初始解。

由于起转运作用的只有作为枢纽的 p 个城市，当航空运输成本与距离成正比时，可以利用特定的 Floyd 最短路算法进行求解，只需迭代 p 次即可。算法步骤如下：

假定枢纽集为 $\boldsymbol{H} = \{h_1, h_2, \cdots, h_p\}$，构造图 $G' = (\boldsymbol{N}', \boldsymbol{A}')$。$G'$ 中每条边的长度 $l_{ij}(s)$ 定义为：当 $i, j \notin \boldsymbol{H}$ 时，$l_{ij}(s) = +\infty$；当 $i, j \in \boldsymbol{H}$ 时，$l_{ij}(s) = \alpha C_{ij}(s)$；当 $i \in \boldsymbol{H}, j \notin \boldsymbol{H}$ 时，$l_{ij}(s) = \delta C_{ij}(s)$；当 $i \notin \boldsymbol{H}, j \in \boldsymbol{H}$ 时，$l_{ij}(s) = \chi C_{ij}(s)$。令 $d_{ij}^k(s)$ 表示只有前 k 个枢纽作为中转点时从 i 到 j 的最短

路长度，令 $r_{ij}^k(s)$ 表示只有前 k 个枢纽作为中转点时从 i 到 j 最短路径上的第一个不同于起点 i 的点。

步骤 1　令 $d_{ij}^0(s)=l_{ij}(s)$，$d_{ii}^0(s)=0$，$r_{ij}^0(s)=j$ $(ij=1,\cdots,n)$，$k=1$；

步骤 2　对一切 $1\leqslant i\leqslant n,1\leqslant j\leqslant n$，令

$$d_{ij}^k(s)=\min\{d_{ij}^{k-1}(s),d_{ik}^{k-1}(s)+d_{kj}^{k-1}(s)\}$$

$$r_{ij}^k(s)=\begin{cases} r_{ij}^{k-1}(s), & 若 d_{ij}^{k-1}(s)\leqslant d_{ik}^{k-1}(s)+d_{kj}^{k-1}(s) \\ r_{ik}^{k-1}(s), & 若 d_{ij}^{k-1}(s)>d_{ik}^{k-1}(s)+d_{kj}^{k-1}(s) \end{cases};$$

步骤 3　如果 $k=p$，结束；否则，令 $k=k+1$，转步骤 2。

经过 p 次迭代后，可得所有城市对间的最短航线距离矩阵 $D^p(s)=(d_{ij}^k(s))_{n\times n}$ 以及可用来求最短航线路径的矩阵 $R^p(s)=(r_{ij}^k(s))_{n\times n}$，则给定枢纽下的最小运输费用可由 $\sum_{i\in N}\sum_{j\in N}W_{ij}(s)d_{ij}^p(s)$ 计算得到，各城市对间的最短路径可通过正向追踪法由矩阵 $R^p(s)$ 获得。

（2）适配值函数。

TSSPA 的适配值函数是用于对搜索状态的评价，从而结合禁忌准则和特赦准则来选取新的当前解。在 TSSPA 中，直接把目标函数作为适配值函数，显然适配值函数的取值越小则对应的解越好。

（3）邻域结构及其候选解。

假定 x 为 UMpHMP 的一个可行解，在此定义 x 的邻域为只有一个枢纽与 x 中的枢纽不同，且各城市之间的航线连接由最短路算法确定后而得到的所有可行解，也即某解的一个邻域解可通过一个非枢纽和一个枢纽进行单一交换后，再利用最短路算法求得，显然某可行解的邻域中共有 $p(n-p)$ 个可行解。如此得到的 $p(n-p)$ 个邻域解作为产生下一步解的候选解，且下一步的解为最好的候选解，即指满足特赦准则的禁忌候选解或者是最好的非禁忌候选解。

（4）禁忌对象和禁忌长度。

当一个非枢纽城市 s 和枢纽城市 h 进行单一交换后，我们把城市 h 作为禁忌对象放在禁忌名单中，在任期内禁止城市 h 再被交换回去（除非满足特赦准则），以尽量避免迁回搜索。本书的禁忌名单遵循先进先出（FIFO）原则。禁忌长度的选取可有多种方法，如固定设置法、静态设置法、动态设置法等，本书采用固定设置法。

（5）特赦准则。

我们采取的特赦准则主要包括：

① 若某个禁忌候选解优于当前最好解，则解禁此候选解并且把其作为当前解和最优解。

② 若禁忌候选解和非禁忌候选解均不优于当前最好解，则选择最好的非禁忌解作为当前解，以便在进一步搜索时实现局部突跳，从而逃逸局部极小。

③ 若候选解均被禁忌，且不存在优于最优解的候选解，则对候选解中最佳的候选解进行解禁作为当前解，以便继续搜索。

（6）停止准则。

禁忌搜索算法常用的停止准则有：

① 运算达到预先设定的最大迭代次数。

② 目标函数值持续未改善次数。

③ 运算达到预先设定的最长 CPU 运行时间。

④ 目标函数值达到预先设定值等。

我们采用 TSSPA 通过设定目标函数值持续未改善次数或运算达到预先设定的最大迭代次数来中止运算。

综上所述，求解 UMpHMP 的启发式算法 TSSPA 的具体计算步骤如下：

步骤 1   产生初始解；

步骤 2   依次将 $n \sim p$ 个非枢纽与枢纽集合中的 p 个枢纽作单一交换；

步骤 3   从中选择最好的候选解，此解若优于当前最优解，转步骤 6，否则执行步骤 4；

步骤 4   此解是否为禁忌，若是则转步骤 5，否则转步骤 7；

步骤 5   若所有候选解都禁忌，将最好候选解作为现行解，转步骤 8，否则把非禁忌的最好候选解作为现行解，转步骤 8；

步骤 6   更新目前最优解；

步骤 7   更新现行解；

步骤 8   更新禁忌名单；

步骤 9   是否达到停止条件，若是则输出结果，问题结束，否则转步骤 2。

6.6.2   基于三下标模型的 Floyd-Warshall 算法设计

步骤 1   选取合理的城市属性指标体系和指标权重，通过多属性决策方法（如文献 6 所示）对各城市进行排序；

步骤 2   根据对各城市排序选出候选枢纽城市集 M；

步骤 3   从城市集 M 中任选 p 个作为枢纽，利用特定的 Floyd-Warshall 算法求解相应的最短路问题，如此反复计算，则共得到 $C_{|M|}^p$ 个解，其中目标函数值最小的解即为所求（当 $|M|$ 很小时，也可借助于一些优化软件求解）；

步骤 4   利用得到的解可分析构建出枢纽航线网络。

其中特定的 Floyd-Warshall 算法是在图 G' 上求解所有 O-D 流间的最短路，图 G' 按下述方式构造：

G' 分四层，对于 $i \in N$，在第一层用 i 表示，在第二层对应相同的点用 i' 表示，在第三层对应相同的点用 i'' 表示，在第四层对应相同的点用 i''' 表示。第一、四层包含了网络 $G = (N, A)$ 所有的 n 个城市，第二、三层仅包含所有的枢纽城市。每一层内的点不连接，只有相邻两层之间的点才连接。具体的连接方式为层与层之间对应相同的城市直接连接，边长（航线运输成本）为 0；第一层的非枢纽城市和第二层的所有枢纽城市都连接，边长为 χC_{ij}；第一层的枢纽城市只与第二层相对应的枢纽城市连接；第二层的枢纽城市和第三层的枢纽城市分别连

接，除对应相同的点直接连接边长为 0 外，其他的边长为 αC_{ij}；第三层与第四层的连接方式与第一层与第二层的连接方式类似，只是边长变为 δC_{ij}。图 6-6 给出了 G' 当 $\|N\| = 7$ 时的示意图，其中城市 2、6、7 是枢纽，并给出了以城市 1 为起始城市的连接方式，其他城市的连接情况类似。$C_{ij'''}^*$ 表示 i 到 j''' 的最短路，则 $C_{ii'''}^*$ 可能不为 0，也即 $i \to i'''$ 的旅客通过了最近的枢纽进行了中转，由航空旅客运输的特点 $W_{ii'''} = 0$，因此对结果没有影响。图 G' 中当 p 个枢纽选定时 Floyd-Warshall 最短路算法求解 O-D 流间的最短路具体步骤为：

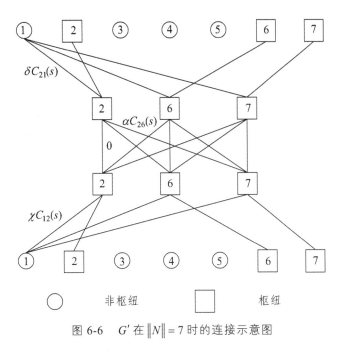

图 6-6　G' 在 $\|N\| = 7$ 时的连接示意图

步骤 1　计算 $C_{k'j'''}^* = \min\limits_{l \in H}\{\alpha C_{kl} + \delta C_{lj}\}, \forall k \in \boldsymbol{H}, j \in \boldsymbol{N}$，由于 $C_{k'k''} = 0, k \in \boldsymbol{H}$，因此式中包含只有 Distribution 没有 Transfer 的路径；

步骤 2　计算 $C_{ij'''}^* = \min\limits_{k \in H}\{\chi C_{ik} + C_{k'j'''}^*\}, i, j \in \boldsymbol{N}$，其中 j''', j'', j' 均对应 $\boldsymbol{N}$ 中的 j。在图 $\boldsymbol{G}$ 中求 i 到 j 的最短路即为在图 $\boldsymbol{G'}$ 中求的 $C_{ij'''}^*$。

6.7　本章小结

本章首先对基地（枢纽）选址和航线规划的关系进行了分析，并对航线网络规划问题的分类进行了讨论；其次介绍了非枢纽网络模型的构建，并重点讨论了枢纽航线网络规划优化模型，进一步介绍了不确定环境下枢纽航线网络的建模理论与分析，最后，针对几种常用的枢纽网络模型介绍了两种常用的求解算法。

通过本章的学习，读者应能掌握不同类型航线网络建模技术，并能够对相应的模型设计求解算法。

思考题

1. 简答题

（1）请阐述基地选址和航线规划之间的相互关系。

（2）请对航线网络规划问题进行分类，并说明各种分类的依据。

（3）请尝试构建有容量限制的四下标模型，并思考有无容量限制对于该类模型计算结果的影响。

（4）请利用三下标模型尝试构建有容量限制的航线网络规划模型。

2. 计算题

（1）选择沈阳、北京、青岛、郑州、广州、武汉 6 个城市，在这 6 个城市的基础上构建航线网络，6 个城市之间的需求和运输成本如矩阵 C 和 W 所示。模型考虑了开辟航线的成本，为简化模型求解的需要，开辟航线的成本认为是相同的，都取为 1 500 000 元。

$$C = \begin{pmatrix} 0 & 730 & 821 & 1\,339 & 2\,672 & 1\,859 \\ 730 & 0 & 646 & 690 & 1\,967 & 1\,133 \\ 821 & 646 & 0 & 741 & 1\,867 & 1\,117 \\ 1\,339 & 690 & 741 & 0 & 1\,389 & 530 \\ 2\,672 & 1\,967 & 1\,867 & 1\,389 & 0 & 873 \\ 1\,859 & 1\,133 & 1\,117 & 530 & 873 & 0 \end{pmatrix}, \quad W = \begin{pmatrix} 0 & 71 & 13 & 10 & 8 & 4 \\ 71 & 0 & 58 & 29 & 152 & 44 \\ 13 & 58 & 0 & 3 & 12 & 11 \\ 10 & 29 & 3 & 0 & 22 & 4 \\ 8 & 152 & 12 & 22 & 0 & 37 \\ 4 & 44 & 11 & 4 & 37 & 0 \end{pmatrix}$$

请利用 Magnanti 模型进行求解。

（2）选择北京、成都、广州、上海、武汉、沈阳 6 个城市，在这 6 个城市的基础上构建枢纽航线网络，从中选择 3 个城市作为枢纽城市，即 $p=3$，6 个城市之间的需求和运输成本如矩阵 C 和 W 所示，折扣因子 $\alpha = 0.6$。

$$C = \begin{pmatrix} 0 & 1\,697 & 1\,967 & 1\,178 & 1\,133 & 730 \\ 1\,697 & 0 & 1\,390 & 1\,782 & 1\,047 & 2\,346 \\ 1\,967 & 1\,390 & 0 & 1\,308 & 873 & 2\,672 \\ 1\,178 & 1\,782 & 1\,308 & 0 & 761 & 1\,364 \\ 1\,133 & 1\,047 & 873 & 761 & 0 & 1\,859 \\ 730 & 2\,346 & 2\,672 & 1\,364 & 1\,859 & 0 \end{pmatrix}, \quad W = \begin{pmatrix} 0 & 232 & 208 & 360 & 69 & 79 \\ 232 & 0 & 129 & 155 & 36 & 48 \\ 208 & 129 & 0 & 218 & 39 & 60 \\ 360 & 155 & 218 & 0 & 450 & 163 \\ 69 & 36 & 36 & 450 & 0 & 33 \\ 79 & 48 & 60 & 163 & 33 & 0 \end{pmatrix}$$

请利用 Campbell 和 Ernst 模型分别进行求解。

第7章 机场航线发展

作为航空运输业的重要组成部分之一，机场不仅在宏观运输环境中扮演着关键角色，还直接参与和促进地方经济发展。机场发展的先驱性和对其他行业的促进作用使其成为经济、生产、旅游和商务发展等各个方面的引导者。

伴随着机场属地化、商业化的发展趋势，机场的功能不再仅仅局限于为航空公司、旅客、货物提供起降场地和地面服务。机场的运营包含了大量复杂的运输和商业活动，现代机场的性质逐渐从以往的民航运输保障单位转变为一家真正的企业。机场在这转变的过程中和日趋激烈的竞争压力下，也越来越重视运营效率和收益。一般情况下，机场的建设规模、设施配备、机队和人力资源投放应以客货需求和航线网络总体规划为基础。一个机场的定位和航线发展在很大程度上决定了其商业发展水平、经济效益以及对地区经济的影响力。

7.1 概　述

机场在传统上被认为是公共事业单位，和商业活动相比，其功能更侧重于为飞机和旅客的安全高效移动提供服务。因此机场经营者曾对市场营销采取相当消极的态度，几乎不会鼓励顾客去使用他们的服务。然而在全球范围内，机场已经变得越来越商业化，再加上许多市场的航空自由化，导致机场业的竞争日趋激烈。由此，市场营销已成为很多机场的核心活动，也被认为是机场运营成功的重要因素。近年来，全球各机场都越来越积极地通过航线发展活动来提高机场对航空公司的吸引力。只是由于各机场的地理位置、规模、性质和特征不同，航线发展活动的活跃度也有较大差异。

7.1.1 定义和目标

机场航线发展（airport route development）在一些国家也被称为航空服务发展（air service development），不同国家和学者对航线发展的定义有多种解释方法。针对其作用的表述为：航空服务发展是帮助机场维持和扩大航线网络以增加航空和非航空收入的战略工具。从其采用的方法进行描述：航线发展即机场为吸引新航线而开展的营销活动，例如通过参加航线发展大会、提供奖励机制、与航空公司的会晤、为航空公司定制发展报告等。另一种描述为：航线发展包括对航空服务的吸引、发起、扩大、保留或任何改进，可以表现在对价格、航班频率、机场容量、枢纽连通性或可提供服务的直达目的地数量等各方面的改变。

以上对航线发展定义的描述体现了航线开发的广泛性质，包括其作用、目标和采用的方法。实际上航线发展包含的目标和内容具有更深层的含义，最显而易见的目标是鼓励新航空公司来机场运营新航线。然而在现实中，航线发展可以有许多不同的目的，包括吸引新航空公司来开新航线，增加现有已开航线的航班频次，吸引现有航空公司增开新航线，保留现有航线并做有影响力的改变（例如降低费用、调整时刻、减少季节性影响、升级机型）。

在不同国家和机场，航线发展目标的重要性排序也不同。Martin 在 2009 年对美国的 41 个小型非枢纽机场的调查中发现，80%的机场表示使用航线发展技术来保持现有服务，70% 以上的机场通过航线发展向新目的地增加服务或在机场增加航班频次。大约 60%的机场以降低费用提高吸引力为目标，不到一半的机场通过航线发展来改进服务，只有 1/3 机场以升级现有机型为目标。

尽管各机场的航线发展目标各异，但根据发展方向可以将它们归为两大类，一类与提高机场的通达性相关（如可提供服务的目的地数量、航班频次和机场容量）；另一类与增加机场的运输量相关（如到港、离港和中转旅客的数量，货物的价值、重量和体积）。不同特征的机场或同一机场在不同的发展时期，可能采取不同类的航线发展方向，对应航空服务的类型也可能有较为显著的差异。

7.1.2 航线发展概念的拓展

航线发展还可以在期限、对象和目标层次等方面进行拓展，将概念进一步延伸。

（1）如果从长期和广义的角度理解，航线发展/航空服务发展可以被视为一个较长期限的发展周期，在这个周期内，新的航空服务使机场运输量增加，机场通达性提高，反过来使机场在市场上更具吸引力和竞争力，进而吸引更多的服务，形成一个长期的良性循环。

（2）航线发展活动可以针对不同的对象进行。除了吸引航空公司（各种种类，如干线、区域、低成本、休闲/旅游包机、私人/商业包机），也可以针对目的地机场（如国内的、国外相同区域内的、其他大洲的）。此外，货运航空公司也可作为发展对象。但由于与旅客运输的市场和经营模式不同，再加上市场需求数据的预测难度相对较大，航线发展会有一定的挑战性。

（3）根据机场的性质及其与所在地利益相关者（如地方政府）的关系，航线发展可能还存在与地区利益相关的更广泛更复杂的目标，例如发展当地旅游业、打造城市形象，或为当地商业和居民就业、出行而提高机场连通性。

7.1.3 机场航线发展原则

（1）机场航线发展的基本原则和差异化。

航线网络规划的前提是以市场需求为依据。同理，机场航线发展的基本原则是以机场的定位和辐射范围内的市场需求为基础。在机场设计之初，首先根据机场所在地在航线网络结构中的地位、经济、人口、出行需求等因素将机场定位为枢纽机场、干线机场、分流机场或支线机场。根据机场定位和市场需求制定合理的航线网络规划，机场的建设规模要符合航线网络规划的要求，飞机、人员及设施设备的投入也要与之相符，既要避免资源的过度投入，又要为未来航线航班发展预留足够的拓展空间。

每家机场由于定位和运营环境不同，可能制定不同的航线发展目标。如我国枢纽机场和支线机场的航线发展目标、原则和途径都有较大差异。同一家机场在不同的发展阶段也可能面临航线发展战略的调整、目标的转换和方法的演变。无论哪一类机场在哪一个阶段的航线发展目标是什么，都必须遵守一个普遍原则：航线发展要具有现实性，符合机场未来可能产生的市场需求、所能提供的基础设施和服务以及目标客户愿意且能接受服务、运营航线的可行性。

（2）机场和航空公司航线发展原则的区别。

作为以盈利为经营目标的企业，航空公司在构建航线网络时需要进行经济性和效益分析，在开辟新航线或在已有航线基础上增加运力投入前，也需要对方案做可行性分析。在市场预测的基础上计算航线发展方案的成本和收益，根据方案的盈利能力做出选择。而大多数机场的定位是公益性与企业化的结合，机场既是基础设施和公共产品，又是一个企业化运营的经济实体。我国《民用机场管理条例》中将机场定位为公共基础设施，要求机场实现由经营型向管理型的转变，统筹处理好公共基础设施定位和经营收益的关系。机场需要扮演多重角色，既要引领本地经济展现公益的一面，又要尽可能吸引航空公司增加航线航班，强化机场主业。

因此，机场航线发展的原则与航空公司相比有显著不同。对机场航线发展方案的可行性分析往往需要站在不同的决策高度并采用多个评价标准进行。在实际业务中，大多数机场特别是市场需求较小、航线航班数量少的中小机场在发展航线时并不像航空公司一样重视经济性，而是更多地侧重于新业务对机场的运输量和通达性的促进作用，以及可能给所在城市和地区带来的社会和经济效益。例如，一些中小机场的航线发展方案在经济性上实质是不可行的，航线的开辟是无利可图甚至亏损的，但为了实现某些比盈利更高的目标，往往通过向航空公司提供航线补贴的方式吸引和维持航空公司对亏损航线的运营。某些大型枢纽和中转机场在时刻资源或机场容量已接近饱和的情况下，无法再通过增加运力投入来进行航线发展，转而致力于对机场航线网络结构的优化来提高通达性。

7.2 机场航线发展的重要性

机场航线发展的概念从提出到现在仅有 20 年时间，在理论上尚未形成完整的体系，科研成果也较少，然而国内外各机场都逐渐对航线发展业务引起重视，从以往被动地"等"航空公司来飞转变为主动地"请"航空公司来飞。不论机场规模大小，几乎都设立了专业的市场部门或人员负责航线发展、航空服务发展、市场开发，可见机场航线发展对机场及其所在城市和地区的发展有重要的意义。

航线发展是影响整个机场收入的关键驱动力。这是机场航线发展的意义中最直接、最重要的一点。不断增长的交通量是大部分机场，特别是大中型和枢纽机场在短期、中期和长期面临的关键挑战。预测显示全球民航运输交通量将会在 20 年内翻倍，总体来看机场将面临持续的投资和扩张的压力。预计未来 10 ~ 15 年约有 3 500 亿美元的资金需求用于机场基础设施建设，主要投入在飞行区的改进和扩张、旅客候机楼的扩张和地面通道的加强。为应对这一挑战，机场不得不大量投资以扩充容量，满足市场需求。成功的航线发展活动可以显著增加机场收入：一方面，不管是吸引航空公司开发新航线还是在现有航空服务的基础上扩大业务规模，都可以直接提高机场的航空业务收入，增加机场净利润，从而确保必需的基础设施发展所需资金充足；另一方面，航空服务发展可以为机场带来更多的客流量，为商业和物业等非航业务发展提供支持，增加机场的非航收入。

（2）机场航线发展是提高机场通达性和竞争力的重要手段。简单地说，通达性是指从一个地方到达另一个地方的容易程度。作为机场竞争力的关键因素，通达性是机场在地区经济中的领导和推动作用的重要支撑，也起到了整合贸易、经济增长和就业机会创造的重要作用。机场只有制定并实施长期适用的航线发展计划，建立科学合理的航线网络结构，才能不断提高通达性，保持竞争力，吸引更多的投资者和航空公司。

（3）随着经济全球化趋势的发展，行业放松管制、机场属地化、私有化的变革，机场之间的竞争也越来越激烈。对大中型机场而言，能否成为枢纽已关系到机场和所在城市的发展；对一些支线机场和小机场而言，航线发展的成功与否更是直接关系到机场的生死存亡。

（4）在面临同行竞争的同时，中短程航线近年还面临着铁路、公路等替代品的强势挑战，特别是在国内高速铁路快速发展的趋势下，民航现有航线在未来会受到显著影响。例如，武广高铁（武汉至广州）、京沪高铁（北京至上海）、西成高铁（西安至成都）开通后，民航都有多条航线停航。机场应与航空公司维持行业合作伙伴关系，及时调整航线发展策略，优化航线网络布局，尽可能降低地面运输发展带来的替代效应的负面影响。

（5）机场航线发展是地区和国家经济财富来源的有效推动力。机场不仅对城市和区域经济的发展有显著的促进作用，同时还能在一定程度上解决周边的就业问题。近年来，临空经济这种新型经济体逐渐成为大型枢纽机场促进其所在地区经济发展的新形式；机场城市这一概念也被提出并应用于一些大型机场。机场周边汇集了大量商业、高科技产业、旅游业资源。机场业务的顺利发展在带来客流、吸引更多商业实体和大型企业的同时，也会为机场运营保障以及周边其他产业创造和提供大量就业岗位，带动就业和经济的发展。例如，阿联酋航空进驻印度市场后就给当地经济带来显著的提升，相关数据见表 7-1。

表 7-1 阿联酋航空对印度市场的经济影响

旅客数量/（百万/年）	5.57		
对经济产出的影响			
总额/百万美元	896.1	总量/岗位数量	91 086
直接/百万美元	391.7	直接/岗位数量	15 701
间接/百万美元	504.4	间接/岗位数量	75 385
对旅游的影响			
国外旅客人数/（人/年）	711 272		
外汇收入/百万美元	1 845.80		

7.3 机场航线发展流程

航线发展流程包括一系列阶段，是一个需要全面执行和计划的长期任务。这个流程看似一个简单有逻辑的序列，但实际上是一个复杂和连续的过程。在这过程中的任何一个时点，机场都可能需要同时执行各种不同的任务。机场还必须根据环境的变化不断评估和调整所做出的决策，以适应其运营环境的动态发展。

长期来看，机场航线发展包括制定目标、方案调研、营销活动的开展和方案实施四个大的阶段，每个阶段又包括众多具体的步骤和环节，如图7-1所示。

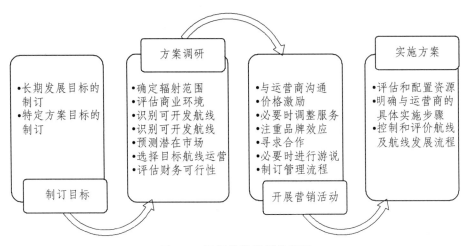

图 7-1　机场航线发展流程图

7.3.1　发展目标

（1）长期目标的制订。

如 7.1.1 小节所述，不同机场在不同发展阶段的目标各异，首先应根据机场的定位和辐射范围内的市场基础制定长期发展总目标。机场航线发展的目标会受到其总体规划、价值取向和社会责任等方面的意图的影响。例如，机场可能想成为某区域内提供特定类型航空服务的主要机场，或者想要在某段时间内在某一特定市场占有可观的份额，或者想要在其所处机场群中发挥特定的作用。长期目标则需要支持这些企业意图。

此外，机场常常被视为区域发展的重要影响因素。这意味着利益相关方可能试图在各方面影响甚至直接参与到航线发展的决策中去，比如就业、当地旅游、贸易和商业活动、当地居民的旅行机会等。所以在制定航线发展目标时要考虑更广泛的地区发展目标。

（2）特定发展目标的制订。

在长期目标的发展方向下，根据当期市场需求或地区发展决策进一步制定在较短期限内的某一特定发展目标。可能的目标有：吸引新的航空公司开设新航线，吸引已有航空公司开设新航线，发展已有航线，或通过提高频次、优化时刻、升级机型等方式对已有航线做出有影响力的改变，也可能以保留可能面临风险和/或被认为对机场具有战略重要性的现有航线为目标。航线发展目标还可能针对与机场通达性或运输量有关的特定领域（如通航的目的地数量，航班频次和运力，或到港、离港、中转旅客数量，货物价值、重量和体积）。提供服务的种类也可能具有多样性，如针对不同类别的航空公司或不同地域的目的地。

7.3.2 方案调研

为成功开展航线发展计划，机场需要做大量的市场调查研究，并将任何对机场航线发展有兴趣的利益相关者纳入考虑范围。具体到某一特定发展方案，机场需要首先界定其市场辐射范围，并对内部和外部商业环境开展市场评估。其中，内部商业环境主要指机场所有制及其运营方式；外部商业环境主要包括政治、经济、社会文化、技术、环境、法律和法规等。外部环境分析应包括对可能影响机场当前和未来航线、市场和竞争压力的关键趋势以及机场的应变能力的评估。

机场要及时识别尚未开航或运力不足的航线，这需要大量来源于国家统计机构、航班数据库、始发地市场需求数据库、已发布报告或调查（如和旅客、旅游业、当地商业或居民有关的）的数据提供支持。在此基础上利用一些工具（如 traffic allocation models 运输分配模型、Quality of Service Index QSI 服务质量指数、connection builders、market simulation forecasts 市场仿真预测）可以对潜在机会进行分析。这些分析工具可以帮助市场开发人员针对潜在航线的客流量做出增长预测。根据市场环境分析和潜在需求预测的结果设计航线，安排航班频率，选择执飞机型，为航线发展活动提出具体的产品方案，以备向目标客户提出明确的航线发展计划。

在此基础上，机场则需要选择可能运营航线的目标航空公司并为其提供详尽的市场情报和航线发展方案。随着机场在航线发展活动中的主动性越来越强，机场之间的竞争越来越激烈，为成功吸引航空公司，二者之间的关系已从以往简单的市场信息共享发展为紧密的航空公司-机场合作模式。在制定航线发展方案时，机场首先要理解航空公司的发展计划，了解其发展战略、市场定位、运力和航班时刻分布，为其提出明确的航线发展目标、长期适用的全面战略性方法，共同承担航线发展可能面临的风险，并在市场预测的基础上对资源投入和财务可行性进行评估。

7.3.3 营销活动的开展

机场拥有很多客户，其中最重要的两个是航空公司和旅客，针对这两类客户所采用的营销技巧差别很大。对于航空服务产品的最终客户，机场倾向于用一些传统的方法吸引旅客，如通过各种渠道提供及时、准确的信息，通过各种媒体打广告，推出旅客忠诚度项目，提供赞助，发起筹款活动和航空表演等。然而，机场运营者本身能影响旅客选择的程度是有限的，因为他们的决定主要取决于机场所提供的航空服务及其所处地理位置。所以，绝大多数机场都把重心放在向航空公司推销，这无疑会对机场的成功产生更直接、更重要的影响。

在完成足够支撑方案的市场调研后，机场则要针对如何达到其航线发展目标做出战略决策，制定向目标航空公司推销航线发展方案的具体活动计划。这些活动主要是通过各种方式与航空公司就发展方案进行沟通，常见的营销活动方式有以下几种。

（1）与航空公司进行商务约谈，这是最为传统的航线宣传方式。机场通常在会谈前预先准备航线发展报告，通过邮寄、传真或电子邮件的方式将航线发展材料发送给航空公司，或在会谈时向航空公司代表进行展示和讲解。

（2）通过媒体进行营销也是可选的方案，但往往由于费用过高而超出大部分机场的预算。

此外，通过媒体渠道进行宣传只能面向大众展示机场的基本信息，无法为目标航空公司提供具体的方案细节。

（3）有的机场，特别是以旅游相关产业为目标市场的，还可以参加旅游贸易展会。如国外的伦敦世界旅游交易会（WTM）、柏林国际旅游交易会（ITB）、西班牙国际旅游交易会（FITUR）、莫斯科国际旅游观光展览会（MITT）；国内的上海世界旅游博览会（SWTF）、广州国际旅游展览会（GITF）、北京国际旅游博览会（BITE）等。这些活动为机场拓宽了旅游贸易市场，提供了更多与客户沟通的机会。

（4）近年来机场越来越倾向于参加专注航线发展的联络活动，如 Routes、JumpStart、French Connect 等航线发展大会。这是近年来一个发展迅速的相对较新的概念，通过这些活动可以为机场运营方和航空公司提供一对一的沟通机会。1995 年在法国戛纳举办了有史以来第一次全球规模的航线发展活动，在这之后世界航线大会每年都会在全球不同城市举办。世界航线发展大会（简称世航会）是全球唯一由机场管理机构、航空公司、政府机构和旅游机构以及其他相关行业的决策者共同参加的航线发展盛会，被誉为全球民航界的"奥运会"和"世博会"。承办世界航线发展大会对举办城市有重要的战略意义，体现在以下几个方面：

① 大会是推介举办城市及其空港经济区的难得机会。来自世界各地的航空公司、航空维修制造企业等投资者可以亲临举办城市了解城市建设和产业发展情况，有助于提高城市的知名度，推动交流合作的开展。

② 大会是促进举办城市航线网络发展的重要机遇。世界航线发展大会将吸引全球主要航空运输企业参加，是宣传和推销机场航线发展方案的绝佳机会，同时也能吸引航空维修制造、商贸会展、旅游观光、航空物流等上下游产业链的集聚，凸显地区规模经济。

③ 大会能有效带动区域经济发展。由于民航运输业是区域经济发展的推动力，承办世航会则会对城市当地经济发展带来可观的影响。据英国独立官方机构约克航空（York Aviation）统计，成功承办世航会有望给举办城市带来总计 1.22 亿英镑的经济增值收益。

基于上述原因，世航会已成为全球各大城市竞相申办的行业盛会，迄今为止，已先后在阿布扎比、伦敦、阿姆斯特丹、哥本哈根、迪拜、柏林、温哥华、芝加哥等城市成功举办。继北京（2009 年）和成都（2016 年）两大国内城市举办世航会后，2018 年 9 月 16 日，第二十四届世界航线发展大会在广州举办。大会吸引了来自全球 110 多个国家和地区的 300 多家航空公司、700 多家机场管理机构和 130 多家政府及旅游机构，为广州机场和城市的发展带来重大机遇。

目前除了全球规模的大会外，英国博文集团（UBM）还组织举办各区域范围的航线大会，如亚洲航线、欧洲航线、非洲航线、美洲航线，为地区航线发展提供了沟通平台。各机场管理机构也会根据自己的战略发展目标举办各类航线论坛、枢纽论坛等，邀请航空公司和其他相关机构参加，在提高机场知名度的同时寻找与航空公司及其他机构沟通合作的机会。借助互联网技术，机场还可以通过在类似线上航线超市的航线发展网站（如 The Route Shop, Route Exchange）发布可提供的航空服务，获得宣传和营销的机会。例如，订阅了 The Route Shop 的机场可以在推销拟开航航线的同时，还可以在网站上介绍机场的其他信息，如基础设施和服务、辐射范围、潜在市场需求等。航空公司也可以在网站获知哪些机场有强烈的发展需求，机场已发现了哪些航线发展机会，最重要的是机场建议运营某一特定航线的依据是什么。比如在 2014 年 6 月，The Route Shop 就曾列出了全球 300 多家机场建议开发的 3 700 多条航线（anna.aero，2014）。

（5）随着互联网技术的发展，很多机场通过自己网站或社交媒体平台与客户保持联系。如一些机场的网站设有公对公模块，可与航空公司沟通航线发展事宜。一些机场还会在官网为旅客提供旅行计划支持。虽然这与航线发展业务没有直接联系，但可以间接地鼓励旅客使用机场提供的服务，从而起到促进机场航线发展的作用。社交媒体也有类似机场网站的作用，例如，创造与航空公司沟通的机会，告知潜在旅客机场新开和改进的服务以及可提供的特殊优惠。此外，机场还需决定是否提供财务方面的支持，如采用用户费用折扣等形式的价格激励或合作广告宣传、促销活动等形式的营销支持。机场可能还需要对产品和服务进行调整以符合航空公司与旅客的需求。一些机场还可能把重心放在品牌形象的塑造上，如芬兰的罗瓦涅米圣诞老人机场、挪威的巴杜弗斯雪人国际机场。

（6）除了积极寻求与航空公司沟通的机会外，机场还可以建立与机场发展集团或其他机场投资人之间的合作，来促进与特定航点之间的新航线开发或已有航线发展。机场通过与投资人合作促进航线发展的案例近年来越来越多见。例如，2005 年年初，西班牙机场管理局 AENA 与加泰罗尼亚自治政府、巴塞罗那市议会和巴塞罗那商会共同成立了巴塞罗那航线发展委员会，以促进巴塞罗那机场新的洲际航线的发展。2013 年，瑞典机场管理局 Swedivia 与欧洲区域发展基金会（SATSA Ⅱ）在瑞典各企业、斯德哥尔摩市政府和其他一些国内和地区组织的支持下创建了旨在加强瑞典国际航空链接的合作项目——Connect Sweden。

（7）近年来，机场与机场之间的合作也越来越多。如英国伯明翰机场和印度德里国际机场在开通了直航服务之后，于 2013 年签署了谅解备忘录，成为"姐妹机场"；2018 年 7 月，上海机场集团有限公司与亚特兰大哈茨菲尔德-杰克逊国际机场在亚特兰大——上海浦东航线开航后，签署姐妹机场友好协议，相约开展进一步合作；2018 年 10 月，延吉朝阳川国际机场与俄罗斯符拉迪沃斯托克国际机场签署友好合作谅解备忘录，正式缔结姐妹机场友好合作关系。这标志着两个机场正式承诺合作，以加强沟通交流，提高双方管理运营水平，促进两个城市之间的贸易和旅游联系。

航线发展机会可能会受到诸多制约因素影响，比如法律法规条款、基础设施限制或运行条件和能力的不足。涉及这些限制条件的决策，机场往往无法控制，如时刻资源的短缺会严重影响机场发展新航空业务的能力。在这种情况下，机场往往只能试图去改变这些制约因素。

流程管控在航线发展方案开展过程中至关重要，特别是在一些大型机场或隶属于机场集团的机场。由于组织规模更大，结构更复杂，涉及航线发展的决策必须在组织的不同层级和多个部门同时做出。在航线开发的过程中涉及航空公司与机场相关部门的对接工作则较为复杂，为了使沟通和工作流程顺利开展，有的机场（比如英国阿伯丁机场）就在管理流程中安排了所谓的"启动服务"阶段，委派特定的项目经理负责与航空公司联络并提供协助服务。还有很多机场设置了大客户经理一职来承担类似的职责。为消除航空公司在流程管控方面的顾虑，机场在推销航线发展方案时应积极提出可以提供的协助服务。在组织结构比较简单的小型和私营机场则没有这种必要。

7.3.4　航线发展方案的实施

航线开发需要动用大量的资源，因此机场需要针对拟投入的资金和人力资源制定全面的实施战略。如前所述，在航线开发过程中的所有阶段（从第一次与航空公司接触到新航线或变更航线的推出）明确与客户航空公司打交道所需的过程和步骤也非常重要。同时还要在整个过程中对客户保持持续关注，以确保航线发展机会和收益的最大化，建立并保持长期稳定共赢的客户关系。机场和航空公司一般会签订一份航线启动协议以确保双方责任和费用的划分，将整个航线发展流程中的工作细节具体化。在方案实施的同时，机场还应对该航线发展方案在长期航线发展目标中所扮演的角色、承担的任务和涉及的组织结构进行评估，包括其在机场的整体组织结构中所处的地位，这可能会对该方案在组织中的优先级别以及获得成功的可能性产生影响。

机场不仅需要控制和评估为开发这条航线所投入的人力物力财力，还需要评价这条航线的经济性及其与客户航空公司的关系。在考察长期范畴内该机场航线发展战略有效性的同时，还应特别关注航线运营方式（例如利用其开展的各项活动）。前者可以逐年控制或作为整个航线发展周期的一个组成部分，而后者则需要定期进行控制和评估，且保证足够的频率以监控方案进展情况，识别任何问题或突发情况，并在其恶化前及时解决。任何通过控制和评估而得出的结论也应作为方案进程的组成部分纳入新的或修订后的目标中去。

7.4　机场航线运输产品的设计

在机场航线发展的工作流程中，运输产品的设计和开发是至关重要的一环，直接关系到航线发展是否能获得成功、达到预期的目标。

7.4.1　航线设计

机场航线产品的类型主要包括以下三种。

（1）点对点直飞航线。该类航线要求客运市场上具有足够的客源以及一定的票价水平，这样才足以支撑开通直飞，如图 7-2 所示。

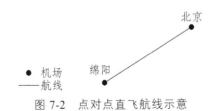

图 7-2　点对点直飞航线示意

市场需求充足的大型枢纽机场常采用这种航线类型。然而在市场开发和培育期，特别是中小型机场，直达飞行往往无法实现航班运营的经济性。要吸引航空公司和维持航线的运营，机场不得不采取补贴等激励方式。

（2）经停航线。该类航线是指以航线发展机场为经停点，两端连接着其他城市的一种航线形式，如图 7-3 所示。该类航线不但可以增加旅客的出行目的地，而且还能增加机场的业务吞吐量，因此深受处于培育期、客流严重不足市场的欢迎。例如，绵阳机场开通的"乌鲁木齐—绵阳—海口"的经停航线就是该类航线。

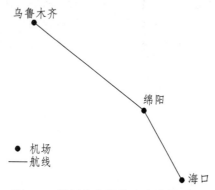

图 7-3　机场作为经停点的航线示意

（3）串飞航线。该类航线是指以航线发展机场为起点进行经停航线设计的一种航线设计类型，如图 7-4 所示。通常情况下，当从某机场始发或到达两个目的地的客流较少而不足以支撑起直达运行、且两个目的地在方向上顺向时，则可以采用这种航线类型。如遵义机场开通的"遵义—北海—海口"航线。该类航线利用长段上的客流增加了两个短段的客流，也是客流量不足的情况下常见的航线设计类型。

图 7-4　以航线发展机场为起（终）点的航线示意

在选择航线时，由于市场客源不足，大部分点对点的直飞航线客座率很低，难以为继，所以，经停航线是一个比较好的选择。一方面可以通过经停航线三个航段之间的收益调整，有效提升航班的客座率水平，确保航班收益，减少亏损；另一方面，又可以通过经停航班多开通航点，满足当地政府及机场的要求。

航线的选择还要考虑竞争对手造成的客源分流。对航空影响最大的主要是陆路交通，包括火车和汽车。近年来，中国高铁飞速发展，铁路网络逐步完善，且铁路交通具有运量大、频率高、速度快、正常性高等优势，对航空客运市场的影响越来越大。以各地的省内航线为例，各中小型机场基本全部是各省的二三线城市，这些城市与本省的省会城市之间客流稳定且充足，客源结构也足够丰富，包括公务、商务、学生、探亲、务工、旅游等各类客源。但由于各省陆路交通的差异性，省内航线的网络及比重也各不相同。如将江苏省、贵州省和内蒙古自治区进行对比，江苏 10 个机场，贵州 10 个机场，内蒙古 19 个机场（含 3 个通勤机场），由于江苏省内各机场直线距离较短，且高速公路和铁路非常发达，所以江苏省内没有一条省内航线；贵州省内各机场与省会贵阳的距离并不远，但由于省内多为山岭地区，高铁网络尚不发达，但高速公路网络基本健全，所以贵州省各机场之间还是开通了 14 条省内航线；内蒙古自治区由于土地面积大，各城市之间距离较长，高铁和高速公路均不发达，区内航线达到 74 条。值得注意的是，随着高铁网络的逐步健全，省内或者区域内的航空客运市场将被迅速压缩，如东三省内的支线客运市场，随着东北区域内的高铁逐步开通，吉林和辽宁区域内的航线已基本取消殆尽。可以预见，未来一旦贵州省和云南省的高铁布局完成后，这两个省的省内航线也基本无法维持，国内二三线城市的中小机场航线发展将面临巨大的挑战。

7.4.2　航班频率的选择

航线班期的决策主要参考以下几方面因素，大型机场和中小型机场的航线航班制约因素有显著不同。

（1）客运市场需求。客运市场需求决定市场供给，一条航线是每天一班还是每天三班，或是每周三班，最根本的决定因素是航线每天有多少客流，这里需要对航线的性质、客源结构、客流趋势进行深入分析。如果航线之间两点客源充足，可以考虑每天执行；如果航线的客流总量不足以支撑每天一个航班，就必须考虑选择班期。就客源性质而言，公商务客流最为稳定；探亲、务工和学生客源具有典型的季节性特征，国庆、春节、寒暑假期间客源充足，而其他时期客源会明显减少。剩下的可以进行有效刺激和组织的就是旅游客源，随着中国现阶段中老年人群迅速增长，日常性的旅游客运市场潜力巨大，所以各机场，特别是旅游城市的机场客运市场销售部门也将旅客客源作为重点开发对象。从旅游客源的客流规律来看，周四、周五和周日是客流高峰，周一、周二、周三和周六是客流低谷；对于日常性的公商务客流，周一、周四、周五和周日是客流高峰，周二、周三和周六是客流低谷。机场在选择航班频率时应根据所在市场的客流特点做出决定。

（2）成本控制。由于航线航班运营需投入高额成本，而在航线通航之初，通常存在客源不够充足、航班客座率低的困境。特别是中小型机场，整体客运市场需求不够旺盛，基本没有航空公司愿意执行自营航班，因此国内所有的中小型机场都靠补贴维持日常经营，补贴金额的多少决定了机场可以执行多少航班。在补贴充足的前提下，建议所有航线每天至少一班，因为任何客运市场都需要培育和成长；在补贴额度不足的情况下，航班班期的选择按第一条的优选顺序进行。

（3）航线结构。有些机场会同时开通多条航线，而目的地城市的客运市场具有一定的相似性，在机场的补贴金额有限的情况下，可以考虑进行互补性的班期安排，如毕节机场同时开通毕节—南京和毕节—杭州航线，这两个城市均属于华东客运市场，则可以按毕节—杭州每周一、三、五、七，毕节—南京每周二、四、六进行排班。需要注意的是，必须由专业人士对各种班期组合的收益情况进行预估，选其最优方案。

（4）机场容量。相比较市场需求有限的中小型机场，大型机场在选择航班频率时，机场容量是重要的制约因素。机场的跑道活动、候机楼客流和机坪容量决定了机场的整体容量。特别是受民航当局政策影响的时刻资源，已成为机场特别是繁忙的大型机场的稀缺资源。在民航局对航班时刻执行严格要求的条件下，如何尽可能统筹安排机场设施和地面服务资源，有效利用和协调航班时刻，建立和完善高效的航班时刻结构已成为大型机场面临的一大挑战。

对于国内数量众多的中小机场，提供给机场能够设计航班产品的资源是极为有限的，尤其是对于客运市场刚刚起步的中小型机场而言更是如此。由于客流量与票价水平总体偏低，航空公司不愿意将运力投放到中小型机场并组建基地公司，甚至过夜飞机都不愿意投放，这就导致中小型机场在航班产品设计过程中的灵活度大大降低。

7.4.3 机型选择

由于当下国内外机型众多，有 50 座以下，50 ~ 80 座，80 ~ 120 座，120 ~ 180 座等，各种区间的机型均有，机场的机型选择空间非常大。

首选考虑的仍然是客运市场需求，该航线每天的客流量决定了机场选择何种机型，机型的布局可以略大于客流量，但不宜太多。比较合适的机型是可以让航线客座率稳定在 60% ~ 80%，客座率过高可以考虑更换大机型，客座率过低则需更换小机型。

其次，机场需要考虑成本因素，一般而言，飞机的布局数和飞机的成本呈正向相关，但也有例外情况，机场在考虑机型选择时应尽量将飞机的成本折算到座位，即每座位成本。比如，空客 A319 和 A320，飞机总成本基本持平，但 A319 座位数比 A320 少了 30 个，那么就单个座位而言，A320 的成本更低、更加经济。所以，如果两种机型都可以选择的话，A320 机型更优。

最后，机型选择还必须考虑到飞机和机场适航条件的匹配度，不同级别的机场可起降的机型也各不相同，由于涉及飞行安全，所以必须严格按局方相关规定执行，不可以有任何的越界。

7.5 航线运营的费用补贴

航空服务发展特别是新航线的开发对航空公司而言意味着巨额的投资和风险。作为以盈利为目的的企业，航空公司只会因为盈利而引入新航线，因此航空公司在做决策时会根据可选方案的经济性选择效率最高的始发/目的地，并期望机场在航线发展的过程中提供航班运营、市场情报、市场营销和财务方面的支持。为了成功吸引航空公司，机场必须站在航空公司的角度客观预测和评估航线发展方案的收益。然而在一条新航线运营初期，特别是支线/中小机场航线，市场往往处于亏损状态。因此提供补贴扶持是两者商谈合作的重点事宜和达成合作的必要条件。

补贴扶持主要包括机场建设的直接财政投入、民航局每年提供的中小机场补贴，以及民航局和地方政府提供的航线补贴等方式。航线补贴即相关主管部门给予若干国际国内航线的补贴资金，也是地方政府激励航空公司增加运力、开拓更多航线的重要手段。民航局财务司每年根据民航发展基金使用管理有关规定，依据前一年民航机场生产统计数据，发布下一年民航中小机场补贴预算方案，对各中小机场进行适度补贴，为处于生存困境特别是经济欠发达地区的中小机场提供资金支持。根据 CADAS 关于航线补贴报告的不完全统计，2016 和 2017 年，我国政府和民航局支出的航线补贴总额已超过百亿人民币。2016 年全国仅有 1/4 的机场盈利，其余全部亏损，很多机场特别是二三线机场的发展主要依靠政府补贴。

目前常见的补贴形式主要有以下三种。

（1）收益保底。机场与拟执飞航线的航空公司协定一个具体的收益保底数额，以保证航空公司在运营该航线时，若客运市场实际收益达不到约定数额，则可直接获得当地政府差额补贴，这种方式称为收益保底。该方式的弊端在于，长期来看会成为中小型机场沉重的财务负担，且航空公司不会花大量精力和时间对该客运市场进行开发、培育、销售，因而无法解决航空公司销售积极性问题。

（2）定额补贴。按航线上一个往返飞行进行补贴，补贴额度往往较高，合作期一般以月、季度或年为单位。然而，由于航线客运市场需求的季节性波动，以短期（如以月度计）定额补贴方式进行合作的机场往往会承担更多的风险。

（3）吞吐量贡献补贴。针对上述两种补贴方式的缺陷，通过计算补贴总额度以及航线运营对于机场吞吐量贡献来计算补贴数目的一种方式。由于航线客运量与机场吞吐量之间的密切关系，因此该方式一定程度上调动了航空公司客运市场销售的积极性。

补贴在一定程度上降低了航空公司的航线经营风险，航空公司选择新航线时，在潜在客源相当的条件下，有补贴的航线自然会被优先考虑。尤其是潜力大的中小型机场客运市场，采用补贴形式，配合良好的客运市场营销，少则半年就可以使新航线度过最艰难的初始期，进入良性循环轨道。

然而，补贴并非支线航空的"万能药"。如果前期准备不足，航线、机型、合作伙伴选择不当，特别是机型过大导致补贴预算超出承受范围，航线即使开通也很难维持，"为开航而开航"的方式并不可取。

对于潜力小的中小型机场客运市场，有时进行补贴也不足以吸引航空公司开航，此时则需要采用包机形式经营。然而对于地方政府或机场出资的包机，航空公司往往就不再负责营销，任其自然销售，这就使得客源先天不足的包机的经营状况更加走低。之后，出资方发现航线不见起色，扭亏无望，或限于财力停止包机，该航线也就成了无源之水，最终断航。

对于大型枢纽机场来说，补贴的意义在于巩固其航空枢纽地位；而对于小型或支线机场来说，补贴可以在短时间内吸引运力、增加吞吐量，促进机场发展。然而影响航线发展成功与否的因素众多，费用补贴可以在航线开发初期起到一定的引导和辅助作用，但并不是长远之计。要取得长期、稳定的发展必须充分发掘市场潜力，研究航空客源的流向、流量特征，根据科学的预测结果确定合理的发展目标和正确的客运市场开发策略，并在航线发展实施的过程中严密控制和监督，努力提高生产效率，以有限的资源投入实现最大的运输产出。

7.6　本章小结

机场航线发展在机场运营管理理论和实践中是一个比较新的概念。由于涉及活动时间跨度大，覆盖内容广，工作环节多，在理论上尚未形成完整明确的概念。在机场实际业务中通常把与其相关的工作称为航线开发、航空服务发展、客运/货运市场开拓、机场市场营销等。随着机场对效率和收益的重视程度不断提高，航线发展已成为机场赖以生存和发展的重要支柱，对航空公司的航线网络规划和布局也起到了影响作用。机场航线发展的关键在于理清工作流程，注重每个环节的工作重点。本章内容介绍了机场航线发展的相关基本理论，希望读者阅读本章内容后，能了解机场航线发展的重要性和基本业务流程。

思考题

1. 名词解释
（1）机场航线发展　　　　（2）机场通达性　　　　　　（3）航线补贴

2. 简答题
（1）机场航线发展的基本原则是什么？
（2）机场和航空公司的航线发展原则有什么区别？
（3）航线发展对机场及其周边的重要性体现在哪些方面？
（4）试简述机场航线发展的基本流程。
（5）机场在进行航线发展方案营销时可以采取的方式有哪些？
（6）航线航班补贴的常见方式有哪些？

参考文献

［1］ 朱金福. 航空运输规划[M]. 西安：西北工业大学出版社，2010.

［2］ 彼得. 贝罗巴巴，阿梅迪奥. 奥多尼，辛西娅. 巴恩哈特. 全球航空运输业[M]. 解开颜，李志军译. 上海：上海交通大学出版社，2014.

［3］ 斯蒂芬·霍洛维.实用航空经济学[M]. 深圳航空公司，译. 北京：中国民航出版社，2009.

［4］ Brooks, M., & Ritchie, P. Mergers & acquisitions in the air sector 1996. Air Transport Research Group Annual Conference, Toulouse, 2003.

［5］ Carlton D W, Landes W M, Posner R A. Benefits and Costs of Airline Mergers：A Case Study[J]. Bell Journal of Economics, 1980, 11（1）：65-83.

［6］ Caves D W, Christensen L R, Tretheway M W. Economies of Density Versus Economies of Scale：Why Trunk and Local Service Airline Costs Differ[J]. The RAND Journal of Economics, 1984, 15（4）：471-489.

［7］ Kim E H, Singal V, Goldberg P K. Mergers and Market Power：Evidence from the Airline Industry[J]. American Economic Review, 1993, 83（3）：549-569.

［8］ James P, Publishing E G. Economics of International Airline Transport[J]. Emerald, 2014.

［9］ Brueckner J K, Pels E. European Airline Mergers, Alliance Consolidation, and Consumer Welfare[J]. Journal of Air Transport Management, 2004, 11（1）：27-41.

［10］ Creel M, Farell M. Economies of scale in the US airline industry after deregulation：A Fourier series approximation[J]. Transportation Research Part E Logistics and Transportation Review, 2001, 37（5）：321-336.

［11］ Starr, R., M. Stinchcombe. Efficient transportation routing and natural monopoly in the airline industry：An economic analysis of hub-spoke and related systems. Working paper 92-125, Department of Economics, University of California, San Diego, CA, 1992.

［12］ Borenstein S. Airline Mergers, Airport Dominance, and Market Power[J]. American Economic Review, 1990, 80（2）：400-404.

［13］ Shaw S L, Ivy R L. Airline mergers and their effect on network structure[J]. Journal of Transport Geography, 1994, 2（4）：234-246.

［14］ 都业富. 航空运输管理预测[M]. 北京：中国民航出版社，2001.

［15］ 周三多，陈传明. 管理学[M]. 北京：高等教育出版社，2012.

[16]　吴桂平，彭本红. 航空公司运营管理[M]. 2 版. 武汉：武汉理工大学出版社，2017.

[17]　Simpson R W. A market share model for US domestic airline competitive markets[J]. Memorandum M 70-5，Flight Transportation Lab，MIT，1970.

[18]　Simpson R W. Markets in Air Transportation [R]. Unpublished Notes for Air Transportation Economics Course 16.74，Massachusetts Institute of Technology, 1995.

[19]　里格斯·道格尼斯，道格尼斯. 迷航：航空运输经济与营销[M]. 邵龙，译. 北京：航空工业出版社，2011.

[20]　乔治. 拉德诺蒂，何真. 航空运输盈利策略[M]. 俞玲，等，译. 北京：中国民航出版社，2004.

[21]　F. D. Harris. An Economic Model of U.S. Airline Operating Expense [R]. Maryland：NASA/CR-2005-213476，2005：1-76.

[22]　叶叶沛. 民用飞机经济性[M]. 成都：西南交通大学出版社，2013.

[23]　保罗·克拉克. 大飞机选购策略[M]. 北京：航空工业出版社，2009.

[24]　Liang Z，Chaovalitwongse W A. A Network-Based Model for the Integrated Weekly Aircraft Maintenance Routing and Fleet Assignment Problem [J]. Transportation Science，2013，47（4）：493-507.

[25]　Barnhart C，Kniker T S，Lohatepanont M. Itinerary-Based Airline Fleet Assignment [J]. Transportation Science，2002，36（2）：199-217.

[26]　孙宏，文军. 航空公司生产组织与计划[M]. 成都：西南交通大学出版社，2008.

[27]　杨思梁. 航空公司的经营与管理[M]. 北京：中国民航出版社，2008.

[28]　齐莉. 基于航班波运行的枢纽机场航班时刻优化研究[D]. 天津：中国民航大学，2016.

[29]　张军. 基于中枢辐射航线网络环境下的航空公司航班波设计研究[D]. 天津：中国民用航空学院，2005.

[30]　李学哲. 基于最大中转机会的枢纽机场航班波构建[D]. 天津：中国民航大学，2016.

[31]　李雯. 枢纽机场航班波构建方法研究[D]. 南京：南京航空航天大学，2010.

[32]　刘振. 枢纽机场航班波优化研究[J]. 交通企业管理，2015，30（7）：69-71.

[33]　J. F. Campbell. Hub location and the p-hub median problem [J]. Operations Research，1996，44（6）：923-934.

[34]　A T Ernst，M Krishnamoorthy. An exact solution approach based on shortest-paths for p-hub median problems [J]. INPORMS Journal on Computing, 1998, 10（2）：149-161.

[35]　O'Kelly M E，Campbell J F，Camargo R S D，et al. Multiple Allocation Hub Location Model with Fixed Arc Costs [J]. Geographical Analysis，2015，47（1）：73-96.

[36]　Nader Ghaffari-Nasab，Mehdi Ghazanfari and Ali Saboury. The single allocation hub location problem：a robust optimisation approach [J]. European J. Industrial Engineering，2015，9（2）：147-170.

[37]　柏明国. 航空公司航线网络优化设计问题研究[D]. 南京：南京航空航天大学，2006.

[38] 姜涛. 航空公司中枢辐射航线网络鲁棒优化设计问题研究[D]. 南京：南京航空航天大学，2006.

[39] 葛伟. 不确定性枢纽航线网络优化设计方法研究[D]. 南京：南京航空航天大学，2012.

[40] 吴小欢. 航线网络鲁棒优化设计及其复杂性问题研究[D]. 南京：南京航空航天大学，2012.

[41] Halpern N，Graham A. Airport route development：A survey of current practice[J]. Tourism Management，2015，46：213-221.

[42] Halpern N，Graham A. Factors affecting airport route development activity and performance[J]. Journal of Air Transport Management，2016，56：69-78.

[43] Redondi R，Malighetti P，Paleari S. New Routes and Airport Connectivity[J]. Networks & Spatial Economics，2011，11（4）：713-725.

[44] IATA. Airport Route Development and Commercial Management training material，2018.

[45] 中国民用航空局. 关于 2019 年民航中小机场补贴预算方案的公示[Z]. 2018-11-20// www.cadas.com.cn

[46] 任新惠，孙启玲. 我国机场航线网络连通性水平及切断点损失分析[J]. 交通运输系统工程与信息，2012，12（6）：192-197.

[47] 本刊综合. 最大规模世航会 助力成都国际化 成都新签 9 条国际直飞航线 力促 20 余条战略性航线开行[J]. 先锋，2016，10：2.

后 记

本书在编写过程中得到了国家自然科学基金和中央高校教育教学改革专项资金的资助，国家自然科学基金（项目编号：U1733127）和中央高校教育教学改革专项资金（项目编号：E20180205）为本书的编写工作提供了研究基金资助，使所有工作得以顺利完成。此外，中国民用航空飞行学院的硕士研究生李博文、车通和王谦承担了书中部分文字的录入整理工作。在本书出版之际，谨向所有提供过无私帮助的单位及同仁表示感谢！